新思

新 一 代 人 的 思 想

GALILEO
and the Science Deniers

伽利略传

现代科学之父的探索与抗争

[以] 马里奥·利维奥 著

王文倩 译

Mario Livio

中信出版集团 | 北京

图书在版编目（CIP）数据

伽利略传：现代科学之父的探索与抗争 /（以）马里奥·利维奥著；王文倩译. -- 北京：中信出版社，2022.5
书名原文：Galileo and the Science Deniers
ISBN 978-7-5217-4151-3

Ⅰ. ①伽… Ⅱ. ①马… ②王… Ⅲ. ①伽利略（Galileo 1564-1642）－传记 Ⅳ. ① K835.466.1

中国版本图书馆 CIP 数据核字（2022）047579 号

GALILEO
Original English Language edition Copyright © 2020 by Mario Livio
All Rights Reserved.
Published by arrangement with the original publisher Simon & Schuster, Inc.
Simplified Chinese translation copyright © 2022 by CITIC Press Corporation

本书仅限中国大陆地区发行销售

伽利略传：现代科学之父的探索与抗争

著者： ［以］马里奥·利维奥
译者： 王文倩
出版发行：中信出版集团股份有限公司
（北京市朝阳区惠新东街甲 4 号富盛大厦 2 座　邮编　100029）
承印者： 唐山楠萍印务有限公司

开本：880mm×1230mm 1/32　　印张：9.5
插页：4　　字数：223 千字
版次：2022 年 5 月第 1 版　　印次：2022 年 5 月第 1 次印刷
京权图字：01-2020-1865　　书号：ISBN 978-7-5217-4151-3
定价：68.00 元

版权所有·侵权必究
如有印刷、装订问题，本公司负责调换。
服务热线：400-600-8099
投稿邮箱：author@citicpub.com

献给索菲耶

目 录

前言　I

第一章　反抗有理　1
第二章　一位人文主义科学家　19
第三章　斜塔与斜面　35
第四章　哥白尼的信徒　59
第五章　每个作用力都有一个反作用力　93
第六章　陷入雷区　119
第七章　愚蠢而荒谬的主张　141
第八章　假名之下的战争　151
第九章　《试金者》　167
第十章　《关于托勒密和哥白尼两大世界体系的对话》　175

第十一章　风暴前夕　191

第十二章　审判　199

第十三章　"我声明放弃、诅咒并憎恶"　211

第十四章　一位老人，两种新科学　221

第十五章　晚年岁月　229

第十六章　皮奥·帕斯基尼的传奇故事　235

第十七章　伽利略与爱因斯坦对科学和宗教的看法　243

第十八章　一种文化　255

致谢　261

注释　264

参考文献　279

前言

作为一名天体物理学家，我一直被伽利略深深吸引。毕竟，他是现代天文学与天体物理学的奠基人。他让一个古老的专业成为一扇了解宇宙深处奥秘和惊人奇观的窗口。不仅如此，他还是为学术自由而战的象征。

伽利略将透镜固定在一个空心圆柱体两端，仅用这样简单的组装就彻底颠覆了我们对宇宙的理解、对人在宇宙中位置的理解。在他身后400年，我们发明出了伽利略望远镜的玄孙——哈勃太空望远镜。

我作为一名科学家，运用哈勃太空望远镜工作了几十年（直到2015年）。经常有人问我，为什么哈勃望远镜能获得科学史上最知名项目之一的标杆地位？目前我至少找出6个让哈勃望远镜广受欢迎的主要原因。这些原因的顺序不分先后，它们分别是：

- 这架太空望远镜可以产生超乎想象的图像，它被一位记者称为"科学时代的西斯廷教堂"。
- 哈勃太空望远镜为实际的科学发现做出了重大贡献：从确定太阳系外行星大气层的构成，到发现宇宙膨胀正在加速的惊人事实。
- 围绕哈勃望远镜有个戏剧性事件：在望远镜发射升空几星期后，人们发现它的反射镜存在缺陷，这件事最初被认为是灾难性的失败，后来却转变为一次巨大的成功。
- 科学家与工程师的聪明才智，加上宇航员的勇气，共同克服了难以想象的技术挑战，他们在地球上空几百千米的地方维修和升级望远镜。
- 哈勃望远镜的寿命很长，它在 1990 年成功发射升空，2019 年依然在出色地工作。
- 哈勃望远镜项目的传播与推广计划效果卓著，它以高效的、引人入胜的、方便快捷的方式，将研究成果传播给科学家、教育工作者与公众。

在我仔细研究伽利略的生平与成就时，我惊讶地发现我脑海中出现了相同的关键词：图像、发现、戏剧性、独创性、勇气、持久性以及传播。

首先，伽利略运用他对月球表面的观察，创造出令人叹为观止的**图像**。其次，虽然他对太阳系和银河系的惊世**发现**并不能确证世界符合哥白尼的地球绕日运动学说，但这些发现摧毁了托勒密地心说宇宙观的稳固地位。

最后，伽利略的一生充满**戏剧性**；他在力学实验中表现出杰出的**独创性**，在捍卫自己观点时则表现出莫大**勇气**；他成功地**传播**了他的研究成果，让人们能够获取这些知识；他的思想也成为现代科学建立的基础，这些使得伽利略及其故事**永垂不朽**。

你可能会好奇，既然已经有不少关于伽利略的优秀传记以及对他成就的分析，为什么我会觉得有必要再写一本关于伽利略的书呢？我的决定背后有三个主要原因。首先，我意识到现有的这些传记很少是由研究型天文学家或天体物理学家撰写的。我认为，或者至少希望，一个积极从事天体物理研究的人，能够给这个似乎已经过度发掘的领域带来新的视角与见解。在这本书中，我特别尝试将伽利略的发现放在今天的知识、思想与学术背景下讨论。

其次，也是最重要的一点，现在的读者会惊讶地发现，伽利略的时代与今天的情况十分相似。反对科学之人身居高位，并在政治上采取反科学态度；科学与宗教之间存在着不必要的冲突；人文科学与自然科学的分裂不断扩大。我们今天就生活在这样一个世界里。伽利略的故事强有力地提醒了我们思想自由的重要性。与此同时，他复杂的性格是在文艺复兴后期意大利与佛罗伦萨的社会背景下形成的，他完美地证明了人类思想的所有成就，都是**某一种**文化的一部分。

最后，许多优秀的学术性传记中有些内容读起来相当深奥，又过分详细，受过教育但没有专业知识的人读来也是如此。我想为这个举世瞩目之人的生平与成就提供准确又简洁易懂的记述。从某种意义上说,我是在愚拙地尝试追随伽利略的脚步。他坚持用意大利语而非拉丁语发表众多科学发现,正是为了让每一个受过教育的人从中受益,而不是为少数精英人士服务。我希望这部伽利略的生平故事也能做到这一点,并能传达其中的重要意义。

第一章

反抗有理

1613年12月,在意大利比萨的美第奇宫举行的一次早餐会上,参加者要求伽利略过去的学生贝内代托·卡斯泰利(Benedetto Castelli)解释伽利略用望远镜得出诸多发现的意义。[1] 在随后的讨论中,大公夫人克里斯蒂娜·德·洛林提出,《圣经》中的某些段落与哥白尼的地球围绕静止太阳运动的观点是矛盾的,她为此反复刁难卡斯泰利。

她特意引用了《约书亚记》中的描述:在约书亚的要求下,上帝命令太阳(而非地球)在迦南古城基遍(Gibeon)上空静止,同时让月亮在亚雅仑谷(Aijalon Valley)上空的轨道上停留。[2] 卡斯泰利在1613年12月14日写给伽利略的信中叙述了整件事的经过。他称自己扮演了一名"充满自信与尊严"的神学家,伽利略若是听过他讲的话,一定会很高兴。总之,卡斯泰利总结道,他"如骑士一般凯旋"。

伽利略显然不太相信自己的学生能成功地解释这个问题,因为在 12 月 21 日寄给卡斯泰利的一封长信[3]中，他详细解释说用《圣经》来讨论科学问题极为不妥。他写道："我相信，《圣经》的权威只有一个目的，即说服人们相信那些对我们的救赎是必需的，而且高于所有人类理性的信条与论点，但这些信条和论点无法用科学证明。"他很快就以其一贯的写作风格不无嘲弄地补充道："赋予我们感知、理性与智能的上帝，竟同时希望我们放弃使用它们。"简单点说，伽利略认为，《圣经》与经验和论证得出的关于自然的看法之间，如果出现明显矛盾，就必须换种方式重新解释《圣经》。"特别是在一些问题上，"他指出，"人们只从《圣经》中读到了一小部分内容，就得出片面结论。比如《圣经》中关于天文学的内容很少，甚至连行星的名字都没有。"

这并不是一个全新的观点。早在 5 世纪，神学家圣奥古斯丁（Saint Augustine）就认为宗教作家们并不打算教授科学，"因为这种知识对救赎毫无用处"。然而，伽利略的大胆言论使他日后身陷与天主教会的冲突。《致贝内代托·卡斯泰利的信》（*Letter to Benedetto Castelli*）只是这条危险道路的起点，在这条路的尽头，是伽利略最终于 1633 年 6 月 22 日被判为"极度可疑的异端分子"。总之，如果我们用伽利略的个人满足感来评价他的一生，那么他的人生轨迹就像一个倒 U 形：在他获得大量天文发现后不久，他的人生明显走上了巅峰，之后便是急速的滑坡。具有讽刺意味的是，伽利略率先定义了抛体的抛物线轨迹，这与他的人生轨迹何其相似。

正如历史所记载的那样，伽利略的悲惨结局最终使他成为我们思想史上具有传奇色彩的英雄之一，毕竟没有多少科学家能像他一样。他的生平与成就被创作成戏剧（比如1943年首演的、贝托尔特·布莱希特令人难忘的《伽利略传》）和数十首诗歌，甚至还有一部歌剧。我们还注意到，"伽利略·伽利雷"在谷歌搜索中有不少于3 600万条结果，更能说明他拥有今天许多科学家梦寐以求的影响力。

阿尔伯特·爱因斯坦在谈到伽利略时写道："他是现代物理学之父——实际上，他是整个现代科学之父。"爱因斯坦的评价与哲学家兼数学家伯特兰·罗素的看法不谋而合，罗素也称伽利略为"现代科学最伟大的奠基人"[4]。爱因斯坦还补充说"伽利略的发现与他对科学推理方法的运用"是"人类思想史上最重要的成就之一"。这两位思想家并没有大肆赞美别人的习惯，他们的赞美的确有理有据。伽利略极具开创精神，他坚持认为自然之书是"用数学语言写成的"，并且成功地将实验检验、理想化模型以及量化研究融合在一起，由此真正地改变了自然科学，使其从一些模糊的、口头的、虚无缥缈的说法，转变为一部包含严谨数学理论的鸿篇巨制（以当时的知识条件来看）。在这些理论中，观察、实验和推理是探索世界的真相与调查自然界新联系时仅有的可行方法。正如1954年诺贝尔物理学奖得主马克斯·玻恩所言："自伽利略以来的几个世纪里，实验和理论研究的科学态度和方法始终如一，并将一直如此。"[5]

尽管他在科学上展现了杰出的才能，但我们不要以为伽利略是个极为温和或善良的人，我们甚至不能认为他是个理想主义者，或是个不慎被卷入神学争论的探险家。他会对自己的家人极尽同情和支持，却对意见相左的科学家口诛笔伐，展示出他疾风暴雨般的偏狭与敌意。一些学者给伽利略贴上了狂热分子的标签，不过背后的原因不尽相同。有些人这样称呼他，是因为他支持哥白尼学说，即地球和其他行星围绕太阳运动的理论；另一些人则认为他太自以为是；还有一些人甚至认为他是在为天主教会而战，说伽利略是在担心天主教会将因为给科学理论定罪而犯下历史错误，这个理论已被他本人证明为对宇宙的正确描述了。不过我们也完全可以认为他的热情是理所应当的，因为他不仅打算改变已经存在了几个世纪的世界观，还要向已有的科学知识中引入全新的方法。

毫无疑问，伽利略的学术名声很大程度上来自他用望远镜得出的惊人发现，以及他对其发现的高效传播。他把望远镜这种新设备对准天空，而不是观察帆船或他的邻居。他向世人展示奇迹，比如月球表面有山脉，木星有四颗卫星围绕它运行，金星像月球一样展现出一系列变化的相位，银河由大量的恒星组成。但是，即便是这些震古烁今的超凡成就，也不足以解释为什么伽利略至今仍享有极高的知名度，为什么他与其他任何科学家相比更能称得上是科学想象力和勇气的永恒象征（牛顿爵士和爱因斯坦可能是例外）。此外，伽利略是第一个牢固确立落体定律的人，也是物理学中"动力"这一关键概念的创造者。这些显然还不足以让他成为科学革命的主角。说到底，让伽利略从同时代大多数人中脱颖而出的，不是他相信什么，而是他为什么相信，以及他获得那种信念的方法。

伽利略坚定的信念以实验证据（有时是真实存在的证据，有时是"思想实验"即思考假设的结果）和理论思考为基础，而不会依赖权威。他时刻准备承认几个世纪以来人们坚信的东西可能是错误的，并将这种想法融入自己的思想和行动之中。

他还肯定地预见，通往科学真理的道路是由耐心的实验铺成的，实验得出的数学规律把人们观察到的所有事实编成一幅和谐的织锦。因此，我们绝对可以认为他是今日所谓"科学方法"的发明者之一，[6] 科学方法指的是为发展一种新理论，或为获得更先进的知识，在理想条件下（尽管现实中很少见）采取的一系列步骤。1759年，苏格兰经验主义哲学家大卫·休谟将伽利略与另一位著名的经验主义者、英国哲学家和政治家弗朗西斯·培根做了比较。"培根在远处指明了通往真正哲学的道路，伽利略既为他人指明了道路，自己又在这条路上取得了长足进展。英国人培根对几何学一无所知，而佛罗伦萨人伽利略复兴了几何学而且表现出色。他是第一个将几何学与实验一起应用到自然哲学当中的人。"伽利略的所有深刻见解不可能凭空产生。我们甚至可以说，时代塑造个人比个人塑造时代更重要。艺术史学家海因里希·沃尔夫林写道："即使是最有独创天赋的人，也不能突破他生来就有的限制。"[7] 那么，伽利略是在怎样的限制中行动并施展他独特魅力的呢？

伽利略出生于1564年，距离伟大的艺术家米开朗琪罗去世只有几天时间（也就是在这一年，剧作家威廉·莎士比亚来到了这个世界)。他死于 1642 年,差不多就在牛顿出生一年以前。我们不必相信,也不该相信一个人死后灵魂会转世到一个新的身体里。但我们会发现,文化、知识和创造力的火炬总是一代接一代地传递下去的。

伽利略在许多方面都展现了文艺复兴晚期的成果。用研究伽利略的学者乔治·德·桑蒂拉纳(Giorgio de Santillana)的话说:"他是一个典型的人文主义者,试图让他所处的文化意识到科学新思想的重要性。"[8] 伽利略的最后一个弟子,也是他的第一个传记作者(或许更像一个圣徒传记作者)温琴佐·维维亚尼(Vincenzo Viviani)在谈到他的导师时写道:"他夸赞优秀的哲学和几何学著作,说它们阐释得很清楚,并且能唤醒人们去认识他们自己的思维形式,甚至促使他们产生更高级的思维。但他认为,**观察和实验**是通往物质哲学丰富宝藏的大门,它以感知为钥匙,最高尚的、最求知若渴的智者方能接触到它。"大约一个世纪以前,伟大博学的达·芬奇也表达过完全相同的态度。当时他毫不在意有些人嘲笑他"读书少",大声疾呼道:"那些研究古人而非大自然杰作的人,是自然的继子而非亲生子,大自然是一切杰出作者的母亲。"[9] 维维亚尼还告诉我们,伽利略对各种艺术作品的评价受到画家兼建筑师洛多维科·奇戈利(Lodovico Cigoli)等知名艺术家的高度赞赏。[10] 奇戈利与伽利略有私交,有时也与他合作。其实伽利略有篇文章显然就是应奇戈利要求而写的,他在文章中说,绘画比雕塑更优越。就连巴洛克时期的著名画家阿尔泰米西娅·真蒂莱斯基(Artemisia Gentileschi)也曾找过伽利略，因为她认为法国贵族、第四代吉斯公爵夏尔·德·洛林不懂得欣赏她的任何一幅画。在她的画作《友弟德杀死赫罗弗尼斯》(Judith Slaying Holofernes)中，她所描绘的喷溅的血迹正符合伽利略发现的抛物线轨迹。

维维亚尼的赞扬不止于此，他对伽利略毫不吝惜溢美之词。维维亚尼的写法很容易让人想起第一位艺术史家乔治·瓦萨里为画坛名人所著的传记。[11] 维维亚尼写道，伽利略是一位超一流的鲁特琴演奏家，他的演奏"在美感与优雅方面甚至超过了他的父亲"。这种特别的赞扬看起来多少有点不合适，伽利略的父亲温琴佐·伽利雷(Vincenzo Galilei)确实是一位作曲家、鲁特琴演奏家以及音乐理论家，伽利略本人的鲁特琴也弹得相当出色，[12] 但伽利略的弟弟米凯兰杰洛(Michelangelo)才是真正的鲁特琴演奏大师。

最后也是最重要的一点，维维亚尼提到伽利略能整篇背诵意大利著名诗人但丁·阿利吉耶里(Dante Alighieri)、卢多维科·阿里奥斯托(Ludovico Ariosto)以及托尔夸托·塔索(Torquato Tasso)的作品。[13] 这可不是夸张的恭维。伽利略最喜欢的诗的确是阿里奥斯托的《疯狂的奥兰多》(Orlando Furioso)，一个充满骑士精神的冒险故事。伽利略曾在一本严肃的文学作品中专门比较阿里奥斯托与塔索，他在高度赞扬阿里奥斯托的同时也严厉地批评了塔索。他曾对他的邻居（后来也是一位传记作家）尼科洛·盖拉尔迪尼(Niccolò Gherardini)说，在读过阿里奥斯托之后读塔索，就像在吃完美味的甜瓜后吃酸柠檬一样。伽利略忠于文艺复兴精神，一生始终保持着对艺术和当代诗歌的浓厚兴趣。他的著作，甚至是他关于科学问题的著作，都能反映他的文学修养。

为伽利略即将创造的概念突破打下基础的，除了辉煌的艺术与人文背景，当然还有重要的科学进步，尤其是少数真正的革命性进步。比如在1543年，两本书的出版就将改变人类对微观世界与宏观世界的看法。尼古拉·哥白尼出版的《天体运行论》(On the Revolutions of the Heavenly Spheres)提出将地球从太阳系的中心位置降下来。佛兰德的解剖学家安德烈亚斯·维萨里(Andreas Vesalius)出版的《人体构造论》(On the Fabric of the Human Body)则提出了对人体解剖学的新认识。这两本书都否定了自古以来占支配地位的主流观念。哥白尼的书启发了其他人，如思想家焦尔达诺·布鲁诺与后来的天文学家约翰内斯·开普勒，还有伽利略本人，他们将哥白尼的日心说观点进一步扩展。同样，维萨里的书驳斥了古罗马医生盖伦等古代权威，激励首位发现人体血液循环的解剖学家威廉·哈维倡导"眼见为实"的重要意义。其他科学分支也取得了重大进展。英国物理学家威廉·吉伯于1600年出版了一本极具影响力的磁学著作。瑞士医生帕拉塞尔苏斯于16世纪提出了关于疾病和毒理学的新观点。

所有这些发现促进了对科学的开放态度，这是过去的黑暗时代从未有过的。[14]不过在16世纪末，即使是受教育程度最高的人，其思想观念也大多是守旧的。这种情况在17世纪发生了巨大的变化。因此，一定还有其他因素促成了所谓的"伽利略现象"。其他领域也必须产生根本性的转变，才能创造一块最终能够接纳伽利略的肥沃土壤，让他成为第一个殉道者，成为科学自由的象征。

16世纪末17世纪初兴起的**个人主义**是种全新的社会心理因素。[15] 个人主义是指一个人无论在何种社会环境下都能实现自我。从获取知识到积累财富，从确定道德真理到评价事业成败，都体现了这种新颖的观念。个人主义观念与古希腊哲学家流传下来的价值观有很大的不同，在古希腊哲学中，人主要被看作更大群体的一员，而不是被视为独立个体。例如，柏拉图的《理想国》就是要定义并帮助构建一个优越的社会，而不是塑造更好的个人。

在中世纪时期，天主教会以实际行动阻止个人主义生根发芽，教会的原则认为，真理与道德应当由一小群"智者"组成的宗教委员会来决定，而不能出自自由思想者的经验、思考或意见。随着新教运动的兴起，这种僵化教条开始出现裂缝。新教运动反驳了这些不容置喙的宗教委员会的论断，随之而来的宗教改革之战让他们提倡的思想渗透到文化的其他领域。这场战争不仅在战场上展开，在宣传小册子、单页大幅报纸和论文中展开，也在老卢卡斯·克拉纳赫（Lucas Cranach the Elder）等艺术家的画作中展开。这些画作对比了新教和天主教观念。"伽利略现象"之所以能够出现，部分是因为这些个人主义信念扩散到了哲学领域。同样的思想后来被法国哲学家勒内·笛卡儿推到了舞台的正中央。他认为，个人的思想是存在的最好证明，甚至是唯一的证明（"我思故我在"）。

当时还有一种重要的新技术：印刷术。它使个人获取知识成为可能，也使信息的标准化成为可能。15世纪中期，欧洲人将铅版活字印刷术与印刷机结合，产生了巨大的影响。[16] 识文断字突然间不再是富人精英的特权；印刷书籍传播了资料、信息与学术成果，受过教育的人口通过这种方式不断增加。不仅如此，更多来自社会不同阶层的人接触到**同样的**书籍，新的信息基础与更民主的教育由此形成。在17世纪，学习植物学、天文学和解剖学甚至是《圣经》的罗马学生，可以使用与威尼斯或布拉格的学生一样的课本。

这种信息的扩散会让我们立刻联想起今天互联网、社交媒体和通信设备的类似影响。印刷术作为电子邮件、推特（Twitter）、照片墙（Instagram）和脸书（Facebook）的前辈，让个人能够更加快速有效地将自己的想法传递给大众。当德意志神学家马丁·路德为宗教改革奔走呼号时，印刷术为他提供了极大的助力。特别是当他将《圣经》从拉丁文翻译成德语方言，译本便代表了他理想中普通人可以自行获取上帝教诲的世界。他的译本对现代德语和整个天主教会都产生了深远的影响。路德去世前，这个译本出现了上百种重印版本，共计约有20万册之多。与路德一样，当时没有任何一个科学家比伽利略更具备将发现传授给他人的天分。他深信自己传递的信息正在引领一门新的科学，他把自己看作伟大的说服者，并且用意大利语而不是传统的拉丁语写作书籍，这显然成了他实现目的的有力工具（只有少数有学问的人能从拉丁语中受益）。

还有一个也许不太明显的事实是，印刷术也对数学产生了影响。印刷能够相对容易地复制图表，再加上古希腊手稿的出版，重新激发了人们对欧几里得几何学的兴趣，欧几里得几何学后来也得到了伽利略的创造性应用。伽利略以古代最伟大的数学家阿基米德为榜样。阿基米德成就颇丰，曾发现杠杆原理并在战争中活用原理制造军事器械以对抗罗马军队。据说，他曾宣布："给我一个支点，我就能撬起整个地球！"伽利略非常乐意证明，大多数机器的基本原理都可以被简化为类似杠杆的东西。最终，他开始相信哥白尼的日心说模型，这个学说就认为，即使没有人的干预，地球也会一直转动。

从更广泛的意义上说，对过去经典文本的复原、重新编辑以及翻译，为更具怀疑精神、探究精神和观察精神的态度打下了基础。数学作为实践进步和理论进步的关键，逐渐显露出其重要的地位，一下子成为伽利略的指路明灯。从绘画（用数学来计算消失点和短缩透视）到商业交易（数学家卢卡·帕乔利在他影响深远的著作《算术、几何、比及比例概要》中引入了复式记账法），数学在诸多领域中都是重中之重。英国女王伊丽莎白一世的首席顾问伯利勋爵（威廉·塞西尔）有一件趣事，也许最能说明当时数字思维的突飞猛进。1555年，他做了一个令人惊讶的举动：称量自己、妻子、儿子和所有家仆的体重，并将所有结果列了出来。

最后还有一个因素帮助伽利略的发现获得更强烈的反响，那

第一章　反抗有理

就是因为伟大探险家发现了新大陆而激起的强烈好奇心。从 15 世纪的最后 10 年开始，随着人们目之所及的地理范围扩大，知识的范围也在不断扩大。探险家克里斯托弗·哥伦布、约翰·卡伯特和瓦斯科·达·伽马在 1492 年至 1498 年间，分别到达加勒比群岛，登陆北美洲，找到了通往印度的海路。等到 16 世纪 20 年代，人类已经环游过地球了。难怪 19 世纪法国历史学家儒勒·米什莱在总结以渴望新知识和人文主义为特征的文艺复兴时说，它囊括了"对世界和对人的探索"[17]。

一个属于他的时代又超越了时代的人

伽利略的科学家生涯始于 1583 年，当时他从医学院辍学，开始学习数学。1590 年，26 岁的他曾大胆地批评伟大的希腊哲学家亚里士多德的运动论。根据亚里士多德的学说，物体是因其内在推动力而运动的。大约 13 年后，伽利略用倾斜的平面和钟摆做了一系列巧妙的实验，后来提出了第一个关于自由落体的"运动定律"，不过，直到 1638 年他才发表这一定律。

1610 年，他公布了自己通过望远镜得到的第一个惊人发现。5 年后，他在著名的《致大公夫人克里斯蒂娜的信》中表达了可能为他带来风险的观点：必须根据科学所揭示的内容解释《圣经》，而不能用《圣经》解释科学发现。

尽管他个人与天主教会在教义上有分歧，但直到 1630 年

5月18日，伽利略在罗马仍受到教皇乌尔班八世（Pope Urban VIII）的礼遇。在他自己的印象中，他离开罗马前，教皇只为他的著作做了一些小修小补并更改了书名，就批准他印刷《关于托勒密和哥白尼两大世界体系的对话》(*Dialogue Concerning the Two Chief World Systems*，下文简称《对话》)。伽利略高估了他与教皇友谊的分量，同时低估了在宗教改革后的动荡时代里教皇脆弱的心理状态与岌岌可危的政治地位，他仍然相信理性会占据上风。他写道："事实初看起来虽晦暗难明，但只要稍做解释，就能令它们摘下隐匿身形的斗篷，以赤裸简单之美示人。"他轻率地忽视了自己的安全，着手将这本书付梓。经过一番曲折，著作终于在1632年2月21日出版。在序言中，伽利略故意说地球运动只是"数学上的突发情况"，但字里行间有种截然不同的味道。事实上，伽利略是在讽刺嘲笑那些仍然拒绝接受哥白尼的地球绕日运动学说的人。

爱因斯坦在谈到这本书时说道：

> 在任何对西方世界文化史，对文化史影响下的经济与政治发展感兴趣的人看来，它就是一个信息宝库。伽利略拥有热情的意志、智慧和勇气，能够作为理性思维的代表，站出来反对那些利用人民的无知和身披牧师、学者外衣的教导者的懒惰，来维持其权威地位的人。[18]

然而，对伽利略来说，《对话》的出版标志着他的生命开始

第一章　反抗有理

走向终点，但不是他名声的终结。他于 1633 年接受了异端裁判所的审查，被判有异端分子的嫌疑，从而被迫放弃哥白尼思想，最终遭到软禁。《对话》被列入梵蒂冈的《教廷禁书目录》，一直到 1835 年才解禁。

1634 年，伽利略又一次遭受毁灭性的打击，他的爱女玛利亚·塞莱斯特修女（Sister Maria Celeste）去世了。但他还是勉力写了一本书——《关于两门新科学的对谈及其数学证明》(*Discourses and Mathematical Demonstrations Concerning Two New Sciences*，下文简称《对谈》)。这部书稿从意大利被偷运到荷兰，在莱顿出版。它总结了他毕生的事业，最早追溯到大约 50 年前他在比萨的日子。伽利略虽然被禁足，但依旧能够接受访客的偶尔探望。在他人生的最后阶段，他的访客中有年轻的约翰·弥尔顿，也就是著名的《失乐园》的作者。

伽利略在失明并卧床一段时间后，于 1642 年在佛罗伦萨附近阿切特里（Arcetri）的别墅中去世。但正如我们在本书中清楚地看到的那样，伽利略的科学研究，还有他与他的时代的故事，在今天依旧能引起强烈的共鸣。一个人在 17 世纪所要面对的宗教、社会、经济和文化问题，与我们在 21 世纪遇到的问题有着惊人的相似之处。事实上，如果我们要了解眼下人们所关注的问题，比如科学界和宗教界的持续争论，人们对神创论的支持，以及对理性主义与专业知识的无知攻击，还有谁的故事会比伽利略的故事更好呢？现在有人公开否定气候变化的研究，对基础科学申请研究经费持鄙夷态度，还有美国取消对公共广播和艺术的财政预算，只是这类攻击的一部分体现。

除此之外，我还有一些理由能说明，伽利略与他生活的17世纪的世界对我们及我们的文化需求是如此重要。其中一个主要原因是，目前自然科学与人文科学正面临明显分裂。英国物理化学家、小说家C. P. 斯诺在1959年的一次谈话（后来出版成书）中首次发现并揭示了这种分裂，还创造了"两种文化"（the Two Cultures）这个术语来描述它。斯诺非常清楚地表达了他的忧虑："我经常参加一些人的聚会，按照传统文化的标准，这些人都是饱学之士，他们会兴致勃勃地谈论科学家到底是不是文盲。"同时，斯诺提到，倘若他要求同样博学的散文家给"质量"或"加速度"下定义——如果用这个问题问科学家，相当于问他"你识字吗"——这些受过高等教育的人中可能有九成会认为斯诺是在讲外语。斯诺指出，大体上从20世纪30年代开始，文学家们便自称"知识分子"，从而把科学家排除在这个小圈子之外。其中一些知识分子甚至反感科学方法渗透到传统上与精确科学无关的领域，如社会学、语言学和艺术。[19] 虽然他们并不极端，但他们的立场与愤慨的教会神职人员并无二致。天主教会曾经就认为伽利略入侵神学的行为不受欢迎，并做出了反击。

少数学者认为，如今"两种文化"的问题没有斯诺发表演讲时那么严重。但另一些人则说"两种文化"之间的恰当对话基本上还没有建立起来。科学史学家戴维·伍顿（David Wootton）甚至认为，这个问题现在变得更严重了。在《科学的诞生》一书中，伍顿写道："如今，科学史非但没有成为文科与理科的桥梁，反而给科学家们描绘了一幅连他们自己都无法辨认的图景。"[20]

1991年，作家、文学经纪人约翰·布罗克曼（John Brockman）在一场线上对谈中提出了"第三种文化"的概念，他后来还以此为题编了一本书。[21] 布罗克曼认为，第三种文化"由经验主义世界的科学家和其他思想家构成，他们的工作与论述性写作在揭示人类生活深层意义、重新定义我们的身份与存在方面，正在超越传统知识分子"。正如我们将在本书中看到的，400多年前的伽利略也可以在第三种文化中为自己争取一席之地。

文艺复兴时期，艺术与科学的界限在很大程度上是模糊的，达·芬奇、皮耶罗·德拉·弗朗切斯卡（Piero della Francesca）、阿尔布雷希特·丢勒（Albrecht Dürer）以及菲利波·布鲁内莱斯基（Filippo Brunelleschi）等艺术家都曾参与过严肃的科学或数学研究。因此，伽利略本人体现了人文和自然科学的融合，尽管今人很难效仿他，但仍可以把他当作典范来学习。例如，他24岁时就以"论但丁《地狱篇》的形状、位置和大小"（On the Shape, Location, and Size of Dante's *Inferno*）为题发表了两场演讲。伽利略的科学研究在很大程度上也包含了视觉艺术。《星际信使》（The Sidereal Messenger）是他1610年匆忙付印的一本60页的小册子，在这本书中，他用一套精彩的淡彩画描绘了关于月球的科学内容，他的绘画基础可能来自他在佛罗伦萨美术学院时画家奇戈利教的艺术课。

或许最重要的一点是，伽利略是推进实验科学新方法的先驱和明星。他意识到，可以通过操纵地球上的各种现象来检验或提出理论。他的远见卓识和科学观融合了适用于所有学科分支的方法与结果，这在科学家中也属首例。

伽利略的发现数不胜数，但他在四个领域里彻底改变了科学：天文学与天体物理学，运动定律与力学，数学与物理现实之间的惊人关系（物理学家尤金·维格纳在1960年称之为"数学难以置信的有效性"[22]）以及实验科学。他主要依靠自己无与伦比的直觉，也得益于明暗对比法（一种运用光影来表现三维立体空间的巧妙艺术手法）的训练，将原本简单的视觉经验转化为关于天体的学术结论。

经过伽利略本人的无数次观测以及其他天文学家的确认后，没人再敢自信地说，从望远镜里看到的一定是一种光学幻象而不是对现实的忠实再现。从经验中观察到的事实与科学推理的影响力不断增强，对于仍然固执地拒绝科学结论的人来说，唯一的辩护手段就只剩下运用宗教意识形态或政治意识形态来否认对实验结果的阐释了。如果你觉得这种反应就像当今一些人否认气候变化现象一样，或像否认自然选择的进化理论一样，令人感到不安，那确实如此！

第二章

一位人文主义科学家

1564年2月15日（或16日），伽利略·伽利雷在比萨出生。[1]他的母亲朱莉娅·阿曼纳蒂（Giulia Ammannati）是一位受过教育的女性，但她幽怨易怒，不好相处。她来自佩夏，家里是做羊毛和服装生意的。伽利略的父亲温琴佐是佛罗伦萨的一名音乐家和音乐理论家。他出身高贵，赚钱能力却不怎么样。即便在当时，音乐家仅靠音乐也很难养活自己和家人，据说温琴佐因此兼职做起了布商。[2]这对夫妇于1563年结婚，生下伽利略后，又生了两个儿子和三个女儿（有人说是四个女儿）。[3]其中，伽利略的弟弟米凯兰杰洛、妹妹利维娅和弗吉尼亚在伽利略的一生中扮演了重要角色。

遗传是不可避免的。就伽利略而言，他可能多少从父亲那里继承了一些叛逆、自负和不信任权威的天性，而从母亲那里继承了自私、嫉妒和焦虑。温琴佐·伽利雷强烈反对自己的老师乔塞夫·扎利诺（Gioseffo Zarlino）提倡的音乐理论。作为一名老派音乐理论家，扎利诺强烈拥护可追溯至古典时代的毕达哥拉斯音律的音乐传统：琴弦发出的声音令我们感到悦耳动听（如八度音或五度音），是因为拨动的琴弦长度成整数比，如1∶2、2∶3、3∶4等等。正因为当时的音乐家一丝不苟地坚持这一规律，所以才有了那个老笑话：文艺复兴时期的音乐家一半时间在调音，另一半时间在演奏跑调的音乐。

温琴佐的观点正好相反，他认为坚持这种传统的数字命理学是武断的，音乐家可以采用其他同样有效的标准，甚至有更好的标准。简单地说，伽利略的父亲认为音乐的协调性由音乐家的耳朵决定，而不是由算术能力决定。温琴佐坚持把音乐从毕达哥拉斯手中解放出来，为后来约翰·塞巴斯蒂安·巴赫掀起的现代平均律热潮开了先河。温琴佐用一系列不同材料和不同张力的弦做了实验。他证明，如果琴弦的张力不同，即使长度比不是标准的2∶1也能弹出八度音（2∶1的规律在琴弦张力相同的情况下适用）。温琴佐以这个主题写了本书，名为《古代音乐与现代音乐的对话》(*Dialogue on Ancient and Modern Music*)，他还有一本书名为《关于基奥贾的扎利诺作品的对谈》(*Discourse Concerning the Work of Messer Gioseffo Zarlino of Chioggia*)。[4] 他的著作几乎像个预言，或者说很可能影响了他的儿子。几十年后，伽利略就将他的两本最重要著作命名为《关于托勒密和哥白尼两大世界体系的对话》与《关于两门新科学的对谈及其数学证明》。在温琴佐虚构的关于音乐的对话中，有一句话精准地概括了伽利略往后的人生信条。两位对话者从一开始就一致认为，他们始终"应当抛弃权威，也应当将那些看似精彩却与真理相悖的推断放在一边"。

年轻的伽利略可能曾帮助他的父亲做琴弦实验。在这个过程中，他可能已经开始意识到以实证为基础的科学方法的重要性。伽利略后来自己说，他开始坚定地相信，人们在试图寻找对自然现象的描述时，需要"去寻找和厘清定义，找到最贴切吻合自然界的定义"。他当时需要在弦上挂砝码（以改变张力）来做一系列实验，这可能也在他的心中埋下了一颗用钟摆来测量时间的思想种子。[5]

温琴佐不仅是一位才华横溢的鲁特琴师，他的兴趣也不只是反对对位复调。他不仅在"佛罗伦萨同好会"一群热衷艺术文学的佛罗伦萨知识分子当中十分活跃，还接受过古典语言和数学方面的教育。简而言之，温琴佐正是我们现在所谓的"文艺复兴式全才"，不只因为他碰巧生活在那个时代。

伽利略在这种环境中长大，将很快追上他父亲多才多艺的脚步。尽管他经常作为第二鲁特琴手与温琴佐一起演奏，但他没有朝着音乐家的方向发展。与此同时，伽利略目睹父亲的理想主义抱负受到残酷现实（尤其是经济上）的打击，这可能使他养成了一种固执又坚忍的、渴望成功的意志。

伽利略与他母亲的关系则是问题重重，甚至连伽利略的弟弟米凯兰杰洛也说，她绝对是一个"可怕"的女人。然而，尽管发生了许多不愉快的事情，包括朱莉娅曾监视伽利略并企图偷他的望远镜镜头送给她的女婿，但是在随后的日子里，伽利略还是

第二章　一位人文主义科学家

尽力满足她不断增长的金钱需求。

伽利略的父亲在他10岁左右时从比萨回到佛罗伦萨。在这个经济拮据的家庭中，孩子数量迅速增加，家里住不下了，这可能是伽利略暂时离开比萨，与母亲娘家的亲戚穆齐奥·泰达尔迪（Muzio Tedaldi）一起生活的原因之一。他在那个时期接受了基础教育，也就是我们今天通常所说的博雅教育，即拉丁语、诗歌与音乐。伽利略的第一位传记作家维维亚尼，与他的第二位传记作家、他的邻居尼科洛·盖拉尔迪尼[6]都告诉我们，伽利略的知识水平很快就超过老师所能教授的范畴了，于是他自己阅读古典作家的作品，继续接受教育。

11岁时，他被送到瓦隆布罗萨的一所修道院，在宁静的气氛中学习逻辑学、修辞学和语法。借着观看修道院内艺术家的作品的机会，他还接触了视觉艺术。在那个容易受影响的年龄段，他一定受到了瓦隆布罗萨修道院院长的激励。院长显然是一位博学的大师，他对数学、占星学、神学以及"所有其他高深的人文与科学知识"都有涉猎。

毫无疑问，伽利略发现修道院的知识和精神氛围吸引了他，但他不一定真的打算成为卡马尔多里修道院的修士。不过温琴佐一定对伽利略的未来有不同的规划。一部分原因是他想重振家族的辉煌历史，伽利略的曾祖父是佛罗伦萨著名的医生；同时也是为了保证伽利略未来的经济条件。温琴佐于1580年9月[7]让他的儿子到比萨大学读医学。

遗憾的是，当时的医学教学主要依据古罗马著名解剖学家帕加马的盖伦的学说，其中充满了僵化的规则和迷信，这让伽利略感到厌倦。他觉得自己不应该听信过时著作的论断和意见而"几乎盲目地放弃自己"。然而，他在比萨的头几年，确实有好事发生：他在托斯卡纳宫廷遇到了数学家奥斯蒂利奥·里奇（Ostilio Ricci）。[8] 在听完里奇关于欧几里得几何学的讲座后，伽利略被迷住了。事实上，根据维维亚尼的说法，早在那之前"他在绘画、透视和音乐方面就表现出巨大的天赋和兴趣……他的父亲经常说这些东西源于几何学，这令他产生了尝试的欲望"。因此，他开始把所有的时间都用在自学欧几里得几何学上，完全忽略了医学。

用三个多世纪后爱因斯坦的一句话来说："如果欧几里得未能点燃你年轻时候的热情，那你就不是天生的科学思考者。"[9] 伽利略成功通过了这一特殊的"考验"。1583年夏，他把里奇介绍给父亲，希望这位数学家能说服温琴佐相信，让伽利略成为数学家是个正确的选择。里奇向温琴佐解释说，数学是伽利略真正热衷的学科，并且他表示愿意做这位年轻人的导师。温琴佐自己也是一名相当优秀的数学家，原则上他并不反对，但他作为父亲也有合理的担心，那就是伽利略可能会找不到数学相关的工作。毕竟，他自己已经体会到了做一个不赚钱的音乐家意味着什么。因此，他坚持让伽利略先完成医学学业，并且威胁伽利略说，如果他拒绝的话，就不给他生活费。这对父子最终达成了妥协，可谓科学史上的大幸：伽利略可以在父亲的支持下继续学习一年数学，之后他就要自己养活自己。里奇向伽利略介绍了阿基米德的作品，阿基米德能将数学应用于物理学与现实生活中的工程问题，他的天赋激励了伽利略并将影响他后来所有的科学工作。里奇的老师是数学家尼科洛·塔尔塔利亚（Niccolo Tartaglia），他将阿基米德的一些作品译为拉丁文出版，还为欧几里得的代表作《几何原本》翻译了权威的意大利语译本。在伽利略最早的一批论文中，有一篇解决了寻找固体内重心的问题，还有一篇与人在水中漂浮的条件有关。两篇论文的主题都是阿基米德极为感兴趣的，这一点都不奇怪。伽利略的第二位传记作家盖拉尔迪尼引用伽利略的话说："只要理解阿基米德的学说，人们就能安全无阻地穿梭于天地之间。"[10]然而，这个年轻人后来的人生发生了一连串大事，导致了非常讽刺的后果。伽利略，历史上最伟大的科学家之一，从医学院退学后，没能完成任何学位的学习就于1585年离开了比萨大学。

然而，伽利略师从里奇且接触了阿基米德学说，并不是白费功夫。他们为他植入了一个坚定的信念，即数学可以为破译自然界的秘密提供必要的解码工具。通过数学，他看到了将现象转化为精确陈述的方法，而且这种陈述可以得到明白无误的检验和证实。这种洞察确实很了不起。大约350年后，爱因斯坦仍然会想："数学作为不依赖经验的人类思维的产物，为何能如此完美地符合物理现实中的客体？"[11]

维维亚尼讲述了伽利略在比萨当学生时的一件逸事：1583年，19岁的伽利略看到比萨大教堂里一盏悬挂在长链上的灯在左右摆动。他通过数自己的心跳，发现灯摆动一个来回所需要的时间是恒定的（严格地说，只要摆动的振幅不是太大）。维维亚尼钦佩地写道，从这个简单的观察开始，伽利略继续钻研，并且"通过非常精确的实验，验证了其［钟摆］每次摆动时间是相等的"（即摆动周期是恒定的）。维维亚尼还补充道，伽利略利用钟摆周期的恒定性设计了一种测量脉搏的医疗仪器。这个故事在后来广为人知；1840年，画家路易吉·萨巴泰利（Luigi Sabatelli）创作了一幅美丽的湿壁画，画中使描绘了年轻的伽利略观察那盏灯的情景（见彩插1下图最左面那幅画）。

这段引人入胜的故事只有一个"小"问题：故事中的那盏灯是1587年才安装在比萨大教堂的，比传说中伽利略看到它摆动的时间晚了4年。当然，也有可能伽利略观察的是先前挂在同一位置的另一盏灯。然而，由于伽利略本人在1598年才第一次撰文说明钟摆摆动的恒定性，而且没有任何记载能证明他发明过测量脉搏的仪器，大多数科学史学家都怀疑维维亚尼对伽利略智力超群的生动描述，认为这是当时传记中一种典型的虚构细节。

实际上，威尼斯医生桑托里奥·桑托里奥（Santorio Santorio）于1626年公布了他的"脉搏计"的详细情况，这是一个可以根据钟摆恒定周期精确测量脉搏的装置。伽利略通常会积极反对所有否认他功劳的行为，但他从未主张是自己首先发明了脉搏计。不过，伽利略可能在他父亲的工作室里用挂在细绳上的砝码（实际上相当于钟摆）做过实验，这件事确实给维维亚尼描述的真实性留下了可能。伽利略的确在1602年就开始用摆来做时间测量装置了，他甚至在1637年有了制造摆钟的想法。伽利略的儿子温琴佐根据他父亲提出的概念设计了摆钟模型，但不幸的是，他还没有完成就于 1649 年去世了。这种摆钟最终是在 1656 年由荷兰科学家克里斯蒂安·惠更斯（Christiaan Huygens）发明的。

伽利略离开比萨时没有获得学位，他必须想办法维持生计，于是他开始在私下教数学，有时在佛罗伦萨，有时在锡耶纳。1586 年，他还发表了一个题为《小天平》(The Little Balance)的科学小册子，里面除了介绍了更加精确称量空气中物体和水中物体的方法外，并没有什么特别的原创性。[12] 但这对珠宝商来说特别有用，因为他们通常用这种方法来称量贵金属。

1586 年底，伽利略开始撰写关于运动和自由落体的专著。伽利略仿效古代柏拉图的做法，用对话的形式来写作。这种体裁在 16 世纪的意大利极为流行，是技术阐发、辩论和说教性微型戏剧的工具。这本书一直没有写完，以今天的标准来看，它所解决的问题大多无足轻重，但它是伽利略走上新力学之路的重要一步。这本书中确实有两点特别耐人寻味。第一，伽利略 22 岁时就已经有胆量在运动理论方面挑战伟大的亚里士多德，尽管当时还没有处理速度和加速度等变量的必要数学工具（牛顿与莱布尼茨在 17 世纪中叶才提出微积分，由此才产生对速度和表示速度变化快慢的加速度的确切定义）。

第二个有趣之处是伽利略确实得出了一个初步结论。他认为无论物体重量有多少，相同材料的落体在特定的介质中移动的速度是相同的。这后来成为他在力学上的重大发现之一。

尽管关于伽利略对哥白尼学说的赞同也有着戏剧性的故事，

但我们在他的早期手稿中也有一个有趣的发现。《论球体或宇宙学》(Treatise on the Sphere, or Cosmography)是伽利略的一部单独的手稿,大约写于16世纪80年代晚期,最初很可能是他在私人教学时用的。[13] 在这部手稿中,伽利略采用的是旧的托勒密地心说体系,其中太阳、月亮和所有行星都在围绕着地球的圆形轨道上运转。这种情况在数年后将发生巨大的改变。

为了充实他那并不显眼的履历,伽利略于1587年拜访了罗马耶稣会最杰出的数学家克里斯托弗·克拉维于斯(Christopher Clavius)。克拉维于斯于1575年正式加入耶稣会,自1564年起在罗马著名的罗马学院(Collegio Romano)教授数学。1582年,他成为制定格列高利历委员会中的高级数学家。伽利略看中的是博洛尼亚大学的数学教授职位。博洛尼亚大学是西方世界最古老的大学,杰出毕业生包括尼古拉·哥白尼与人文主义者兼建筑师莱昂·巴蒂斯塔·阿尔贝蒂。伽利略希望得到克拉维于斯的认可,于是他给克拉维于斯留下了一些他寻找各类固体重心的原创作品,而这也是当时耶稣会的数学家们讨论的一个热门问题。

大约在同一时间,伽利略还证明了一个有趣的定理,由此也引起一番议论。他提出,如果把重量1磅(古代的重量单位,1磅约等于11.5盎司[*])、2磅、3磅、4磅和5磅的砝码,依次以相等距离挂在秤杆上,那么重心(秤杆达到平衡的那个点)就会以2∶1的比例精确分割秤杆的长度。虽然这个小定理为伽利

---

[*] 1盎司约为28.3克,因此当时1磅约等于326克。——编者注

略赢得了从帕多瓦和罗马到比利时的各大学的认可，但博洛尼亚的教职最后还是给了乔瓦尼·安东尼奥·马吉尼（Giovanni Antonio Magini）。他是帕多瓦的一位知名天文学家、地图制图师和数学家，伽利略在后来的日子里将与他做专业交流。

这次失败对年轻而雄心勃勃的伽利略来说一定是个沉重的打击，但他很快就获得了一项殊荣，缓和了这件事的影响。1588年，佛罗伦萨学院主管巴乔·瓦洛里（Baccio Valori）邀请伽利略到学院做两场演讲，内容是关于但丁的名著《神曲》中《地狱篇》的布局与建筑。

在这部长达14 000多行的不朽诗篇中，但丁讲述了一个诗人死后的想象之旅，他从众多哲学思想中汲取了灵感。诗人在经历了从地狱、炼狱到天堂的史诗之旅后，终于触碰到了那"感动太阳和其他星辰的爱"。

学院邀请伽利略来校讲学，不仅表明他们对伽利略数学能力的尊重，也表明对他文学学术的尊重。伽利略显然很高兴地接受了这一请求，主要原因有两个。第一，在总结但丁的《神曲》所描述的令人晕头转向的地狱时，伽利略第一次有机会尝试在文学巨著与科学推理之间搭建一座桥梁。[14] 伽利略流传于后世的哲学与思想精华之中，有一个重要思想就是证明科学是文化的组成部分，而且科学可以增强而不是削弱对诗意的体验。为了实现这一目标，他反对长期以来用拉丁语书写科学著作的传统，改用意大利语。在他丰富的科学写作中，伽利略找到了另一条前进路径，他从文学材料中汲取灵感，以丰富多彩、振奋人心的方式传递思想。

第二，伽利略敏锐地认识到这些讲座对他个人事业的重要性。实际上，他是应邀给两个意见相左的人做仲裁，这两人就但丁作品中地狱的位置、结构以及大小提出了完全不同的观点。其中一位是深受众人喜爱的佛罗伦萨建筑师、数学家安东尼奥·马内蒂（Antonio Manetti），他也是著名建筑师菲利波·布鲁内莱斯基的传记作者。另一位是卢卡的思想家亚历山德罗·韦卢泰洛（Alessandro Vellutello）。韦卢泰洛认为，马内蒂所说地狱中类似圆形竞技场的宏伟建筑不可能稳固，他提出了另一种模型，其中地狱环绕着地球中心，占据的体积要更小一些。这场辩论不纯粹是为了一判知识分子的高下。1430年，佛罗伦萨在卢卡遭遇了一场耻辱的军事惨败。当时担任陆军工程师的布鲁内莱斯基在围城失利后，想出了让塞尔基奥河改道的主意。他想通过蓄水围困卢卡城，迫使其投降，结果适得其反，堤坝决口时河水淹没的是佛罗伦萨军队的营地。佛罗伦萨学院的成员要求伽利略证明马内蒂"遭到韦卢泰洛诽谤"，他们一定是想到了这段痛苦的历史记忆。而且韦卢泰洛的评论否定了马内蒂解释但丁作品的权威，等于否定了佛罗伦萨学院的权威。换句话说，伽利略受托挽救的是佛罗伦萨学院的威望，他意识到如果他能让马内蒂战胜韦卢泰洛，就能被人尊为佛罗伦萨颜面的捍卫者。

伽利略在他第一次演讲的开头，直接提到了天文观测（可能是考虑到他当时主要在数学界和天文学界寻找教职），但他强调，解析地狱的结构需要一些理论分析。然后他很快引述了马内蒂的解释，运用的正是后来成为他所有科学研究特征的分析技巧。他说，但丁的黑暗地狱是地球中的一个锥体，耶路撒冷位于锥体球形底面的中心，而锥体的顶点则固定在地球的中心（图2.1 展示了波提切利的描绘）。韦卢泰洛认为，马内蒂所说的结构占据了地球体积的 1/6，但伽利略用他从阿基米德著作中学到的立体几何学证明，这个锥体实际上只占地球体积的不到 7%。用他的话说，"还不及整体的 14 个部分中的一个"。他继续有条不紊地摧毁韦卢泰洛的模型，认为他提出的构造中有些部分会在自身重量下坍塌，而且他的设计甚至不符合但丁对堕落地狱的惊悚描述。伽利略认为，相比之下马内蒂提出的结构"厚度足以……维持它的存在"。伽利略在结束他关于《地狱篇》的演讲时对佛罗伦萨学院表示感谢，觉得自己对学院"责任重大"，并且他明智地补充说，他认为自己已经证明了"马内蒂的创造是多么精妙"。

遗憾的是，也许伽利略太想取悦他的听众了，他掉入了自己设下的陷阱。他没有意识到，马内蒂的建筑结构也很容易发生灾难性的坍塌（他的所有听众也没有注意到）。伽利略也许在发表关于《地狱篇》的演讲后不久就发现了自己的失误，因为他多年来从未提起过这些演讲。维维亚尼在这位大师人生的最后几年里住在他家中，但他也没有留下任何相关记载。

只有在他的最后一本书《对谈》中，伽利略才又回到了建筑物按比例放大后的强度和稳定性这个有趣的问题上。他当时深刻认识到，当建筑尺寸扩大到 10 倍，体积（因而还有重量）会

图 2.1　桑德罗·波提切利根据但丁《地狱篇》创作的《地狱图》

增加到 1 000 倍,而对断裂(发生在二维平面上)的抗性只会增加到 100 倍,远低于重量的增加。伽利略在《对谈》中写道:"较大的机器与较小的机器所用制作材料相同,比例相等,在所有其他条件相同的情况下,较大机器与较小机器的反应相同,但其强度和对外力的抗性除外。一艘船体积越大,就越脆弱。"[15] 接着他指出,他过去在估算按比例放大的物体强度时也犯过错误,很可能暗指他在谈论《地狱篇》时的失误。伽利略有缺陷的《地狱篇》演讲中最值得关注的一点是,即便在关于长诗作品的科学演讲发表多年以后,伽利略仍觉得有必要重新审视他的结论,根据新获得的敏锐视角来修改他的旧观念,并在完全不同的问题背景下发表正确的新结果。

伽利略的确是一个"文艺复兴式全才",但人们可能会问,在我们这个过分重视专业化、追求事业心的时代,这样的人还存在吗?我们还需不需要对各种话题都感到好奇的人?我们还需不需要怀有广泛兴趣的博学大师?芝加哥大学的心理学家米哈里·契克森米哈赖在采访了来自各行业极具创造力的约100名男女后,认为上述问题的答案都是肯定的。他总结说:"如果说天才不是后天创造力的必要条件,那么对周围环境保持敏锐的好奇心似乎是必要的。实际上,每个对特定领域做出新贡献的人,都怀着对生命奥秘的敬畏,在他们讲述自己如何为解决问题而努力时,都有丰富的奇闻逸事可讲。"[16] 实际上,创造力往往等于从一个领域借用思想并移植到另一领域的能力。例如,查尔斯·达尔文就从他的地质学家朋友那里获得了他的进化论支柱之一——渐变论(Gradualism)。这种理论认为,正如地球表面是因水、太阳、风和地质活动的作用而慢慢形成的,进化过程也是在几十万代的时间里发生的。

我们对"文艺复兴式全才"的呼唤可以激发现代世界的创造力,但并不意味着我们要放弃专业化。如今信息触手可及,即使成为专家需要10 000小时左右的努力,但我们通过更有效的学习实践与技能,可以缩短这个时间。(成为特定领域的专家需要10 000小时是马尔科姆·格拉德威尔的看法,不过有些原创研究的作者对此表示怀疑。)学习时间得到了节省,再加上人类寿命比以往任何时候都要长,意味着今天(至少在原则上)没有什么可以阻止人们同时成为专家与全才。

让我们回到伽利略的生平。伽利略关于《地狱篇》的演讲为他赢得了声誉，他还得到了克拉维于斯的大力推荐，这些后来都对他颇有助益。1589年夏，菲利波·凡托尼（Filippo Fantoni）辞去了比萨大学首席数学教授职位，曾经从这所大学退学的伽利略在此获得了该教职。

第三章

斜塔与斜面

伽利略第一次被任命为比萨大学的首席数学教授,[1] 虽然只有1589年到1592年的短短几年,但其间发生了一个特殊的事件,由此诞生了伽利略画像的标志性形象:他身着庄严的学士袍,从比萨斜塔的塔顶上投下两个不同质量的球。

这个故事最初是维维亚尼讲的,他在1657年回忆并整理了自己和伽利略在最后几年里的一次对话:

> 亚里士多德本人关于运动问题的许多结论,在那个时候被认为是毋庸置疑的,结果被他[伽利略]证明是错误的,尤其是当重量不相等而材料相同的物体通过相同的介质,物体的速度并不像亚里士多德所说的那样与其重量成正比。恰恰相反,它们在以相同的速度运动。他[伽利略]当着其他教授和所有学生的面,在比萨斜塔上通过反复实验证明了这一点。

换句话说，这个观点与所有亚里士多德主义者相信的"球越重，落地越快"相反。维维亚尼指出，伽利略在1589—1592年的某一天，从比萨斜塔上往下扔球，证明了两个材料相同而重量不同的球会同时落地。

似乎是嫌这个故事还不够戏剧化，后来的传记作者和历史学家不断添油加醋，增加一些维维亚尼的原始记录或当时其他资料中都没有的细节。[2]例如，英国天文学家、科普作者理查德·阿尔曼·格雷戈里（Richard Arman Gregory）于1917年写道，比萨大学的学生"于1591年的一个早晨"聚集在斜塔脚下，但维维亚尼从未提到实验的准确年份或时间。格雷戈里补充说，其中一个球"重量是另一个的100倍"，而维维亚尼同样没有给出这个细节。作家弗朗西斯·詹姆森·罗博瑟姆（Francis Jameson Rowbotham）曾给一些伟大的科学家、音乐家、作家和艺术家写过生平传记，他在1918年又加上了更生动的叙述，说伽利略"邀请了整个大学的人来见证这个实验"。

其他人也同样善于发明。1929年，物理学家、科学史学者威廉·塞西尔·丹皮尔·惠瑟姆（William Cecil Dampier Whetham）告诉我们，伽利略把"一个10磅的重物和一个1磅的重物放在一起"，惠瑟姆在这里引用的是伽利略的学生约翰·约瑟夫·费伊（John Joseph Fahie）早先在一本传记中提到的重量。上述所有科学史学者与其他一些学者认为，比萨斜塔的故事标志着科学史的转折点，即从迷信权威到依赖实验物理学的转变。这个事件已经变得非常著名，在托斯卡纳画家路易吉·卡塔尼（Luigi Catani）于1816年绘制的壁画中，伽利略甚至当着大公的面做了实验。但是这次演示真的发生过吗？

当今大多数科学史学者认为此事可能并没有发生。[3]他们会感到怀疑，部分是因为众所周知维维亚尼喜欢做不符合史实的润色，还有部分原因是他在以时间顺序记录事件时偶尔会出错。但最主要的原因是，伽利略本人在著作中从未提起过这个非常具体的实验，实验的记载也没有出现在那个时代的其他任何文献中。特别是哲学家雅各布·马佐尼（Jacopo Mazzoni）作为比萨大学的教授和伽利略的朋友，于1597年出版了一本书，他虽然在书中大体上支持伽利略对运动的观点，却从未提到伽利略在比萨斜塔的实验。在1612年，比萨大学的讲师乔治·科雷西奥（Giorgio Coresio）同样描述了从比萨斜塔抛落物体的一系列实验，但他也没有把这些实验归功于伽利略。我们应该注意到，科雷西奥提出了一个奇怪的说法，即这些实验"证实了亚里士多德的说法……同一材料的较大物体比较小物体运动得更快，并且随着重量的增加，速度也相应增加"。历史学家贝内代托·瓦尔基（Benedetto Varchi）早在1544年就已经提到，有些实验表明亚里士多德的观点是错误的，这使得科雷西奥的说法格外令人费解。

维维亚尼住进伽利略家时，伽利略75岁，维维亚尼18岁，因此双方可能都对这个故事做了一定的虚构。不过要我说，从评价伽利略科学成就的角度来看，他有没有真的做过这个特殊的演示，其实并不十分重要。事实是伽利略在比萨大学的几年里对自由落体做了认真实验。无论他有没有从斜塔上扔球，这一点都是

第三章　斜塔与斜面

成立的。他还在比萨着手撰写论文，分析物体运动的各个方面。《早期运动论》(De Motu Antiquiora)这本专著在伽利略逝世后于1687年出版，书中追溯了他早期思想的发展，显示出伽利略在一般物体运动的理论研究与实验研究两方面都处于绝对的领先地位，尤其是对自由落体的研究（他早在比萨的那些年就已位居前沿了）。[4] 伽利略在《论运动》(De Motu)一书中说，他通过反复实验（没有提到比萨斜塔）证实，当两个物体从某一高处落下，较轻的物体起初落得较快，但随后较重的物体会超过它并率先落地。后来的实验显示，这个奇怪的结果可能是两个物体并未同时释放造成的。[5] 实验已经证明，当人的双手分别握住一只球时，握较重球的那只手会更累，必须用更大的力气握住物体，就会导致这只球被释放得较慢。顺便说一下，佛兰德物理学家、布鲁日的西蒙·斯泰芬（Simon Stevin）在所谓的伽利略斜塔演示的几年前，"从一个大约30英尺*高的地方"投下了两个铅球，其中一个是另一个的十倍重，并且他于1586年公布了他的结果（"它们的落地时间相当，似乎只发出了一个响声"）。

《论运动》标志着伽利略对亚里士多德学说严肃批评的开始，为他后来让球体沿倾斜平面滚动的实验奠定了基础。[6] 这本书还证明，科学有时是渐进而非剧烈变革的结果。虽然伽利略关于自由落体的观点与早期自然哲学家的观点有很大不同，但在最开始的时候，他的观点与他的实验结果仍不太吻合。从亚里士多德那

---

* 1英尺约等于0.3米。——编者注

里继承下来的观念认为，物体以恒定速度落下，速度是由物体的重量与介质的阻力决定的。对许多人来说，亚里士多德说过这句话本身就足以让他们接受这个观点。伽利略在《论运动》一书中认为，坠落的物体会加速（速度增加），但只是在最开始的时候，接着它们会达到一个适当的恒定速度，这一速度是由物体和介质的相对密度决定的。也就是说，他认为铅球比木球运动得更快（用伽利略的话说，"远在前面"），但如果是两个铅球，无论重量是多少，它们下落的速度是相同的。这朝着正确的方向迈出了一步，但并不完全正确。比如说，伽利略意识到这种描述并不符合自由落体持续加速的事实，但是他认为加速度本身会逐渐减少，使物体趋向一个恒定速度。

直到后来在 1638 年出版《对谈》一书时，伽利略才得出了正确的自由落体理论。根据这一理论，所有的物体，无论重量或密度大小，在真空中会**以完全相同的方式均匀加速**。在《对谈》的虚构对话中，伽利略让代表自己的萨尔维阿蒂（Salviati）解释了这一理论："亚里士多德说：'从 100 肘*高处下落的重 100 磅的铁球，比从同一高处下落的 1 磅重的铁球更早落地，后者在同一时间里只下降了 1 肘。'但要我说，它们是在同一时刻到达地面的。"[7] 伽利略这个至关重要的认识是他呕心沥血做实验的结果，这也成为牛顿引力理论的重要前提。

---

* 肘（braccio）是意大利长度单位，源自上臂的长度，1 肘约相当于 60 厘米。——编者注

第三章　斜塔与斜面　　39

到了现代，1971年阿波罗15号宇航员大卫·斯科特（David Scott）在月球上（那里几乎没有空气阻力）从同一高度同时释放一把重1.32千克的锤子和一根重0.03千克的羽毛，两个物体同时落在月球表面上，与伽利略在几个世纪前得出的结论一致。[8]

《论运动》的另一个问题是伽利略早期的测量方法（特别是对时间的测量）仍然不够精确，因而无法得出明确的结论。不过，他还是很有远见地提出了意见：

> 当一个人发现了某件事情的真相，并且花费巨大的努力使它得到承认，那么当他更仔细地审视自己的发现时，他往往会意识到，自己费尽心思找到的东西可能是近在眼前的。因为真理就具有这样的特性，它并不像许多人所认为的那样隐藏得那么深。事实上，真理在许多地方都留下了散发着耀眼光芒的痕迹，有很多途径可以接近它。[9]

在以后的岁月里，类似"什么是真理？""真理如何体现？"（特别是在科学理论方面）的问题会成为伽利略人生中至关重要的问题。它们在今天或许更加重要，因为即便是无可争议的事实有时也会被贴上"假新闻"的标签。当然，科学在诞生之初也难免被人当成错误的信仰，因为它有时与炼金术和占星术等虚妄之学纠缠不清。这也是伽利略后来决定依靠数学的部分原因，因为数学似乎提供了更坚实的研究基础。实践的发展让人们可以不断重复实验（伽利略就是先驱之一），于是科学论断变得越来越可靠。大致说来，一个科学理论要想被人接受，哪怕只是暂时被接受，也需要与所有已知的实验和观察事实一致，科学理论还必须能做预测，预测必须能通过后续的观察或实验来验证。如果一个科学的研究结论已经通过所有严格的检验，并清晰指出结论中的不确定性（比如说气候变化模型），我们却不接受这个结论的话，那就等于玩火自焚——目前全球各地发生的极端天气现象和大规模火灾就证明了这一点。

伽利略对物体运动研究倾注了大量心血，并创作了《论运动》一书；人们从中可能得出一个印象，即伽利略早已忽略了他博学多才的底子，开始把所有的时间都用在纯粹的数学问题或实验问题上了。事实绝非如此。尽管伽利略在比萨期间将大部分时间花在实证研究上，但他对哲学的兴趣、对诗歌的热爱依然没有改变。[10] 在他的著作中，伽利略显示出对亚里士多德学说非凡的领悟，有时他正是利用这个专长来攻击亚里士多德的结论的。如他自己所说："［亚里士多德的］观点有多荒谬，在青天白日下昭然若揭……如果两块石头同时从高塔落下，一块是另一块的两倍大，较小的石头才经过了一半路程，较大的石头就已经到达地面了吗？"很显然，伽利略并不是因为喝了比萨之水就掌握了亚里士多德的知识并产生深刻见解的，他是经过努力才获得的。事实上，直到他去世前16个月，伽利略依然表示他始终遵循亚里士多德的逻辑方法论。但伽利略在他自己的哲学理论中反复强调数学的核心作用。在他看来，真正的哲学必须是观察、推理和数学的灵活结合，三种成分都是绝对必要的。

在比萨大学还发生了另一件有趣的事：伽利略一方面对聪慧的 16 世纪诗人卢多维科·阿里奥斯托表示钦佩（他也赞赏诗人弗朗切斯科·贝尔尼的讽刺精神），另一方面又表现出他内心深处十分厌恶权威与浮夸的形式主义。这一切都始于大学校长的一项命令，校长要求所有教授在公众场合都必须身着学士长袍。这个荒唐的命令不仅带来了不便，更让伽利略大为光火的是，他曾多次因违反规定而遭到强制罚款。为了表达自己的蔑视，他创作了一首 301 行的讽刺诗，题目就叫《反对穿长袍》(Capitolo Contro Il Portar la Toga)。在这首有伤风化的诗中，伽利略首次展现出轻蔑和挑衅的性格以及独树一帜的语言幽默，他后来的著作会反复表现这些特征。有些诗句甚至主张人们应当裸体行走，这样可以更好地欣赏彼此的美德。伽利略很可能不只是在反对长袍本身，他把穿长袍的规定看作那个时代众多科学家教条僵化地接受亚里士多德权威的象征。伽利略的嘲讽态度很可能引起了比萨大学同事们的不快。下面是这首富有争议的诗中的几句：

> 我不想浪费口舌，只想离开我的塔楼：
> 我将追随现在城里的时尚，
> 但这多么痛苦，耗费了我所有的意志力！
> 但愿不要认为我将穿上长袍，
> 仿佛我是一个伪善的教授：
> 我不会为了一顶金色的王冠，就被人说服。[11]

总的来说，伽利略在比萨大学还勉强过得下去，不过他的年薪只有60斯库多[*]。相比之下，哲学家雅各布·马佐尼在同一所大学的收入是伽利略的10倍以上。这说明数学在当时无人问津的现实。1591年，伽利略的父亲去世，伽利略作为长子背上了巨大的经济负担。因此，他于1592年到帕多瓦大学寻求教职，最终幸运地得到了一个职位，他在那里的薪水是原来的3倍。自1588年著名数学家朱塞佩·莫莱蒂（Giuseppe Moletti）去世后，这个受人尊敬的教席一直空缺，大学行政人员在选择继任者时相当挑剔。多亏了那不勒斯人文主义者乔瓦尼·温琴佐·皮内利（Giovanni Vincenzo Pinelli）的大力支持，伽利略赢得了这个教席。皮内利在帕多瓦的图书馆是当时意大利最大的图书馆，他将此处当作知识分子聚会的中心，因此他的推荐可谓举足轻重。皮内利的图书馆大门向伽利略敞开，伽利略得以阅读未发表的光学手稿和讲座笔记，所有这些都对他后来用望远镜工作有所帮助。莎士比亚曾赞美帕多瓦："美丽的帕多瓦，艺术的摇篮。"伽利略后来描述他在帕多瓦的岁月时说，这是他一生中最美好的时光。毫无疑问，这在很大程度上应归功于威尼斯共和国（帕多瓦是它的一部分）所有学者享有的思想自由与活跃的信息交流。伽利略也正是在这几年里"皈依"了哥白尼学说。

---

[*] 斯库多（scudo），一种旧时在意大利使用的金币或银币。——译者注

帕多瓦力学

今天的每位研究者都知道，不能指望实验结果**精确地**证明任何定量预测。每次测量都存在着统计和系统上的不确定性（可能包含真实值的一系列数值），研究者有时甚至很难一眼看出规律。这种情况与古希腊人强调精确表达的观念相反。伽利略生活在一个不可能精确测量时间的时代，在早期的尝试中，他发现对物体运动的研究充满挑战，令他屡屡受挫。此外，研究经常被打断，因为大约在 1603 年，伽利略患上了严重的关节炎和风湿痛，他有时疼得只能卧床不起。据伽利略的儿子说，这些令他身心疲弱的疾病"从 40 岁开始一直持续到他生命结束"。

不过，在 1603—1609 年，[12] 伽利略发展出许多研究物体运动的方法，同时他在力学方面也取得了突破性成果。[13] 很久之后，伽利略在他的《对谈》一书中描述了他在探究和分析物体自由落体时遇到的问题，也介绍了高明的解决办法。他要着力克服一道看似不可逾越的实验难关，他必须确定不同重量的物体在经历相对短时间的自由落体后，速度究竟是相同的还是不同的。伽利略写道：

> 在较小的高度内［不同的物体落下］，［物体的速度或它们落地的精确时间］是不是真的没有差别？还是说存在差别而我们无法观察到？这是值得怀疑的。因此，我不断思考怎样才能重复让物体从较小高度下落，并记录许多次重物

落地与轻物落地在时间上的微小差异。如果我把这些差值加起来，就能够得到一个可观察的而且显而易见的时间。[14]

这已经是一个了不起的见解。在统计方法尚未制定出来的时代，伽利略明白，如果同一个实验进行多次，结果就可以梳理出来，即使有很小的差异也能令人信服。但他对实验还有更加天才的想法。伽利略试图寻求一种真正减少自由落体速度或者说"稀释"重力的方法，使下落的时间更长，更容易测量，差值会更加可信。他灵机一动："我还想让可移动的物体沿着一个比水平面高出不太多的斜面下降。这样人们就可以观察不同重量物体在斜面上运动的情况，就相当于观察物体的垂直下落。"换句话说，球的自由落体可以看作球沿斜面滚动的一种极端情况，只不过面是垂直的。正如伽利略的计算结果所示，他让物体在倾斜度只有1.7度的斜面上滑动（或滚动），能够大幅减慢物体运动的速度，由此可以更准确地测量。

当我们谈到伽利略获取知识的新方法时，应当认识到伽利略的力学实验中一个有趣之处：他主要是让理论或推理驱动研究探索，而不是用探索驱动理论。用他在《论运动》中的话说，一个人必须"始终运用推理而不是举例子（因为我们所寻求的是结果的原因，而原因是不能通过经验得到的）"[15]。大约350年后，伟大的理论天体物理学家阿瑟·爱丁顿（Arthur Eddington）也表达了类似观点："只有在一个主张是关于观察结果的论断时，它才能通过观察来检验。因此，每个物理知识都必须是对已经或将要进行的特定观察流程结果的断言。"

另一方面,在伽利略的天文学发现中,观察一直为他引路。科学的进步有时是靠实验结果引领理论解释的,有时是靠理论先做预测,然后再由实验或观察来证明(或证伪)的。例如,自1859年起,人们就知道水星绕太阳运行的轨道与根据牛顿引力理论预测的情况不太一致。爱因斯坦在1915年发表的广义相对论解释了这一异常现象。与此同时,广义相对论也预测了来自遥远恒星的光线会在太阳附近发生一定程度的弯曲或偏折。他的预测在1919年的日全食发生时首次得到证实,此后又有许多观测证实了这一点。顺便说一下,阿瑟·爱丁顿领导了1919年的一个观测小组。

今天,有关气候变化的研究正按照类似的步骤进行。[16] 首先,人们**观察**到地球气候系统的平均温度在一个世纪里上升了。随后,人们做了一系列旨在确定气候变化主要原因的研究,由此建立了更精细的气候模型,现在这些模型已经对21世纪气候的影响做出了预测。

尽管伽利略在帕多瓦的个人生活很幸福,但他这一时期的经济状况十分窘迫。他的妹妹弗吉尼亚和利维娅分别于1591年和1601年结婚,支付高额嫁妆的担子落在了伽利略身上。更糟糕的是,弗吉尼亚的丈夫竟威胁说,如果伽利略付不出约定的数目,他就会把伽利略抓起来。伽利略的弟弟米凯兰杰洛也在嫁妆合同上签了字,但无力支付这笔钱,哪怕当时他已经是个成功的音乐家,接连获得了两份还不错的工作。他的一份工作在波兰,伽利略为此支付了旅费。另一份工作在巴伐利亚。在巴伐利亚期间，米凯兰杰洛与安娜·基娅拉·班迪内利结婚，并把所有的钱都花在了奢侈的婚宴上。这对伽利略的经济状况来说无异于雪上加霜。因此，尽管伽利略在帕多瓦的工资从最初的每年180斯库多涨到1609年的1 000斯库多，他还是要开办私人辅导班，在家为十几个学生提供住宿，还要出售他在作坊制造的仪器，以免陷入严重的债务危机。他还偶尔用占星术为学生和各种社会名流算命，当作一个应急的收入来源。

伽利略从事占星并不奇怪。当时数学家的传统职责之一就是绘制星象图。此外，他们还负责教医学生如何用星象图来表示适当的治疗方法。伽利略绘制的20多张星象图流传至今，其中有两张是他自己出生当天的星象，还有他女儿弗吉尼亚和利维娅出生时的星象。1633年，伽利略在阿斯卡尼奥·皮科洛米尼（Ascanio Piccolomini）的家里度过了被软禁的前6个月。我们从皮科洛米尼写的信中可以肯定地知道，这位科学家完全看不起占星术士，取笑它"是建立在最不确定甚至最错误的知识基础上的一种职业"[17]。

帕多瓦毗邻威尼斯，让伽利略能够与威尼斯知识分子和其他头面人物建立新的友谊和联盟。其中，詹弗朗切斯科·萨格雷多（Gianfrancesco Sagredo）是个在威尼斯大运河畔有座宫殿的大人物，他与伽利略情同手足。[18] 他后来在伽利略的《对话》中扮演了一个聪明好奇的普通人，形象永久流传了下来。伽利略对他的描写很准确，因为在他的一封信中，萨格雷多对自己的性格做

第三章 斜塔与斜面　　47

了一番评价:"如果我有时对科学感到怀疑,我不会冒昧与教授们一争高下,更不用说批评他们了。我只是想自由地探索所有我感兴趣问题的真相,不掺杂任何义务或情感,以此来活跃和充实我的思维。"[19] 伽利略的另一位朋友与亲密顾问是弗拉·保罗·萨尔皮(Fra Paolo Sarpi),他不仅是一位高级教士、历史学家和神学家,还是一位科学家和杰出的数学家,他对从天文学到解剖学的各种课题都有极大的兴趣。[20] 伽利略后来赞叹:"在[数学]科学知识方面,欧洲没有人能超过他。"

1608年,精通光学和视觉工艺的萨尔皮,第一次告知伽利略有关望远镜发明的可靠消息。[21] 此前有个荷兰人发明出望远镜的传言已经传遍整个欧洲。博学大师、剧作家詹巴蒂斯塔·德拉·波尔塔(Giambattista della Porta)也承认,他"从未见过比萨尔皮更博学的人"。这在从前是达·芬奇这样的人物才能享有的赞誉,法国国王弗朗索瓦一世曾评价达·芬奇说:"无法相信从古至今还有谁能像达·芬奇一样博学。"

威尼斯吸引伽利略还有另一个原因。威尼斯著名的兵工厂,包含军械库和造船厂,里面塞满了他极度感兴趣的种种仪器设备。据说在兵工厂最热火朝天的时候,数千名工人可以在一天之内造好一艘船。因此,我们不应该对伽利略《对谈》的开篇感到惊讶。他写道:"在我看来,经常参观你们威尼斯著名的兵工厂,给那些乐于思辨的头脑打开了一片理性思维的天地,特别是在需要思考力学的时候,因为在那里有大量工匠使用的各种设备和机器。"兵工厂的原址在今天是威尼斯艺术双年展的举办地。

这仿佛是一个象征，提醒人们艺术与科学在意大利文艺复兴时期密不可分。

威尼斯兵工厂中所有这些异想天开的科学活动和工程活动，促使伽利略建立了自己的作坊，他的作坊长年雇用一个名叫马尔坎托尼奥·马佐莱尼（Marcantonio Mazzoleni）的仪器师，他和他的家人一同住在伽利略的房子里。（在某种意义上，17世纪的作坊相当于今天的创业公司。）伽利略既利用这个作坊为自己的实验研究服务，又在作坊里制造各种测量仪器、勘探仪器和数学仪器（其中一些被用在军事上）来赚钱。特别值得注意的是其中的一种几何军用罗盘仪。[22] 它是一种计算器，可以快速计算一些有用的战场数据，如目标的距离和高度。伽利略甚至用意大利文出版了一本小书（为了限制盗版，只发行了60本），书中展示并解释了如何操作这种计算器。另一位科学家巴德萨·卡普拉（Baldessar Capra）后来也出版了一本关于这种仪器的书，但他用的是拉丁语。他谎称自己发明了这种仪器，但实际上他是从伽利略那里学到的使用方法！伽利略反应迅速而勇敢，他收集了几个人的宣誓书，证明自己几年前曾向他们演示过这种仪器，然后指控卡普拉剽窃他的成果。在大学的权威人士见证下打赢官司之后，伽利略又写了一篇怒斥卡普拉的文章，题目是《对卡普拉的诽谤与欺骗的自辩》。

为什么伽利略的反应会如此激烈？毫无疑问，他经济困难，所以觉得必须奋力保护自己，抵御任何可能的攻击，防止名誉的污点让他错失更高的收入或更好的就业机会。不过，伽利略对卡普拉的激烈反应可能还有另一个关乎个人荣誉的原因。1604年10月，一颗新星出现在天空中，卡普拉在公开场合幸灾乐祸地说，他比伽利略早5天看到了它。这一定触动了伽利略的神经。

伽利略在威尼斯找到的不仅仅是智力和艺术上的激励。通过他的朋友萨格雷多，他接触到了威尼斯夜生活的诱惑，主要是美酒和女人的诱惑。他与玛丽娜·迪安德烈·甘巴（Marina di Andrea Gamba）确立了情人关系，她随后搬到帕多瓦。这对情侣从未结婚，但他们在一起生活了十多年，生了两个女儿，即弗吉尼亚（后来的玛利亚·塞莱斯特修女）和利维娅（后来的阿坎吉拉修女），还有一个儿子温琴佐。人们可以推测，伽利略不愿意正式结婚，是受到他直系亲属婚姻不幸的影响，但也许他放弃传统的夫妻关系是为了在经济上照顾妹妹们——至少他的弟弟米凯兰杰洛是这么认为的。

在帕多瓦的18年里，伽利略的科学工作中最令人印象深刻的成果是他的斜面实验。尽管这些成果直到17世纪30年代才发表，但他大部分的实验工作是在1602—1609年进行的。1604年10月16日，伽利略给他的朋友萨尔皮写了一封信，他在信中宣布，他发现了运动的第一个数学定律——自由落体定律。

> 重新考虑运动现象……我可以证明……在自然运动 [自由落体] 中，物体下落的距离与**时间的平方成正比** [强调是原文所加]。因此，在相等时间内，物体通过的距离就像从1开始的奇数数列一样。现在得出了定律：在自然运动中

的物体，速度的增加和它与运动原点间距离是成正比的。

这句话的第一部分是伽利略发现的定律：自由落体通过的距离与所用时间的平方成正比。也就是说，一个物体（从静止状态开始）自由落体2秒所通过的距离是另一物体自由落体1秒所通过距离的4倍（2的平方），而物体自由落体3秒所通过的距离是另一物体自由落体1秒所通过距离的9倍（3的平方），以此类推。伽利略信中的第二个论点其实是第一个论点的直接结果。想象一下，我们把物体在第1秒内下落的距离称为"1伽利略"；那么在接下来的1秒内物体通过的距离将是4伽利略（即2秒内所通过的距离）和1伽利略之间的差值，也就是3伽利略。同理，物体在第3秒内下落的距离将是9伽利略减去4伽利略，也就是5伽利略。因此，在连续几个1秒的时间内，物体通过的距离将形成奇数数列：1伽利略，3伽利略，5伽利略，7伽利略……

伽利略给萨尔皮的信中的最后一句话其实是不正确的。1604年，伽利略还认为自由落体速度的增加和自由落体与起始点的距离成正比。很久以后伽利略才认识到，在自由落体过程中，物体速度的增加与下落时间成正比，而不是与距离成正比。也就是说，自由落体5秒钟的物体速度，是自由落体1秒钟的物体速度的5倍。因此，他在后来的《对谈》中正确地断言："我把从静止开始、在相等时间内增加相同速度的运动，称为匀加速运动。"

这些发现在科学史上的重要性怎么强调都不过分。在亚里士多德物理学中，有些元素（如土和水）的"自然运动"是向下的，

第三章　斜塔与斜面　　51

也有许多元素（如火）的"自然运动"是向上的，还有一些元素（如空气）的"自然运动"取决于其位置或周围环境。在伽利略看来，地球上唯一的自然运动是向下的（即朝向地球中心运动），所有物体都是如此。人们观察到有些物体会向上漂浮起来，如水中的气泡，那只是因为密度较高的介质对气泡施加了升力。这与阿基米德最早创立的流体静力学定律的解释相符。我们可以从这些思想中发现牛顿引力理论的一些要素。至于物体为什么会坠落，伽利略没有答案，甚至没有尝试去回答。他将这个问题留给了牛顿。伽利略把精力放在探索"定律"上，或者说，去发现他所认为的自由落体的本质，而不是去寻求自由落体因果关系的解答。

伽利略的思想与亚里士多德的思想在另外一个方面有着根本的不同。亚里士多德这位希腊哲学家的运动理论从未经过任何严谨的实验检验，部分原因是他（以及柏拉图）坚信，揭示自然界真理的正确方法是思考，而不是实验。对亚里士多德来说，理解现象唯一可能的方法就是知道它们的目的。伽利略则巧妙地将实验和推理结合起来。他比其他人更早意识到，要想进步，往往要能够正确地提出问题，而且不能只研究自然运动，还需要在人为环境中做研究（比如让球从斜面滚落）。这标志着现代实验物理学的真正诞生。

在伽利略的新运动理论中，有两个革命性的因素特别突出。[23] 第一是该定律具有普遍性，即适用于所有加速运动的物体。第二，他扩展了数学定律表述的范畴，从只描述不涉及运动的静止状态（如阿基米德的杠杆定律）到描述运动状态。

转变

在帕多瓦的岁月中，还有一个学科领域对伽利略影响深远。伽利略在力学领域确实获得了丰厚的实验成果，但他为科学观做出的最重要的修正是天文学方面的。如前所述，在名为《论球体或宇宙学》（可能写于16世纪80年代末）的出版物中，伽利略还在描述并似乎谨遵托勒密的地心说系统，甚至没有提到哥白尼的日心说模型。这本书可能反映了大学课程的要求，是辅导学生的教材。伽利略在1597年写的两封信最早表达了他对哥白尼学说日益坚定的信念，证明他的观点已经发生了翻天覆地的变化。

第一封信写于1597年5月30日，这是写给他在比萨的前同事、哲学家雅各布·马佐尼的一封信。[24] 马佐尼刚刚出版了一本题为《论亚里士多德与柏拉图的比较》（*On Comparing Aristotle and Plato*）的书。他认为，他已经找到了地球不绕太阳运行的证据，从而能够驳倒哥白尼的模型。这个论点以亚里士多德的断言为基础，亚里士多德认为在欧亚交界处的高加索山脉，其山顶在夜晚1/3的时间里能被太阳照亮。马佐尼从这个假设得出了错误的结论：因为哥白尼模型中，位于山顶的观测者（山在地球侧面，没有直面太阳）比在托勒密模型中的观测者（托勒密模型中假定世界的中心是地球的中心）距离世界的中心（即太阳）更远，所以哥白尼模型中的观测者看到的地平线角度应该大于180度，这与实际经验相悖。在给马佐尼的信中，伽利略用精确的三角学证明，地球围绕太阳的运动不会让天穹中可见的部分发生任何变化。伽利略在驳斥了这个挑战他的假说后又补充批评道："［哥白尼的模型］比亚里士多德和托勒密的观点更可信。"

伽利略的第二封信更明确地表达了他对哥白尼学说的看法。这封信是在约翰内斯·开普勒的书出版之后写的。开普勒这位伟大的德意志天文学家在今天最出名的成就，正是以其名字命名的三大行星运动定律，定律推动了牛顿万有引力定律的诞生。开普勒是一位颇有建树的数学家，一位好思索的形而上学思想家，还是一位多产的作家。他还是个孩子时，就从1577年大彗星的奇观中得到过启发。开普勒曾在图宾根大学学习数学和神学，后来数学家米夏埃尔·麦斯特林（Michael Mästlin）向他介绍了哥白尼理论。开普勒立即被哥白尼的理论折服了，部分可能是因为其观点符合开普勒深刻的宗教信仰——哥白尼认为位于世界的中心的太阳被固定不动的恒星包围，太阳和恒星之间有一段空间。开普勒认为，宇宙是其造物主的反映，太阳、恒星和中间空间的统一象征着神圣的三位一体。

1596年，开普勒出版了一本名为《宇宙的奥秘》（*Cosmic Mystery*）的书，他在书中提出，5个被称为"柏拉图多面体"（Platonic solid）的规则多面体相互嵌套，形成了太阳系的结构。这5个规则多面体分别是四面体、立方体、八面体、十面体和二十面体。5个多面体加上固定着静止恒星的球面，正好是6个空间，因此开普勒认为他的模型解释了为什么宇宙中存在6颗行星（当时已知的行星只有6颗）。虽然这个模型本身相当疯狂，但开普勒在他的书中确实坚持维护哥白尼的观点，即所有行星都围绕太阳运行。他的错误不在于模型的细节，而在于他假设行星与行星轨道的数量都是基本量，只能用第一性原理来解释。今天我们知道，行星的轨道只是在原太阳星云的条件下偶然出现的结果。

开普勒打算送给意大利天文学家的两本书不知为何来到了伽利略的桌上。1597年8月4日，伽利略只读过序言就给开普勒写了一封信。[25] 他在信中说，他相信哥白尼模型是正确的，而且他成为哥白尼的拥护者已经"好几年了"。他在哥白尼模型中发现了一种方法，能解释地心说所无法解释的许多自然现象。但是伽利略承认他"不敢发表"这些理论，因为哥白尼"显然遭到了嘲笑，被人赶下了台"，这把他吓住了。

开普勒在1597年10月13日的回信中催促伽利略赶快发表支持哥白尼模型的解释，如果不能在意大利发表，那就在德意志发表。然而，伽利略的观点并没有落实在笔头上。他在发表自己认为可靠的结论时，从来不会害羞或犹豫；而他没有付诸行动，就说明当时的他在还没有用望远镜观察的情况下，可能只产生了一些受力学发现启发的直觉猜想。他当时很可能已经在思考如何解释潮汐了，后来由此发展出地球运动的主要论点之一。与马佐尼事件类似，伽利略可能已经直觉感受到，他关于地球运动的观点会遭到驳斥。不过他的消极应对可能也有政治上的考虑，因为那段时期正值欧洲如火如荼的反宗教改革的时代，他身处信奉天主教的意大利，不愿自己表现得好像是路德宗信徒开普勒的盟友。

1604年秋天发生的一件事让伽利略有机会公开发表观点，即

第三章　斜塔与斜面

使他还不完全支持哥白尼学说的观点，但至少明确地反对了亚里士多德的立场。10月9日，意大利几个城市的天文学家震惊地发现了一颗"新"恒星——一颗"新星"（nova），它在一瞬间变得比天空中所有的星星都要亮。气象学家扬·布鲁诺斯基（Jan Brunowski）于10月10日观测到了这颗新星并通知了开普勒，开普勒由此开始持续近一年的观测，收获颇丰（因此，这个天体今天被称为开普勒超新星）。10月10日，巴德萨·卡普拉与导师西蒙·迈尔（Simon Mayr）以及朋友卡米洛·萨索（Camillo Sasso）一起观察了这颗新星。卡普拉也就是几年后与伽利略为罗盘计算器起争执的那个人。当时，意大利托钵修士兼天文学家伊拉里奥·阿尔托贝利（Ilario Altobelli）通知了伽利略，伽利略于10月下旬首次观测到了这颗"新星"。接着在11月到次年1月之间，他面向大量听众做了三次演讲。伽利略的主要观点很简单：以遥远的恒星为背景来观测这颗"新"恒星，它没有发生位移——这种现象被称为"视差"——所以"新"恒星一定比月球离我们更远。然而，根据亚里士多德的说法，"新星"所在的区域应该是不可侵犯的，不受任何变化的影响。因此，"新"恒星打破了亚里士多德所说恒星天球永恒不变的概念（顺便说一下，我们今天知道，这种现象是一颗古老恒星爆炸消亡的表现，被称为超新星）。

1572年，丹麦天文学家第谷·布拉赫（Tycho Brahe）也曾发现一颗"新"恒星，它也是一颗正在爆炸、消亡的恒星，现在被称为第谷超新星。人们想象中的天球已经开始破裂。伽利略在"解释"新星时又加入了别的因素，但完全是错误的，这或许有些遗憾。他认为，这颗"新"恒星的出现说明从地球喷射出来的"大量蒸气"反射了太阳光，反射的光线越过了月球的轨道。如果这是真的，这将进一步给亚里士多德区别"可降解的地球物质"与"永恒不变的天体物质"的理论造成致命打击。但实际上，伽利略充满幻想的补充完全没有必要，他自己也持怀疑态度。

但不是所有人都同意这颗"新"恒星的出现几乎摧毁了亚里士多德的宇宙观。不管观测结果多么有说服力，也还需要再来一两次观测才能说服人们放弃几个世纪以来的信仰。一些人甚至不相信这颗"新星"位于亚里士多德预设的经典天体之中，他们质疑测量结果有视差。另一些人，如权威的耶稣会数学家、天文学家克里斯托弗·克拉维于斯，证实了确实没有视差，也就是说"新星"在观测中没有出现位移，但他们拒绝承认观测结果具有重大意义。还有人对新星的出现提出了其他解释，如佛罗伦萨哲学家洛多维科·德勒·科隆布（Lodovico delle Colombe），伽利略晚年时曾与他严肃争论过。为了维护天球永恒不变的理论，科隆布指出"新星"并不是一颗真正的新恒星，也不意味着恒星本身的亮度发生了变化，它只是一颗新近**能够观测到的恒星**。也就是说，一颗恒星被人们看见是天体物质像透镜一样膨胀的结果。伽利略只回应了少数几个批评者，认为其他人不值得回应。[26] 有一次，他用笔名与朋友们合作撰写了一篇辛辣讽刺的对话体文章，回应了一些质疑。[27]

总的来说，在力学领域的杰出成果，在天文学领域对新理论前景的思考以及威尼斯艺术和自由精神的魅力，令伽利略在帕多瓦的生活非常愉快。然而，经济困难让他不得不承担大量教学任务，经济问题显然像块大石一样沉重地压在他的心上。困难和压力最终令他开始寻求报酬更高的工作。他要给个人赞助者工作，而不是大学。后来，他在1609年和1610年的两封信中坦率地解释了自己搬离帕多瓦的动机：

> 只要我还有养家糊口的压力，因而必须从事公共教学或私人教学……无论我在哪里，我都不可能得到比这里更多的闲暇。无论共和国多么辉煌而慷慨，想赚薪水却不为公众服务是不可能的。要从公众那里得到好处，就必须满足公众。[28] 一句话，我只能指望从一位具有绝对权威的统治者那里获得福利待遇……因此，我希望殿下的首要目标是让我轻松自在地完成我的工作，而不是忙于教学。[29]

伽利略确实于1610年9月应托斯卡纳大公科西莫二世·德·美第奇的邀请搬到了佛罗伦萨，那是在他利用他发明的仪器取得最惊为天人的发现以后了。他在威尼斯的密友认为，用学术自由（伽利略在帕多瓦拥有充分的学术自由）换取经济稳定并逃避教学辛劳，是一个严重的错误。历史表明，异端裁判所的手伸得再长，也很难有效干涉威尼斯共和国，而移居佛罗伦萨让伽利略更容易受到教会的控制。我们今天已经知晓伽利略的命运，很难不赞同伽利略的威尼斯朋友。学术自由的确是无价的。在真理和事实遭受重重压制的今天，学术自由仍然格外重要。

第四章

哥白尼的信徒

1609年之前,伽利略的实验集中在物体朝地球中心坠落的问题上,而从这一年开始,他把注意力转向了天空。让我们看看这场天体冒险是如何展开的。1608年末,伽利略的威尼斯朋友保罗·萨尔皮听说有人发明了一种小型望远镜。这种在荷兰发明的光学小仪器可以使远处的物体看起来更近、更大。萨尔皮意识到这种仪器可能会有些有趣的应用,于是他提醒了伽利略。大约在同一时间,伽利略写信给巴黎的一位朋友,询问这个传闻是否属实。

伽利略在他出版的《星际信使》[1]中描述了当时的情况:

> 大约10个月前,我听说某个佛兰德人[2]制造了一个小望远镜,观察者可以通过这个望远镜清晰地看见距离眼睛很远的物体,仿佛它就在眼前。有些人相信这种非凡的体验,有些人拒绝承认。几天后,可敬的法国人雅克·巴多韦尔从

巴黎来信，证实了这一传闻，这使我全心全意地去研究类似仪器的发明方法。我很快就发明出来了，遵循的是折射的基本原理。

这段描述中的最后一句话可能有些误导，它让人们以为伽利略是以光学理论为指导的，但他在这方面的知识其实相当匮乏。实际上，伽利略的方法更偏实验性。他经历了试验和错误，发现在铅管里放入镜片（一头是平凹的，另一头是平凸的）就能很容易获得放大3~4倍的图像。威尼斯在当时是一个野心勃勃的海上强国，伽利略立即意识到，这种设备让他与威尼斯的元老院谈判工资时能够讨价还价。（用他的话说："这种设备在威尼斯的所有商业活动中，在海洋或陆地的一切事业中，都具有不可估量的价值。"）因此，他迅速着手学习如何打磨更高质量的镜片，并且尝试不同尺寸的镜片和不同的放置距离。令人惊讶的是，在不到三周的时间里，他就带着一台8倍望远镜来到威尼斯，准备经由萨尔皮向威尼斯的决策者们展示他口中的"透视镜"（perspicillum）。

伽利略的望远镜能比肉眼更早看到远处的船，这让元老们印象十分深刻。他们起初同意将伽利略的年薪从520斯库多增加到1 000斯库多。然而令伽利略失望的是，当元老院意识到望远镜并非伽利略的独家发明（尽管他从未如此宣称），而是在欧洲大陆其他地方已经出现的一种装置，他们将加薪期限改为一年，之后薪资就会固定不变。情况的突变让伽利略感到愤怒，更何况元老们似乎不认为他的望远镜远胜欧洲流行的望远镜。于是，他将一台望远镜寄给了托斯卡纳大公科西莫·德·美第奇二世，希望获得进入佛罗伦萨宫廷的机会。他的尝试看似不可能成功，但他有理由感到乐观。伽利略曾在1605—1608年的几个暑期担任科西莫的数学教师，而且正是科西莫的父亲斐迪南·德·美第奇一世（Ferdinando I de' Medici）于1589年任命伽利略担任比萨大学的数学教授。

1609年底，伽利略的研究突飞猛进。仅在当年12月和次年1月，伽利略惊天动地的发现可能就比科学史上的任何一人都多。除此之外，他在1609年11月还想出进一步改良望远镜的方法，让它能够放大15倍。1610年3月，他的望远镜已经改进到可以放大20倍以上了。他将改进后的设备对准夜空，从观测月球表面开始，到辨析银河中的恒星，再到对木星的卫星产生革命性发现。等他掌握了这些真正令人惊奇的发现后，他就决定立即发表出来，担心其他天文学家可能会抢先公布他已确证的重大真相。事实上，《星际信使》（图4.1）早在1610年3月13日就于威尼斯出版了。伽利略的母亲离开帕多瓦，立刻就让他的创造力迸发，这可能并不出人意料。朱莉娅·阿曼纳蒂不仅不支持儿子的研究，还试图说服伽利略的仆人亚历山德罗·皮耶尔桑蒂监视他的主人。朱莉娅一直怀疑伽利略的情人玛丽娜·甘巴正想方设法说服伽利略减少给母亲的经济支持，要不就是她怀疑玛丽娜会偷走她的亚麻布，于是她雇皮耶尔桑蒂秘密报告这对情人的私房话。这些还不算最过分的，她甚至还让仆人去偷伽利略的望远镜

图 4.1 《星际信使》的扉页

镜片,打算把这些镜片送给她的女婿,也就是伽利略的妹妹弗吉尼亚的丈夫。她认为这是自己感谢女婿的慷慨之举。幸运的是,皮耶尔桑蒂立即把朱莉娅包藏阴谋的信件交给了伽利略。

伽利略在那个时候就已经很有政治头脑了,他将《星际信使》献给了托斯卡纳第四代大公科西莫·德·美第奇二世。他甚至想把木星的四颗卫星命名为"美第奇星"。他说："因为创造星辰的上帝告诫我，要用殿下显赫的名字来称呼这些新行星。"[3] 这些"天赐的"礼物很快产生了令人满意的效果。1610年6月，伽利略被任命为大公的宫廷哲学家和数学家，同时担任比萨大学的首席数学家，并且没有教学义务。在申请职位时，伽利略坚持要求在他宫廷数学家的职位以外加上"哲学家"的头衔。他的理由很简单：哲学家享有比数学家更高的地位。然而这并不仅仅是一种确认身份地位的渴望；伽利略当时承认，他"学习哲学的年头比学习数学的月份还多"。

许多真正在科学史上有所作为的人有两个显著的特点：第一，他们有能力立刻认识到哪些发现可能会产生真正的影响；第二，他们能有效地传播他们的发现，并使他人能够领会。伽利略在这两点上都是高手。1610年，他变得势不可当：在短短一年左右的时间里，他发现了金星的相位，发现了土星奇特的形状，还发现太阳表面有许多变化的移动黑斑。在随后的几年里，他又出版了两本书，首先是1612年出版的《水中浮体对话集》(*Discourse on Bodies in Water*)，接着是次年出版的《关于太阳黑子及其现象的历史与论证》(*History and Demonstrations Concerning Sunspots and Their Phenomena*)。

《星际信使》立即成为畅销书：最初印刷的550本很快销售一空。因此，到1611年，伽利略成了欧洲最著名的自然科学家，就连罗马的耶稣会科学家也不得不注意到他。他们在3月29日伽利略到访时表示隆重欢迎。虽然杰出的天文学家克里斯托弗·克拉维于斯对其中一些观测结果的解释持保留意见，但总的来说，罗马学院的数学家们相信观测本身是准确的，而且结果能证明望远镜揭示的现象是真实的。因此，伽利略受到了教皇保罗五世以及红衣主教马费奥·巴尔贝里尼（Maffeo Barberin）的接见，多年后巴尔贝里尼（已经成为教皇乌尔班八世）在"伽利略事件"中发挥了关键作用。此外，罗马学院前院长红衣主教罗伯托·贝拉尔米内（Roberto Bellarmino）*，以及克拉维于斯本人都在伽利略访问罗马期间与他会面，贝拉尔米内甚至与他讨论了一些关于哥白尼天文学的话题。不过，伽利略结束在罗马的逗留时，贝拉尔米内对托斯卡纳大使说了句不太吉利的话："如果他［伽利略］在这里逗留时间太长，他们［教会官员］难免对他的事有些看法。"只有此事给他的到访留下了一丝阴霾。

伽利略在这次旅行中还获得了另一项荣誉，他被选为费德里科·切西（Federico Cesi）的山猫学会（Accademia dei Lincei）的第六名成员。[4] 这个著名的科学学会是由罗马贵族（后来的阿夸斯巴达公爵）切西与他的三个朋友于 1603 年建立的。学会提出一个理想主义目标："不仅要获得事物的知识和智慧，同时要恪守公正虔诚的原则，并且要和平地将知识和智慧以口头与书面的形式展示给世人，而不造成任何伤害。"学会的名字既代表目光敏锐的山猫，又代表希腊神话中"最敏锐的阿尔戈人"林叩斯（Lynceus）。学会很快就开始吸纳意大利之外的成员。

---

* 英语化的版本通常是 Robert Bellarmine。

1613年，学会出版了伽利略关于太阳黑子的书，后来又于1623年出版了他的《试金者》(*The Assayer*)。伽利略一直以学会会员身份为荣，因此他经常署名"山猫学会的伽利略·伽利雷"。他与切西结缘，不仅因为切西个人的亲和力，还因为他们有相同的坚定信念，认为自古以来人们关于自然世界的许多看法都必须被摒弃。

伽利略第一次向世人展示了天空真正的模样，那么他的奇妙观测究竟是什么样子呢？

宛如地球的表面

1606年，一个名叫阿林伯托·毛里（Alimberto Mauri）的人出版了一本讽刺读物，他在书中推测（根据肉眼观察所得的推理），人们看到的月球表面特征说明月球表面被山脉和山周边的平原覆盖。许多科学史家怀疑阿林伯托·毛里其实就是伽利略的笔名。话虽如此，伽利略有了望远镜之后，终于有机会验证这个猜想了。事实上，月球是他用望远镜观察的第一个天体。他看到月球表面布满了坑洼和小的圆形区域，看起来像是陨石坑。这正是他的艺术教育派上用场的时候。伽利略特别观察了月球的明暗交界线——区分明亮部分与黑暗部分的分界线，并且利用他对光影的富有想象力的理解和对透视的把握，确凿地论证出月球的地形是非常崎岖的。他形容它"崎岖粗糙，布满了凹陷和凸起，

图 4.2 伽利略的月球水墨画,这是他通过望远镜看到的月球

图 4.3 伽利略的月球蚀刻版画

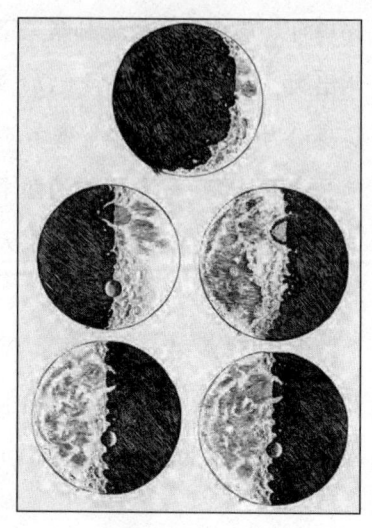

宛如地球的表面"。伽利略画下了令人惊艳的水墨画与蚀刻版画(图 4.2 和图 4.3),画中阴影部分的光点越靠近明暗交界线就越大。

这恰如人们所知道的,日出时分,山顶最先被照亮,随后光线从山上蔓延下来,一直抵达黑暗的平原。伽利略估计,光点与明暗交界线的距离约为月球半径的 1/10,由此确定该山脉的高度超过 4 英里[*]。[5] 后来德意志科学家约翰·格奥尔格·布伦格(Johann Georg Brengger)在 1610 年 10 月质疑这个数字,他

---

[*] 1 英里约为 1.6 千米。——编者注

认为月球上的山脉很可能彼此重叠，否则月球的边缘应当是粗糙不平的，而不是光滑的。伽利略没有给出山脉的精确高度，但他证明自己不仅能看到月球的地貌，而且理论上可以相当准确地估算各种地貌的大小。今天我们知道，月球上最高的山是惠更斯山（Mons Huygens），高约 3.3 英里。如果我们比较伽利略描绘的月球表面图与现代望远镜拍摄的月球图像，立刻就能看出他故意夸大了一些要素的尺寸[6]（比如今天我们所说的阿尔巴塔尼环形山，见图 4.3 中下半部分的蚀刻版画）。他这么做可能是为了强调自己观察到的环形山不同程度的光照与阴影。

伽利略的月球图又一次成功地证明，文艺复兴晚期科学领域与艺术领域互有交错又互相关联。令人有些惊讶的是，当时有一幅名为《飞向埃及》的著名画作，作者是在罗马工作的德意志艺术家亚当·埃尔斯海默（Adam Elsheimer）。[7] 他在 1610 年 12 月就已去世，但他的画中描绘月球的方式竟与伽利略十分相似。事实上，一些艺术史学家甚至推测，埃尔斯海默可能用早期的望远镜观察过月球，这些望远镜可能是他的朋友费德里科·切西给他的。[8]

在 2005 年，围绕着《星际信使》和其中艺术插图发生了一件趣闻。当时，一位名叫马里诺·马西莫·德·卡罗（Marino Massimo de Caro）的意大利艺术商人向纽约古董商理查德·兰（Richard Lan）出售了一本非比寻常的《星际信使》。与通常的蚀刻版画不同，这本书包含了 5 幅精美的月球水彩画，据推测是伽利略本人所画的。美国和柏林的专家都证实这本书是真的，

第四章　哥白尼的信徒

兰花了 50 万美元将其买下。其中一位专家霍斯特·布雷德坎普（Horst Bredekamp）被样图的美丽深深吸引，于是写了一本关于这个动人发现的书。接着，事情发生了意想不到的反转。2011 年，佐治亚州立大学的文艺复兴史学家尼克·怀尔丁（Nick Wilding）在为布雷德坎普著作的英文版撰写书评时，开始怀疑这本新发现的《星际信使》有些不对劲。长话短说，进一步的研究与调查证明，这本书其实是意大利卖家德·卡罗用精湛技艺造出的赝品。[9]

伽利略用他对月球的观测结果详细解释了另一个谜题，即月球的第二个光源是什么。围绕这个话题产生过许多错误解释。观测者们一直感到困惑，即使月球处于蛾眉月状态，月球的暗面也并非一片漆黑，只是有些昏暗。用伽利略的话说："如果我们更仔细地研究这个问题，我们会发现不仅黑暗部分的最边缘闪着淡淡的光亮，而且整个表面……都被不可忽视的光照成了白色。"[10]

从前，人们对这一现象有很多解释，从"月球在太阳光下有些许透明"的奇妙看法，到"月球不仅反射太阳光，而且自己本身就发光"的可疑观点。伽利略轻易地否定了所有这些理论，并称其中一些理论"幼稚到不值得回应"。尽管他明确表示"我将在《世界体系》（System of the World）一书中更详细地论述这个问题"，但他当时还是给了一个十分简明的答案。他认为，正如月球在夜晚为地球提供光亮，地球也照亮了月球的夜晚。这种现象在今天被称为"地照"。伽利略大概察觉到他的想法会引起亚里士多德忠实信徒的反对，于是他迅速补充了一些澄清内容：

> 这有什么好奇怪的？地球以平等和感恩的交换，回报月球以光亮，她在最黑暗、最深邃的夜晚，几乎整夜从月球得到的光与这一样多。在［月相的］这个阶段中，在后续的交替变换中，月亮……赐予我们她每月的光辉，时而明亮，时而黯淡。但地球也会以同样的方式回报这种恩惠。[11]

1968年12月24日，阿波罗8号的宇航员比尔·安德斯（Bill Anders）在月球轨道上拍摄了一张被照亮的美丽地球从月球地平线升起的照片（见彩插5）。由于月球与其轨道运动保持同步自转（月球总是用同一面朝向地球），地球升起的画面只有相对于月球表面运动的观测者才能看到。

伽利略在讨论完他对月球的颠覆性发现后，发表了一篇强有力的声明：

> 我们将在《世界体系》中更详细讨论。有些人将地球排除在星星［行星］的群舞之外，尤其是他们认为地球不会运动，也没有光亮。书中将通过大量论述和实验向这些人证明，地球会强烈反射太阳光线。我们将证明地球是**运动的，而且亮度超过了月球**［此处强调为原文所加］，从而证明她不是宇宙中污秽和残渣的垃圾堆。[12]

伽利略没有在《星际信使》中分析他对月球发现的全部意义——这些内容后来留给了《对话》，但从他的发现中能推理出一些明白无误的结论。首先，根据亚里士多德的宇宙观（几个世纪以来，亚里士多德的宇宙观与基督教的正统观念紧密地交织在一起），地球上的物体和天体之间有明显的区别。地球上的一切事物都会变化，会腐朽，可能会被侵蚀，会衰败甚至死亡；而天空应该是完美纯净的、持久而不可改变的。四种经典元素，即土、水、空气和火，被亚里士多德认为是构成地上一切事物的元素；但天体不同，构成天体的是第五种截然不同的、完美无瑕的物质，被他称为"精华"（quintessence），这个词按字面意义理解就是"第五种元素"。然而伽利略的观察表明，月球上有山和陨石坑，而且地球能反射太阳光，运动方式与其他行星非常相似。在这个阶段，伽利略还没有证据能证明地球真的在运动，但他宣称"它是可以运动的"就清楚地阐明了哥白尼的观点。如果月球事实上是固体并与地球类似，而且它围绕地球做轨道运动，那么为什么地球不能像月球一样围绕太阳运动呢？

我们可以想见，这幅关于月球表面和月球在世界中位置的新图景引起了人们强烈的反对。毕竟，它与《启示录》中超现实的描述形成了鲜明的对比。《启示录》中说"天上现出大异象来：有一个妇人，身披日头，脚踏月亮，头戴十二星的冠冕"。[13] 在对《圣经》的艺术描绘传统中，月亮一直被画成一个完美光滑、没有瑕疵的半透明物体，象征着圣母的完美和纯洁，并且延续了希腊和罗马神话中将月亮人格化为女神的做法。但伽利略对月球离经叛道的解释只是一个开始。他利用望远镜得到的其他发现，将会给旧宇宙观带来致命一击。

繁星点点

在月球之后，伽利略将他的望远镜对准了夜空中闪耀着光辉的其他光点，也就是恒星，那里也有一些惊喜等待着他。首先，这些恒星与月球（后来还有行星）不同：在用望远镜观察时，它们似乎更亮，但并不比肉眼看到时更大。仅凭这一点，伽利略就得出了正确的结论：肉眼观察到的恒星大小并不真实，只是假象。但他不知道，肉眼所见恒星尺寸实际上与恒星的光在地球大气层中的散射和折射有关，而与恒星大小本身无关。因此，他认为望远镜消除了恒星令人迷惑的"偶然光线"（adventitious irradiation）。然而，他用望远镜也无法看清恒星的样子，所以他推断我们到恒星的距离比我们到行星的距离要远得多。

其次，伽利略发现了几十颗光线微弱的恒星，如果没有望远镜根本看不到。在靠近猎户座的地方，他数出了不少于 500 颗恒星；在 6 颗最明亮的昴星团恒星附近，他又发现了数十颗恒星。伽利略对天体物理学的未来还有更大的影响。他发现恒星之间的亮度差别很大，有些恒星的亮度是其他的几百倍。大约 3 个世纪后，天文学家绘制出了对比恒星亮度与恒星颜色的图表，这些图表展现的规律让人们认识到，恒星本身也在不断演化。它们从气体和尘埃组成的云中诞生,一生都在通过核反应产生能量,能量耗尽后恒星消亡,有时以爆炸结束。从某种意义上说,这是给亚里士多德的永恒天体观钉上了最后一颗棺材钉。不过,当伽利略把望远镜指向银河时,他得到了关于恒星的最令人惊讶的结果。那条横贯天空,看似光滑、明亮、神秘的带子,其实是由聚集在一起的无数颗暗淡恒星组成的。[14]

这些发现对哥白尼学说与托勒密学说的辩论产生了重大影响。在几年前,著名的丹麦天文学家第谷·布拉赫指出,日心说存在一大难题。他说如果地球真是围绕太阳运行的,那么相隔6个月的两次观测中(地球处于绕日轨道上正相对的两个点),诸多恒星相对于观测背景应该展示出可测量的位置变化,也就是视差。这就像我们在行驶的火车上透过车窗观察树木,它们看上去在相对于地平线移动一样。布拉赫认为,要想检测不到这种位移,就必须让恒星处于距离地球非常远的位置。然而在这样的距离下,人们根据肉眼看到的恒星尺寸来估算它们的实际尺寸,会算出一颗恒星的直径甚至比整个太阳系的直径还要大,这似乎不成立。因此,布拉赫得出结论说,地球不可能围绕太阳运行。相反,他提出了一个经过修改的地心-日心混合体系。在这个体系中,所有其他行星都围绕太阳运行,但太阳本身围绕地球运行。

伽利略对于不存在视差的现象有个简单得多的解释。正如我们前面所看到的,他认为用肉眼看到的恒星的大小并不代表现实中恒星的实际尺寸,只是假象。他断言恒星距离地球确实很远,在当时即使用望远镜也无法观测到它们的位置变化。伽利略是对的，要想观测视差，必须要等更高倍率的望远镜发明出来。直到1806年，意大利天文学家朱塞佩·卡伦德雷利（Giuseppe Calendrelli）才首次观测到恒星视差。1838年，德国天文学家弗里德里希·威廉·贝塞尔（Friedrich Wilhelm Bessel）才首次成功测量出视差的值。截至2019年，欧洲航天局2013年发射的盖亚空间望远镜已经确定了银河系和附近星系中10多亿颗恒星的视差。

伽利略还否定了布拉赫"折中的"太阳系模型。主要有两个原因。首先，他认为这个模型非常不真实，用今天的话说，它有"太多运动的部件"。其次，伽利略在随后几年中依靠地球运动来解释潮汐现象（我们将在第七章中讨论）。因此，他不再接受地球必须处于静止状态的设想。事实证明，伽利略不同意这种混合模型的直觉是正确的。

伽利略对恒星的观测结果与亚里士多德的古老观念大相径庭：恒星并不是镶嵌在土星轨道之外固定天球上的星星，它们的尺寸比以前观测到的小得多，数量多到难以计算，而且它们之间亮度的差异和与地球距离的差异都非常大。事实上，这个恒星体系与数学家兼哲学家焦尔达诺·布鲁诺所推测的宇宙构造非常相似。根据布鲁诺的描述，一个无限的宇宙中存在着多个世界。伽利略很清楚布鲁诺的悲惨结局——他于1600年2月17日被活活烧死，[15]所以他非常小心地描述和解释他对恒星的观察，甚至后来在《对话》中也是如此。然而，无论他的描述是否谨慎，伽利略对银河系中遥远恒星的观测，绝对称得上是人类对太阳系外浩瀚宇宙的第一次窥视。

今天我们知道，银河系包含 1 000 亿~4 000 亿颗恒星。我们主要依据 2009 年发射的开普勒太空望远镜的最新数据，估计出银河系中可能有多达 750 亿颗地球大小的行星。[16] 它们都围绕着类似太阳或更小的恒星运行，处于温度刚好、不冷不热的"宜居带"（Goldilocks zone）上，让这些行星表面能够存在液态水。

木星的宫殿

1610 年 1 月 7 日的晚上，伽利略通过他的 20 倍望远镜观察木星。用他的话说，他注意到"有三颗距离它很近的小星星——很小但非常明亮"。这些星星使他着迷，"因为它们似乎正好沿着一条直线排列，并且与黄道平行"。[17] 其中两颗星在木星的东边，一颗在它的西边。第二天晚上，他又看到了这三颗星星，但这次它们都在木星的西边而且间距相等。因此，他猜想也许木星正在向东移动，这与当时天文表的预测相反。

云层阻碍了伽利略在 9 日的观测。到了 10 日，他只看到东边有两颗星星。他猜测第三颗星星隐藏在木星后面，他开始怀疑木星并没有怎么移动，而是那些星星在移动。这种天体舞蹈还在继续，1 月 11 日，只有东边出现了两颗星；1 月 12 日，第三颗星又出现在西边（东边有两颗）；1 月 13 日，第四颗星出现（西边三颗，东边一颗）；1 月 15 日，四颗星星都在西边。14 日又是阴天。

伽利略对木星及其卫星的观测现存最早的记录，来自他给威尼斯执政官一封信件草稿的下半段（见彩插6）。那封信现在是密歇根大学安娜堡分校的特别馆藏。耐人寻味的是，文档中伽利略的画作显示，至少在1月12日之前，他还没有想到这些卫星可能围绕木星运行。相反，他认为这三个天体呈一条直线，在以一种非常不符合哥白尼学说的方式运动着。然而，当第四颗卫星在13日出现，伽利略意识到他的假设很可能出错了，因为这个假设要求一颗卫星必须穿过另一颗卫星。直到15日之后，他才想出了正确的解释。他从细致的观察中得出的结论，现在看来是天经地义的：

因为它们有时跟在木星后面，有时又在木星前面，间隔的距离差不多，无论它们在东面还是在西面，离木星的距离都很近，伴随着木星逆行或顺行，所以没人会怀疑它们完成了一次围绕木星的公转；与此同时，它们一起完成了围绕世界中心以12年为周期的运动［指木星绕太阳公转］。

用通俗的话说，伽利略发现有四颗卫星围绕着木星运行。它们就像我们的月球一样，在与其他行星轨道面基本吻合的平面上旋转。木星展现的是一个微缩的哥白尼体系。1月30日，他告诉托斯卡纳的国务卿贝利萨里奥·文塔，这四颗卫星围绕着一颗更大的"星星"（行星）运动，"就像金星和水星或其他已知的

第四章　哥白尼的信徒

行星围绕太阳运动"。3月2日之前的每一个晴朗的夜晚,伽利略都会勤奋而有条理地观测卫星,从而证明了这一事实。在此期间,他还确定了这些卫星与木星的距离以及它们彼此之间的距离,还确定了它们的亮度。为了使别人相信他的观测结果,他至少画了65张图来展示自己观察到卫星的不同形态。

  木星四颗卫星的发现具有历史意义,因为这是自古以来在太阳系里发现的第一批新星体。不仅如此,这个发现也是驳斥日心说模型反对者的一个重要理由。亚里士多德主义者认为,地球在绕着太阳运行时,不能同时控制月球。他们还提出了一个合理的问题:如果地球是一颗行星,为什么它是唯一有卫星(月球)的行星?伽利略成功地让这两种质疑销声匿迹了,他证明木星明显是在移动的,无论是绕太阳(符合哥白尼观点)还是绕地球(符合托勒密体系)运行,它都能控制不止一颗,而是四颗绕轨道运行的卫星!他在《星际信使》中将这点说得很清楚:

  此外,我们有一个极好的论点,可以消除那些人的顾虑,尽管他们心平气和地容忍哥白尼体系中地球绕太阳运动的观点,却为月亮绕地球运动感到心烦意乱,然而这两种运动共同完成了全年的绕日运动。他们断言这种宇宙构成是不可能的,必须被推翻。因为在他们的观念里,一颗行星只能围绕着另一颗行星旋转,但这两颗行星又都绕着太阳转更大的圈。然而在我们的理论中,四颗星星围绕着木星旋转,就像月亮围绕着地球一样,这四颗星星与木星一起,围绕太阳每12年转过一大圈。

在《星际信使》出版后，伽利略继续观测木星卫星近三年，直到他满意地认为自己已经确定了木星卫星绕木星公转的周期。他将这次庞杂的观测和脑力劳动称为"阿特拉斯的苦役"，就像是阿特拉斯奉宙斯之命用双肩撑起天空。即使是伟大的天文学家约翰内斯·开普勒也认为不可能确定这些公转周期，因为他找不到明确区分内侧三颗卫星的方法。令人惊讶的是，伽利略算出的公转周期与现代观测的结果基本一致，只差了几分钟。

今天，已知的木星卫星有79颗（53颗已命名，其他卫星有待正式命名）。人们相信其中8颗是在围绕木星的轨道上形成的，其余可能是被木星捕获的。在伽利略发现的4颗卫星中，两颗被命名为"欧罗巴"（Europa，木卫二）和"伽倪墨得斯"（Ganymede，即木卫三，它比水星还大），人们认为这两颗卫星厚厚的冰壳下有大片的海洋，冰下可能都藏着简单的生命形式，这无疑会让伽利略感到高兴。4颗伽利略卫星中最内侧的木卫一"伊奥"（Io）是太阳系中地质活动最活跃的星体，上面已知有400多座活火山。第四颗伽利略卫星"卡利斯托"（Callisto，木卫四）是4颗中第二大的卫星。

有件事一定会让伽利略十分恼火，伽利略卫星今天的名称是德意志天文学家西蒙·迈尔起的，他没有叫它们"美第奇星"。迈尔可能比伽利略更早独自观测到了这些卫星，但他并不明白它们是围绕行星转动的。自从伽利略确信迈尔是巴德萨·卡普拉剽窃几何军事罗盘的幕后黑手之后,他便把迈尔视为"有毒的爬行动物","不仅是我的敌人,也是整个人类的敌人"。伽利略认为迈尔在帕多瓦(伽利略当时住在那里)"用拉丁文阐述了我的罗盘的用途,把它据为己有,还让他的一个学生［卡普拉］公开发表。接下来,也许他是为了逃避惩罚,立即启程回他的祖国［德意志］去了,正如俗话所说的那样,让他的学生自生自灭"。

一位老人,两个随从

探测木星的四颗卫星是伽利略在帕多瓦时期最后一项改变世界的发现。但这激起了他发现更多新事物的渴望。难怪他搬到佛罗伦萨后不久,就把望远镜对准了另一颗与太阳距离遥远的行星:土星。然而最初的观测结果令人失望,因为他没有发现任何卫星。情况在1610年7月25日出现了转机。当天,他在观测时发现了两颗看似不动的星星,在土星两侧一边一个。伽利略想要防止他人抢先公布他的这个发现,哪怕现阶段他产生新发现的速度太快,根本来不及发表,他还是通过托斯卡纳驻布拉格大使给开普勒发了一连串乱七八糟的信件,宣布了他的发现。他写了一段密语,既能确立自己发现的优先权,又不会披露他实际发现了什么。这在当时是很常见的做法。伽利略的密语是这样写的:

smaismrmilmepoetaleumibunenugttauiras.

开普勒起初未能理解伽利略的信息,与开普勒有信件往来的英国天文学家托马斯·哈里奥特（Thomas Harriot）也没什么头绪。但他从地球有一个卫星、木星有四个卫星的事实中得出结论：火星必须有两个卫星,这样才能形成1、2、4……的几何级数。在数学信念的指导下,开普勒假设伽利略已经发现了火星的卫星,最终从与伽利略的密语相差一个字母的字串中成功解读出了一句话：Salve umbistineum geminatum Martia proles,大致意思是："欢迎你,双胞胎伙伴,火星的孩子们。"

尽管开普勒的解读很巧妙,但与伽利略的本意毫不相干。这串字母解码出的信息应该是 Altissimum planetam tergeminum observavi,意为"我观察到最高的那颗行星〔土星〕由三部分构成"。

1610年11月13日,伽利略终于表明了他的意思：

> 我观察到土星不是一颗星,而是三颗在一起,它们总是互相挨着,它们彼此之间丝毫不动,形状如 oOo。……如果我们用放大倍数较小的望远镜观察它们,这三颗星并不十分明显,看起来土星被拉长了,像橄榄一样……我已经为木星找到了一个宫殿,现在又为土星这位老人找到了两个随从。他们扶着他走路,从不离开他的身边。

令伽利略感到惊讶的是，这两位看似可靠的"随从"到1612年末就完全消失了。他向与他通信的德意志人文主义者、历史学家兼出版商马库斯·韦尔泽（Markus Welser）表达了他的困惑。"那两颗较小的星星是不是像太阳上的斑点一样被消耗掉了？它们是突然消失逃跑的，还是土星吞噬了自己的孩子？"伽利略疑惑不解，但还是斗胆预测这两颗"星星"会在1613年再次出现。它们确实出现了，这次在土星两侧一边一个，像耳朵或把手。

伽利略在1616年又准确地预测到，10年后"把手"会再次消失，但他的预测显然基于一个假设，即这些星星和木星的卫星很相似。人们要等到17世纪50年代才能正确解释这两只"耳朵"的成因。[18]荷兰数学家、天文学家克里斯蒂安·惠更斯将这个现象判断为今天我们所知的土星环。土星环是平的，而且相对较薄，所以当人们从侧面看去，基本上看不见它，而当土星环的平面与我们视线的夹角较大，或者我们从正面看到它，它就像耳朵一样。

有趣的是，我们现在知道土星环并不是一直存在的，它们也不会永远存在。据估计，土星环的年龄大约不到1亿岁，与约46亿年历史的太阳系相比很年轻。然而更令人惊讶的是，2018年12月发表的一项研究发现，由于"土星环雨"，也就是土星环以尘状冰粒雨的形式落在土星上，土星环将在大约3亿年后消失。因此，伽利略和我们都很幸运，碰巧生活在这一相对"短暂"的时间内，看到壮观的现象。

令人啼笑皆非的是，开普勒说火星有两颗卫星的猜测被证明是正确的，但这与几何级数毫无关系。英国作家乔纳森·斯威夫特在其1726年出版的著名讽刺小说《格列佛游记》中也写到火星有两颗卫星。1877年，美国天文学家阿萨夫·霍尔发现了这两颗卫星，现在它们被称为"福波斯"（Phobos，火卫一）与"德莫斯"（Deimos，火卫二）。

爱之母

有一种反对日心说模型的主流意见与金星的外观有关。在托勒密的地心说模型中，金星总是多多少少地挡在地球和太阳之间，因此它总是以不同大小的月牙形出现（但绝不会超过弦月形，见图 4.4a）。然而哥白尼模型假设金星绕太阳运行，而且它比地球更接近太阳，因此金星应该像月球一样表现出一系列完整的相位变化，在离地球最远时是个又小又亮的圆盘，在离地球最近时是个又黑又大的圆盘（在这之前看起来则像一个月牙，见图 4.4b）。伽利略在1610年10月至12月之间做了一系列艰苦的观测，最终证实了哥白尼模型预测准确。[19]他决定观测金星（以及对结果做出解释），可能是受到贝内代托·卡斯泰利一封翔实书信的启发，而且肯定从中得到了一些鼓励。卡斯泰利在信中强调观测金星相位十分重要。这是伽利略第一次明确表达哥白尼的观点优于托勒密的观点。

第四章　哥白尼的信徒

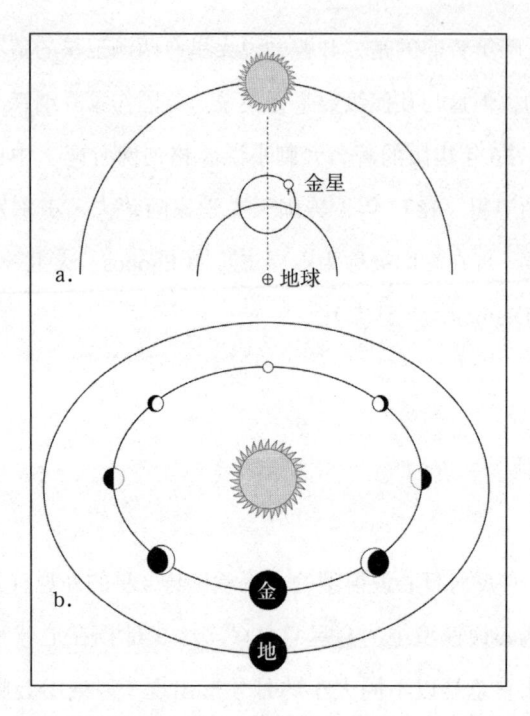

图 4.4 金星在托勒密模型（图 a）与哥白尼模型（图 b）中预期出现的位置

12 月 11 日，伽利略又急忙给开普勒送来一个神秘的字谜：Haec immatura a me jam frustra leguntur oy, 大致意思是"我已经尝试过了，但太早了，徒劳无功"（oy 这个词幽默地暗示伽利略可能有犹太血统）。开普勒因为解不开字谜而沮丧，他写信给伽利略："我恳请你不要让我们长时间地猜测其意义，你看，你是在和真正的德意志人打交道。想想你的沉默给我带来了多大的痛苦。"

因为这个请求，伽利略在 1611 年 1 月 1 日给开普勒寄去了破译后的版本：Cynthiae figuras aemulatur mater amorum，意思是"爱之母[金星]在模仿辛西娅的模样"。辛西娅这个希腊女性名，有时被用作月亮女神的名字。

伽利略对自己的观测结果充满信心，12 月 30 日，他给克里斯托弗·克拉维于斯写了一封信。在那之前，克拉维于斯一直以现实理由和宗教理由反对哥白尼学说。伽利略在信中解释，所有的行星只有通过反射太阳光才能发光，并且"毫无疑问，所有行星大范围公转的中心"是太阳。

伽利略的主张并没有被忽视。克拉维于斯这位已经 73 岁的耶稣会数学家，在给 13 世纪天文学家约翰内斯·德·萨库洛博斯科（Johannes de Sacrobosco）所著的极具影响力的天文学教科书《球体》(*The Sphere*)最后一版撰写评论时承认：

> 用这个仪器[望远镜]看到的最重要的事情是，金星和月球一样获得了太阳光线，因此金星有时看起来像月牙，有时看起来不那么像，这都取决于金星与太阳的距离。我在罗马时不止一次当着别人的面观察到这一点。土星有两颗小星与它相连，一颗在它的东边，另一颗在它的西边。最后，木星有四颗星在它身边巡回，它们之间的位置变化以及它们相对于木星的位置变化非常明显，就和伽利略·伽利雷仔细而准确描述的一样。[20]

当他意识到这些结果几乎粉碎了托勒密模型时，克拉维于斯

第四章　哥白尼的信徒

又谨慎地补充道:"既然事情是这样的,那么天文学家应该考虑如何安排天体,以拯救这些现象。"

伽利略对金星相位的观测给托勒密的地心体系造成了致命的打击,但无法明确否定布拉赫的地心-日心混合体系。在布拉赫的体系中,金星和所有其他行星围绕太阳旋转,而太阳则围绕地球运行。这为那些仍然决心躲避哥白尼学说的耶稣会天文学家留下了一条退路。

"我把太阳黑子比作云彩或烟雾"

在哥白尼看来,太阳系中最重要的核心天体是太阳本身。伽利略并没有忽视它。哥白尼的观察还引导他探测太阳黑子(即太阳表面相对黑暗的区域),第一次提出了对太阳黑子合乎逻辑的解释。伽利略绝对不是第一个发现这些神秘斑点的人。中国和朝鲜的天文学家可能早在上千年前就看到了它们,中国的记录可以追溯到公元前206年至公元220年的汉代。早在查理曼统治时期(在8世纪末至9世纪初,他统治了西欧的大部分地区),太阳黑子就已经成为人们谈论的话题了。意大利诗人和画家拉斐尔·瓜尔台洛提(Raffael Gualterotti)在1604年12月25日看到了一个太阳黑子,并在次年出版的书中做了描述。

英国数学家和天文学家托马斯·哈里奥特在1610年12月用望远镜观测到了太阳黑子,但没有发表他的观测结果。他的观测结果在1784年才为人所知,直到1833年才发表出来。此外,1611年2月27日德意志西北部弗里西亚的天文学家约翰内斯·法布里丘斯(Johannes Fabricius)用望远镜观测到了太阳黑子,他在一本小册子中描述了黑子(伽利略并不知道),并于同年在维滕贝格市出版。

用望远镜观测太阳是很困难的,因为如果不在镜片上蒙一层烟灰之类的保护材料,观测者很容易失明。幸运的是,伽利略以前的学生贝内代托·卡斯泰利想出了一个聪明的主意:将望远镜形成的太阳图像投射到一块屏或一张纸上。伽利略最初在《水中浮体对话集》序言中描述了他对太阳黑子的观察。[21] 那个时候他仍考虑太阳黑子的性质存在两种可能。黑子要么是直接位于太阳表面的(在这种情况下,它们的运动表明太阳绕轴自转),要么是围绕太阳旋转而且非常接近太阳表面的行星。等到这本书重印时,即1612年秋,伽利略却坚定地认为这些斑点一定在太阳表面,而且它们"随太阳自转移动",他还为此在书中加了一段话。

另一位天文学家的发现迫使伽利略将全部注意力转向太阳黑子。1612年3月,他收到了德意志的马库斯·韦尔泽的通信,对方寄给他三封以"躲在画后面的阿佩利斯"(Apelles latens post tabulam)为笔名的信件,信中描述了太阳黑子。这些信是耶稣会士和天文学家克里斯托夫·沙伊纳(Christoph Scheiner)撰写的,后来以小册子的形式出版。沙伊纳是英戈尔施塔特大学的教授。耶稣会禁止他用真名发表文章,因为耶稣会担心他万一出错，会使耶稣会蒙羞。因此，他用4世纪一位希腊艺术家之名起了个笔名，这位艺术家习惯躲在画作后面倾听观众的批评，暗示沙伊纳在等待人们的评论，之后才会透露自己的身份。这位天文学家坚持认为，这些斑点是许多小行星沿近日轨道围绕太阳运行时投射的影子。

毫无疑问，沙伊纳产生这类想法是因为他想将太阳从缺陷之中拯救出来，他的模型建立在三个主要论点上：第一，斑点并没有回到相同的位置，这让他以为它们并不是紧挨着旋转的太阳表面的；第二，沙伊纳认为这些斑点比月球表面没有光照的部分更暗，所以它们不可能存在于太阳表面；第三，斑点位于太阳边缘时比在太阳中心时显得更细，他将这个现象解释为相位变化，就像金星一样。

除了上面对太阳黑子的评论外，沙伊纳还提醒人们注意，他认为有比相位变化更有说服力的证据，可以证明金星确实在绕太阳运行。沙伊纳的证据是：当时被称为"星历表"的托勒密模型预测金星将于1611年12月11日凌日（从地球上看到金星从太阳前面经过），然而，当天没有观察到这种长时间的凌日现象。

韦尔泽把信寄给伽利略，征求这位著名科学家对沙伊纳观点的看法，韦尔泽显然以为伽利略会欣赏信中展现的科学方法。然而，伽利略给"阿佩利斯"的答复与他的预期大相径庭。一方面，伽利略的答复有理有节，当然也体现了科学上的高明之处；但另一方面，他又用了痛下针砭而且傲慢的言辞。例如，当谈到沙伊纳顽固地坚持一些亚里士多德的观念（如太阳的硬度和其永

图 4.5 伽利略关于太阳黑子的书的扉页

恒性)时,伽利略认为阿佩利斯"还不能完全摆脱以前给他留下印象的那些错觉"。

伽利略的答复分几次发出。他先在 5 月和 10 月发了两封用意大利语写的信("因为我必须让大家都能读懂")。沙伊纳写信回复了伽利略的第一封信,同时韦尔泽以《对太阳黑子和围绕木星游荡的星星的更精确研究》为题出版了沙伊纳的全部信件。接着伽利略在 12 月发出了第三封信。这三封信于 1613 年 3

月由山猫学会在罗马出版,标题是《关于太阳黑子及其现象的历史与论证》(图4.5)。[22]

伽利略从来不愿接受批评,所以他对沙伊纳的主张特别恼火。沙伊纳说,观测不到金星凌日,无可辩驳地证明了金星绕太阳运行。伽利略指出沙伊纳错误地估计了行星的大小,而且只要金星本身有一点点亮度,就足以说明观测不到金星凌日不能证明金星的轨道运动。

一番挑剔之后,伽利略继续抨击沙伊纳对太阳黑子的解释。[23] 他明确地说这些斑点并不是真的不发光,只是黑子相对于太阳明亮的圆盘显得暗淡,实际上它们比满月的表面还要明亮。然后,他正确地指出这些斑点以不同的速度移动,而且与其他斑点的相对位置发生变化,明确无误地表明它们不可能是卫星,因为"如果坚持认为这些斑点是微小星星的集合体,就必须在天空中引入无数的运动,这些运动是动荡的、不均匀的,没有任何规律"。

伽利略认为这些斑点就位于太阳表面,或者离太阳表面不远,正如云彩之于地球。他评论说,这些斑点就像云一样突然出现并改变形状,然后毫无预兆地消失。伽利略还利用他在绘画教育中获得的直觉,证明了斑点在接近太阳圆盘边缘时明显变细的原因:这仅仅是因为物体在球体表面移动时会出现透视短缩(图4.6)。最后,也许也是最重要的一点,伽利略从这些斑点的运动中估算出太阳绕其轴心自转一周大约需要一个月。我们现在已经知道,太阳在赤道面的自转周期是24.47天。

伽利略还询问了红衣主教卡洛·孔蒂(Carlo Conti)对太阳

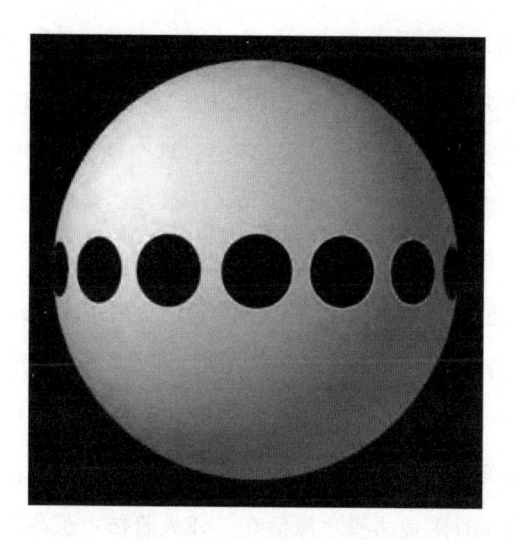

图 4.6 球面上的透视短缩现象

黑子的看法，这后来直接导致伽利略与天主教会不和。这位红衣主教于 1612 年 7 月回复说，《圣经》中没有证据支持亚里士多德认为太阳永恒不朽的观点。然而孔蒂建议，哥白尼学说一般来说与《圣经》是矛盾的，对于这类有违《圣经》说法的解释，"除非真的有必要，否则都不应该接受"。

　　伽利略对太阳黑子的观测和解释有两个至关重要的意义。首先，这证明了天体可以绕着其轴心旋转，不会减速也不会留下云朵般的特征。这可以立即打消哥白尼模型反对者关于地球自转的两个关键疑问——地球怎么可能一直旋转？为什么云层（或鸟类）没有落后？其次，伽利略在《水中浮体对话集》中发表了他对太阳自转的研究结果（这本书自称是讲浮体的），他为地球物理学和天体物理学首次出现统一理论发出了信号。这种理论统一后来将帮助牛顿的万有引力定律诞生（它将苹果落向地面和行星绕太阳运行等各种现象统一了起来），这个理论也将启发今天的人们去构想"万物理论"框架——一个融合所有基本相互作用（电磁力、核力和引力）的框架。

一如往常，伽利略借着围绕太阳黑子的书信往来，让人们看到了他在传播知识时的智慧。他给他的朋友、帕多瓦大教堂的大司祭保罗·瓜尔多（Paolo Gualdo）写信，精彩地评论说科学不应只是科学家的职责范围。他解释道，希望人们阅读他给韦尔泽的书信，即使是那些"深信在'伟大著作中蕴藏着新逻辑与新哲学，还有更多东西超出了他们的理解能力'"的人也能意识到，"大自然给了他们与哲学家一样的双眼来观察她的作品，她也给了他们能够吸收和理解知识的大脑"。在这里，伽利略坚定地站在了约翰·布罗克曼所说的"第三种文化"的立场上，要成为科学界和普通大众之间的直接通道。伽利略提出的关键观点是，科学知识如果得到了充分的介绍，那么即使不是科学家也有可能掌握它。既然科学知识是人类文化的重要组成部分，那么每个人确实都应该努力获得科学知识。

耐人寻味的是，伽利略在看待人类探明宇宙真相的能力时，甚至不像爱因斯坦在1936年表达的那么惊讶。爱因斯坦说："世界的永恒谜题在于它能否被理解……世界可以被人理解，这本身就是一个奇迹。"[24] 伽利略对人类破译自然秘密能力的看法也体现在他著名的《致贝内代托·卡斯泰利的信》中。他说，他不相信"赋予我们感知、理性与智能的上帝，竟同时希望我们放弃使用它们"。

今天我们知道，太阳黑子确实是太阳表面的区域，它比周围区域的温度（约6000开尔文）低一些（温度约4000开尔文），因此看起来更暗。磁场聚集抑制了对流（流体运动）传热，从而使温度降低。太阳黑子通常会持续存在几天到几个月时间，它们的大小差别很大，直径从几十英里到10万英里不等。太阳黑子的活动周期大约是11年一次，黑子在一个周期内数量先是迅速增加，然后慢慢减少。

伽利略关于太阳黑子的信不仅使他在科学上战胜了克里斯托夫·沙伊纳，而且使哥白尼学说得到了更多读者的关注。1615年，沙伊纳又给伽利略寄去了一本名为《椭圆的太阳》（*Sol Ellipticus*）的著作，希望得到伽利略的意见，但他从未收到任何回应。沙伊纳最终在1630年出版了一本出色的有关太阳黑子的权威著作。为了纪念他的赞助人保罗·奥尔西尼（Paolo Orsini）公爵，他将书名定为《奥尔西尼的玫瑰，暨太阳的变化与观测到的耀斑和太阳黑子外观相一致》。在这本书中，沙伊纳承认这些斑点在太阳表面，但他声称伽利略在这个问题上的结论并没有科学根据。这真是叫人遗憾，伽利略言辞轻蔑的信件，1615年对沙伊纳著作的无视以及后来他在《试金者》一书中继续发表的意见（耶稣会天文学家认为这些意见是针对沙伊纳个人的），显然将沙伊纳变成一个不好惹的敌人。这件事只是耶稣会与伽利略冲突的开始，最终导致1633年教会对伽利略的惩罚。

第五章

每个作用力都有一个反作用力

伽利略用望远镜得到了许多天体发现,《星际信使》也很快使他成为国际名人,我们可以猜到人们对这本书的反应热烈,同时喜忧参半。事实上,书页墨迹未干,争议就已经爆发。主要的质疑理由有好几个,都可以追溯到亚里士多德思想长期的主导地位,以及人们对他的常规科学方法近乎宗教般的认同。

首先,伽利略的方法论中引入了一个全新的要素,他断言这是一个确凿证据。伽利略称他的新工具望远镜揭示了难以想象的真理,不依靠工具辅助,感官就无法察觉到它。[1] 这是对亚里士多德传统的蔑视。谁能确定伽利略看到的就是真正的天象,而不是望远镜本身产生的可疑假象?毕竟,望远镜是第一个为了增强和扩大感官能力而出现的小工具。

伽利略的力学和天文学发现遇到的第二个问题,与他宣称宇宙是"用数学语言写成的"有关。也就是说,他提出了将现实世界数学化的理念。这种观点与亚里士多德的论证完全相反。根据亚里士多德的论证，数学与现实世界或宇宙构成几乎没有关系。直至伽利略的时代，天文学家们都还只会用数学计算行星轨道和太阳的明显运动，从而在特定时间段绘制天空的"地图"。人们认为这些"地图"反过来可以帮助估算时间、制定历法、导航以及制作占星图。天文学家并不需要构建宇宙模型或任何宇宙现象的物理模型。亚里士多德派学者乔治·科雷西奥称，从比萨斜塔上落下来的球，证实了亚里士多德关于自由落体的论断。科雷西奥说："我们可以得出结论，凡是不想在黑暗中工作的人，都必须请教亚里士多德这位卓越的自然解释者。"[2] 与科雷西奥顺从权威的态度截然不同，伽利略后来在《试金者》中用诗一般优美的语言宣告："这本书 [宇宙] 是用数学语言写成的，三角形、圆形和其他几何图形就是它的字母。没有这些图形，人类就无法理解它的只言片语；没有这些图形，人们只能徒劳地在黑暗迷宫中徘徊。"

比萨的教授温琴佐·迪·格拉齐亚（Vincenzo di Grazia）用更加激烈的言辞，阐述了他如何看待数学与自然科学之间的关系：

在我们思考伽利略的证明之前，似乎有必要证明那些希望用数学推导来证明自然事实的人离真理有多远。如果我没有弄错的话，这些人中就有伽利略。所有的自然科学和人文科学都有它自己的原理和原因，通过这些原理和原因，各学科说明了它们的研究对象都有其独特之处。**因此，我们绝不**

能用一门科学的原理来证明另一门科学的属性。凡是认为自己可以用数学论证来证明自然属性的人，都是痴人说梦，因为这两门科学是截然不同的。³

伽利略很不赞成这种试图划分科学分支的做法。他嘲讽格拉齐亚："他说得好像几何学在我们这个时代，是获得真正哲学的障碍；就好比说，一个人不可能既是几何学家又是哲学家，从他的话里我们只能推断出一个必然的结果，任何懂几何学的人都不可能懂物理学，也不会用物理学来推导和处理物理问题！他就好像在说，外科知识与医学是对立的，而且外科还要摧毁医学。"⁴ 三个多世纪后的爱因斯坦会极为赞同伽利略的观点。他写道："事实上，我们可以把它［几何学］看作物理学最古老的分支……没有它，我就无法提出相对论。"

望远镜作为一种增强感官的工具是不是正当的？数学在揭示自然界真理时有什么作用？这两个问题在亚里士多德派学者的头脑中拧成一团，构成了他们自认为反对伽利略的有力论据。他们认为，不存在一种令人信服的光学理论可以证明望远镜不会误导人，而且这些光学理论以数学为基础，其有效性本身也值得怀疑。在这些哲学问题之上，自然还有一个重中之重的事实：伽利略的所有天体发现，都违背了两千多年来备受推崇的亚里士多德思想。

难怪很多圈子的第一反应是困惑不解。从国家统治者、教会高层到普通民众，各阶层、各领域的人纷纷向著名的科学家寻求意见和建议。甚至是后来帮助传播伽利略思想的重要人物，德意志学者马库斯·韦尔泽，也写信给罗马学院的克里斯托弗·克拉维于斯，请他做判断：

> 借此机会，我必须告诉你，帕多瓦大学写信告诉我一件确定可靠的事：他们大学的伽利略·伽利雷先生自己发明了一种被众人称为"视觉仪"（visorio）的新仪器。他用它发现了四颗新行星。据我们所知，之前从未有人见过这四颗行星，他还发现了许多人们以前不知道或没见过的恒星，发现了诸多关于银河的奇妙事情。我深知"慢慢开始相信便是智慧的力量"，但我还什么都没有决定。不过，我请阁下坦率地告诉我您对此事的看法，我发誓会保密。[5]

还有一个人立即领悟到如果克拉维于斯支持这些新发现会有极大的价值，此人就是伽利略的画家朋友奇戈利。他认为克拉维于斯觉得木星卫星的发现是个骗局，所以催促伽利略尽快访问罗马。这是个好建议，因为克拉维于斯并不是罗马唯一持怀疑态度的权威人士。奥地利耶稣会的天文学家克里斯托夫·格里恩贝格（Christoph Grienberger）第一个提出质疑，说伽利略所谓月球上的山脉不过是虚幻的想象，木星的卫星只是光学幻觉。格里恩贝格最终接替克拉维于斯成为罗马学院的数学教授。

1610年春，还有很多人对这些发现感到难以置信。乔瓦尼·巴托利是一名在威尼斯工作的佛罗伦萨人，他在3月27日写道："科学教授嘲笑这些发现，认为这很轻率，而伽利略却试图证明这些发现是伟大壮举。他做到了，还拿了 500 弗伦提尼的加薪。"巴托利还说，许多教授"认为他［伽利略］在拿他们取乐，据说他做的望远镜跟街上售价四五里拉的普通望远镜质量差不多，他却把它们当作稀世珍宝送给教授们"。[6]

伽利略还面临着一个技术问题。欧洲流通的大多数望远镜要么质量很差，要么难以使用，往往两者兼而有之。即便有正确的使用说明，有些人也根本看不到伽利略宣称的现象，让情况雪上加霜。伽利略在佛罗伦萨与大公会面，结束后返回帕多瓦。他途经博洛尼亚大学时稍事停留，试图向大学首席天文学家乔瓦尼·安东尼奥·马吉尼（Giovanni Antonio Magini）展示他的发现。1588 年马吉尼在与伽利略的竞争中成功赢得了教席。可惜马吉尼和他的随从都没有成功看到木星的卫星，然而伽利略在自己的观测日志中记录，在 4 月 25 日和 26 日的两个夜晚，他分别看到了两颗卫星和四颗卫星。

事态愈演愈烈，当时正住在马吉尼家中给他当助手的波希米亚数学家马丁·霍基（Martin Horky）给开普勒写了封信，对伽利略的来访大肆诽谤中伤。他在信中轻蔑地说道："帕多瓦的数学家伽利略·伽利雷来博洛尼亚拜访我们，他带来了那个小望远镜，用它看到了四颗子虚乌有的行星。"霍基还说，他"用无数方法测试了伽利略的那个仪器"，望远镜虽然"在地上创造奇迹，在天上却欺世盗名，因为其他恒星都变成了两个"。霍基接着说，包括哲学家安东尼奥·罗费尼（Antonio Rofféni）在内的

"最优秀的英才和最高尚的博士,都承认这个仪器有欺骗性"。霍基还添油加醋,粗鲁无礼地对伽利略的外貌评头论足了一番,他的描述大多是准确的,但考虑到伽利略长期拖着他的多病之躯做斗争,霍基这番话很是尖酸刻薄。"他的头发耷拉下来,就连皮肤最细的褶子里都充满了梅毒的瘢痕;他的头颅里面也被感染,谵妄充斥着他的头脑;他的视力也遭破坏,都怪他好奇心旺盛又自以为是,每分每秒紧盯着木星不放……他的心怦怦直跳,因为他正兜售一个关于天体的无稽之谈。"[7]

霍基在结尾写了一句德语,也许这比任何事情都更能暴露他的奸诈性格。他说:"这件事我没告诉任何人,我用蜡制作了一个望远镜的模型。等上帝帮助我回家后,我打算做一个比伽利略的更好的小望远镜。"

我们可以猜到,霍基的雄心壮志从未实现。然而他对伽利略燃烧的妒火与仇恨并没有熄灭。6月,他在意大利的摩德纳出版了一本小册子,名为《反对伽利略·伽利雷最近寄给所有哲学家和数学家的〈星际信使〉的简短历程》,其实不过是一篇针对伽利略的恶毒檄文。霍基试图否认伽利略发现的真实性,但他的论点荒谬可笑。他还恶毒地指出,伽利略声称在木星附近看到光点,唯一的目的是满足他对金钱的贪婪。

这一特殊事件适得其反,结局倒是对伽利略有利。霍基的行为令马吉尼感到厌恶,马吉尼把他赶出家门,开普勒也与他断绝联系。霍基著作的出版反映了亚里士多德信徒普遍的狂热反应。

一场推广运动

伽利略马上就知道，即将有一场艰难的说服战，但他从不回避论战，他准备为他坚信的真理而战斗。他首先要说服他以前的学生，同时也是他未来的雇主——托斯卡纳大公科西莫二世·德·美第奇。为了实现这个目标，他可能早在1609年就让大公第一个透过望远镜看到月球的壮美景象，让大公目瞪口呆。之后他向大公保证，等《星际信使》在次年3月面世，他就会收到一台高质量的望远镜，还会附有详细的使用说明。所以到了4月底，伽利略已经知道他可以依靠大公的支持。

接着，他必须考虑下一步赢得谁的支持最有利。他敏锐地意识到，谁出钱谁做主，于是他决定不求助科学家，而是寻找科学家的赞助人们。伽利略由此向托斯卡纳宫廷勾勒了一个雄心勃勃的推广计划：

在我看来，要想维护和提高这些发现的声誉，就有必要……让尽可能多的人……看到并认识真理。我已经这样做了，正在威尼斯与帕多瓦施行。[伽利略确实在帕多瓦做了三次成功的演讲来宣传他的发现。]但是精美绝伦且能够显示所有观测结果的小型望远镜是非常稀罕的，在我花费大量金钱和精力制作的60台望远镜中，只有极少几个合格。[事实上，在1610年春天，他勉强为不超过10台望远镜找到了符合要求的镜片。]虽然不多，但我已经计划将这些望远镜送给伟大的王公们，特别是送给最尊贵的托斯卡纳大公的亲戚们。最尊贵的巴伐利亚大公［马克西米利安一世，他雇伽利略的弟弟米凯兰杰洛做琴师］和科隆选帝侯［巴伐利亚的欧内斯特］已经向我提出了要求，还有最著名且尊敬的红衣主教德尔蒙特［伽利略的重要的威尼斯赞助人］也向我提出了要求，我将尽快把望远镜和专著一起寄给他们。我希望还能将它们寄到法国、西班牙、波兰、奥地利、曼图亚、摩德纳、乌尔比诺以及其他能够令尊贵的大公满意的地方。

还有其他一些人也在最早一批收到伽利略的书和望远镜的名单上，原因显而易见。比如红衣主教希皮奥内·博尔盖塞（Scipione Borghese），他不仅是位了不起的艺术赞助人，还是教皇保罗五世的侄子。另一位受赠者是奥多阿多·法尔内塞（Odoardo Farnese），他也是位赞助艺术家的红衣主教，是帕尔马公爵的儿子。奇怪的是，伽利略一门心思地想要他的推广计划成功，竟没有将弟弟米凯兰杰洛列入赠送望远镜的名单中，不过这与他的性格并不矛盾。

大公明确表示支持推广工作，这对伽利略来说是非常幸运的事。托斯卡纳宫廷不仅出资制造了伽利略所需的全部望远镜，还给托斯卡纳驻欧洲各主要国家首都的大使都送了一部《星际信使》，让他们负责帮助宣传伽利略的发现。为什么美第奇家族会不遗余力地帮助伽利略呢？这并不是因为他们对哥白尼模型感兴趣，而是因为他们意识到伽利略拥有非比寻常的天赋和才能，能将天体发现说成彰显美第奇家族权力的象征。

1610年4月，伽利略的努力开始取得成果。4月19日，当时欧洲最杰出的天文学家开普勒为伽利略的发现强力背书。虽然开普勒已经读过伽利略的书，但他还未通过亲自观察来检验这些发现，就对伽利略表示了支持与赞同。他写道："在没有自己的经验支持的情况下，我如此轻易地接受你的主张，也许显得我有些草率。""但伽利略是最博学的数学家，他的行事风格本身就能证明他的判断很可靠，这叫我如何不相信他呢？"开普勒继续写道，伽利略的做法与霍基的欺瞒行径形成鲜明对比。"他不愿为了庸俗的关注而行骗，也不会假装看到他没看到的东西。"最后，开普勒描述了一个真正伟大的科学家应有的基本品质："因为他热爱真理，所以他毫不犹豫地反对错误观点，哪怕那是众所周知的观点，他还能够平静地承受众人的嘲笑。"

开普勒对观测带来的发现做了各种推测，其中一些推测相当牵强。例如，他认为月球上有生命体，可以观察到这些生命体的建筑物的特征。此外，因为开普勒遵循当时普遍的宗教信仰，认为所有的宇宙现象都必须有目的，因此他进行了一番想象力丰富的推论："结论非常明确，我们的月亮是为地球上的人而存在的，不是为其他星球而存在的。四颗小卫星是为木星而存在的，不是为我们而存在的。每颗行星的卫星都为行星及其居住者服务。根据这个推理，我们有很大把握推断木星上有人居住。"[8]开普勒不知道木星是一颗没有坚硬地壳的巨大气体行星。在木星系

第五章　每个作用力都有一个反作用力

中，最有可能出现生命体的地方其实是它的几颗卫星。

开普勒的推论并非全都如此异想天开。例如，在讨论用望远镜观察恒星与行星出现的不同情况时，他发表了令人印象深刻又高瞻远瞩的见解："恒星内部发光，而不透明的行星从外部被照亮；用布鲁诺的话说，前者是太阳，后者是卫星或类似地球的天体。伽利略，除此之外，我们难道还能得出别的结论吗？"

今天，我们确实明确区分了恒星和行星，前者通过内部的核反应发光，后者主要反射主恒星的光。

1610年5月，开普勒以《同星际信使的对话》(*Dissertatio cum Nuncio Sidereo*)为题出版了这封信。伽利略显然对信的内容很满意，因此它于当年晚些时候在佛罗伦萨再版。这时，赞美之词开始从四面八方涌来。伽利略被誉为天上的哥伦布。苏格兰图书馆馆长托马斯·西格斯赞不绝口："哥伦布给了人类一片用鲜血去征服的土地，伽利略则在不伤害任何人的情况下给了人们一个新世界。哪一个更好？"亨利·沃顿爵士是一位驻威尼斯的英国外交官，他设法得到了一本《星际信使》珍贵的首印版，于1610年3月13日寄给了英王詹姆士一世并附上一封信。信中写道："我在此向国王陛下呈送一则最不可思议的消息……陛下在我国尚未获悉此事……我附上帕多瓦数学教授的一本书，他在光学仪器的帮助下……发现了四颗在木星周围运行的新行星，旁边还有许多其他未知的恒星。"

另一个英国人，天文学家威廉·洛厄爵士（Sir William Lower）在威尔士西南部听说伽利略的发现后（这证明了推广工作的成功），于1610年6月11日给天文学家托马斯·哈里奥特写了一封更热情洋溢的信。他在信中说："我们勤勉的伽利略得出了三大发现［指发现月球上的山脉，辨析银河中的恒星以及探索木星的卫星］，我认为他比开辟通往南方海域航路的麦哲伦，或在新地岛被熊吃掉的荷兰人做得更多，更好。"他在这里说的荷兰人是航海家威廉·巴伦支（Willem Barentsz）和他的船员，他们在1596—1597年向东北开辟航道时，被困在北极地区的新地岛上。

1611年6月6日，在法国卢瓦尔河谷为先王亨利四世举办的纪念活动上，学生们朗诵了一首诗，题目是《关于伟大的国王亨利逝世及佛罗伦萨大公手下著名数学家伽利略·伽利雷今年发现新行星或围绕木星运转之星的十四行诗》。亨利四世于一年前被宗教狂热分子刺死，他生前确实对伽利略的工作表现出浓厚的兴趣，但终究没能目睹这些发现。他的遗孀玛丽·德·美第奇太后（当时担任其子路易十三的摄政）托人向佛罗伦萨传话，说她想要一个"伽利略的大望远镜"。遗憾的是，她收到的第一台仪器质量并不怎么好，这反映了伽利略在生产高级望远镜方面的困难。直到1611年8月，伽利略才为太后配备了一台像样的望远镜，他立即赢得了太后的赞赏。大公国的大使马泰奥·博蒂（Matteo Botti）从法国来信：

> 向太后陛下呈上你的仪器后，我为她展示出它比你之前送来的另一个要好得多……陛下非常喜欢它，她甚至当着我

第五章　每个作用力都有一个反作用力

的面跪在地上，以便更好地欣赏月亮。她非常喜欢这台望远镜，我以你的名义向她致意，她也非常高兴。同时你也得到了更多的赞美，这不仅是我的赞美，也是太后陛下的赞美。你值得她对你的了解与钦佩。[9]

在意大利，美第奇家族委托耶稣会诗人为这些发现写诗。其中一些过分矫情的诗将伽利略比作阿特拉斯（Atlas），阿特拉斯的神力甚至能迫使上天点亮新的星星。威尼斯诗人兼玻璃制造商吉罗拉莫·马伽格纳提（Girolamo Magagnati）也在一本题为《美第奇行星的诗意沉思》的小册子中写下了几行诗，表达伽利略发现的光辉功绩：

但你啊，天穹中的伽利略，穿越了
无边无际的田野，
沉下好奇的犁。
误入永恒蓝宝石的灵魂，
倾覆了天空的金色云彩。
你发现了新的天体和新的星星。[10]

其中最让人印象深刻的，也许是伽利略的朋友画家奇戈利。他受教皇保罗五世的委托，为圣母马利亚大教堂的保罗穹顶创作了壁画《圣母升天》(Assumption of the Virgin)。[11] 壁画创作于1610年9月至1612年10月间，描绘了圣母站在月球上的情景。

其惊人之处在于，奇戈利并没有将月球画成一个光滑无瑕的球体，而是精确地画成伽利略绘画中月球的样子。[12] 伽利略所画的正是他通过望远镜所看到的月球（见彩插4）。

相信科学

维吉尔在他的史诗《埃涅阿斯纪》中写道："相信已经为其证明的人。相信专家。"其他天文学家确实已经开始用专业手段确认伽利略的观测发现，一旦这种情况发生，这位"夜空中的新哥伦布"所看到的东西，至少就不必遭到质疑或否认其有效性。1610年9月，在布拉格的开普勒和威尼斯商人、业余天文学家安东尼奥·桑蒂尼（Antonio Santini）都看到了木星的卫星。开普勒使用了伽利略送给选帝侯科隆大主教巴伐利亚的欧内斯特的望远镜，桑蒂尼则使用了自制的望远镜。秋天晚些时候，英国的天文学家托马斯·哈里奥特和法国的两位天文学家——约瑟夫·戈尔捷·德·拉瓦莱特与尼古拉斯-克劳德·法布里·德·佩雷斯克——也探测到了那四颗"美第奇星"。天文学家西蒙·迈尔也在德意志独立发现了这四颗卫星。

罗马学院的天文学家们的意见，特别是克拉维于斯的意见仍然非常重要。1610年10月1日，伽利略的朋友奇戈利记录道："克拉维于斯对我的一个朋友说，他嘲笑这四颗星星［木星的卫星］的发现，还认为自己需要制作一个能创造这四颗星并将它们展示出来的望远镜。伽利略可以坚持其观点,但他也会坚持自己的观点。"然而,新发现的故事传播迅速,很快就成为全欧洲热议的话题,而教会官员也注意到了它对教会正统观念的潜在影响。因此,罗马学院院长兼宗教法庭(负责捍卫天主教教义)首席神学家罗伯托·贝拉尔米内红衣主教,要求耶稣会数学家具体证实或反驳伽利略的五项发现:第一,众多的恒星(特别是在银河中观测到的恒星);第二,土星的三颗连体星;第三,金星的相位;第四,月球的粗糙表面;第五,木星的四颗卫星。

贝拉尔米内的第一个问题提到了"众多的恒星"的现实,恐怕是他想起了对焦尔达诺·布鲁诺事件的可怕回忆。布鲁诺坚持认为宇宙是无垠的,而且囊括了许多可以居住的世界,这个主张是他被教会定罪并最终遭遇悲惨命运的原因之一。贝拉尔米内就曾参与给布鲁诺定罪。伽利略的发现指出银河充满了许多以前看不到的星星,这无疑让贝拉尔米内感到似曾相识,他极为不悦。

1611年3月24日,克拉维于斯、乔瓦尼·保罗·伦博、奥多·范·梅尔科特以及克里斯托夫·格里恩贝格等神父给出了他们的答案:"用望远镜确实可以在巨蟹座与昴星团的星云状物质中看到许多奇妙的星星。"[13]数学家们对银河的看法比较谨慎,他们承认"不可否认……有许多微小的恒星",但"似乎更有可能存在连续且密度较大的组成物质"。我们今天知道,银河系除了数千亿颗恒星外,还包含一个由气体和尘埃组成的圆盘。说到土星,耶稣会的数学家证实了伽利略观察到的oOo形状并且补充道:"我们还没有看到两边的两颗小星与中间的一颗大星完全分开，所以不能明确地说它们是星星。"他们也彻底证实了金星的盈亏现象，以及"四颗星绕着飞快移动的木星运转"的事实。他们唯一持保留意见的是对月球的观测。数学家们写道：

> 不能否认月球极度凹凸不平。但在克拉维于斯神父看来，更有可能的情况是，月球表面并不是不平坦的，而是月球本身密度不均匀，有密度较大的部分，也有密度较小的部分，所以看起来就像是自然光线下的普通斑点一样。另一些人则认为，月球表面确实是不平坦的，但到目前为止，我们对此还没有足够的把握，无法深信不疑。

天主教会最负盛名的数学家的意见，标志着伽利略取得了惊人胜利。尽管克拉维于斯对月球观测的解释有不同的想法，但罗马学院的科学家们还是承认了，望远镜是一种真正的科学仪器，它能更精密细致地反映现实。人们不再认为望远镜是骗人的，或呈现出的宇宙图景具有误导性。从那时起，所有相关的严肃讨论都只关注对观测结果的解释与观测结果的意义，而不会讨论望远镜本身或怀疑用它得到的发现是否真实。

现在关于全球变暖的讨论也必须经历同样艰苦的确认过程，在很大程度上，我们目前仍在经历这个过程。首先，人们必须被说服，相信这一现象本身是真实存在的；然后，他们必须接受，已发现的气候变化的原因是正确的；最后，他们至少应当接受一些解决方案的建议。

正如伽利略的故事（实际上还有达尔文、爱因斯坦和其他科学家的故事）所表明的那样，我们应该相信科学，否则风险实在太大了。我们可以，也应该认真讨论怎样做才能解决由科学发现的问题，比如气候变化带来的威胁（如海平面上升与极端气候事件发生的频率急剧上升）。我们不应该再讨论气候变化是不是真的存在，不必再讨论造成气候变化的原因是什么，不要去想袖手旁观是不是一种选择。

具有讽刺意味的是，一些否认气候变化的人甚至试图援引伽利略的故事来辩解，他们说人类造成气候变化这个看法本身，就是一种"逻辑谬误"，哪怕此说在地球科学领域已经取得了压倒性的胜利。这些人认为，伽利略的观点在当时受到多数人的嘲笑和迫害，但后来证明他的观点是正确的，所以当前少数人对气候变化的观点虽然受到批评，但他们的观点也一定是正确的。这种错误的逻辑甚至有一个名字叫"伽利略博弈"（Galileo gambit）。[14]"伽利略博弈"中的缺陷显而易见：伽利略是正确的，不是因为他受到了嘲笑和批评，而是因为**科学证据**站在他这一边。主要科学组织关于气候变化的报告代表了这一领域的最新知识进展，同时明确阐释了其中的不确定因素。我们知道，在科学领域里接近100%的人达成共识，并不能保证结论正确，但这种共识一定是建立在不断受到检验的科学证据基础上的。

让我们回到伽利略的故事上。当时伽利略至少在短期内获得了数不清的赞扬和荣誉。总的来说，仅在17世纪就出版了400

多本关于伽利略的书,其中大约 40% 给了他正面评价,其中约有 170 本书在意大利之外的地方出版。[15] 就连伽利略的死对头马丁·霍基也被土星的观测打动,他为自己曾攻击这样一位天空的魔术师而深感抱歉。他甚至说宁愿自己流血也要表达歉意。

在 1611 年 4 月 14 日的宴会上,伽利略当选为山猫学会的第六位成员。人们造出了"望远镜"(telescopium)这个词来纪念这种彻底改变宇宙学的仪器。神学家和数学家乔瓦尼·德米西亚尼(Giovanni Demisiani)首先提出了这个词。[16] 没过多久,第一本关于望远镜历史的书就出现了,它由米兰人吉罗拉莫·西尔托里(Girolamo Sirtori)于 1612 年撰写,并于 1618 年出版,书名就叫《望远镜》。

伽利略在 1611 年收获的胜利与欢迎只代表一场战役的成功,但不意味着他赢得了整个战争。虽然观测本身的真实性已被接受,但这只是围绕对观测结果的阐释而争论的起点。可以预料,当忠诚而狂热的地心说信徒被迫重新考量他们深信不疑的宇宙观和地球在宇宙中心的信念时,他们不会不战而屈。

正如我们今天所知,伽利略所倡导的哥白尼模型标志着人们认识了一个新概念,现在被称为"哥白尼原理":从物理学的角度来看,地球与我们人类在宇宙万物之中没有什么特别之处。[17] 在哥白尼提出设想和伽利略得出发现之后的几个世纪里,后续的一连串发现只是在反复强调这条宇宙谦卑原则,证明我们在宇宙中确实不拥有任何特殊地位。

首先,哥白尼和伽利略把地球从太阳系的中心位置移走了。

接着，天文学家哈洛·沙普利（Harlow Shapley）在 1918 年证明，太阳系本身就不是银河系的中心。它与银河系中心的距离相当于银河系半径的 2/3，真正算得上是银河系的偏远郊区。1924 年，天文学家埃德温·哈勃发现，宇宙中还有许多其他星系。根据现在天文学界最新的估计，在我们能观测到的宇宙局部中，实际上可能有多达两万亿个星系。如果这些还不够的话，现在的一些宇宙学家推测，我们的整个宇宙甚至可能只是一个巨大的宇宙集合的一分子，是"**多元宇宙**"（multiverse）中的一个成员。

切萨雷·克雷莫尼尼（Cesare Cremonini）是个有趣的例子，由此我们可以看到伽利略在努力证明哥白尼宇宙观优于亚里士多德宇宙观（或托勒密宇宙观）的过程中面临的阻力。克雷莫尼尼是位著名哲学家，也是教条的亚里士多德信徒，他是伽利略在帕多瓦大学的同事，两人在校时经常展开友好的竞争。在自然哲学方面，他极为固执，甚至连威廉·吉伯关于磁铁与地球磁场的书都不敢放在书架上，因为他担心这本书会玷污他的其他书籍。虽然克雷莫尼尼是个无神论者，还奋力反抗审查制度，但他觉得自己有义务捍卫一切形式的亚里士多德学说。因此，他对伽利略在 1604 年提出的"新星"比月球轨道离地球更远的说法提出了质疑，因为这违背了亚里士多德认为月球轨道之外不存在天体变化的观点。

据说，当伽利略提出要给克雷莫尼尼展示他的新发现时，克雷莫尼尼甚至拒绝向望远镜里看一眼（顺便说一下，比萨的首席哲学家朱利奥·利布里也是如此）。在《对话》中，伽利略安排了一个亚里士多德派学者辛普利邱（Simplicio），其形象就在一定程度上参考了克雷莫尼尼。实际上，克雷莫尼尼想要探究的是比伽利略的观察更深层次的东西。他指出，如果按照伽利略的发现，月球确实是一个类似地球的天体，那么它应当向地球坠落。但没有理论可以解释为什么月球没有坠落（这种怀疑一直持续到牛顿的时代），因此克雷莫尼尼并不打算放弃亚里士多德派的观点。

伽利略从来不相信他肉眼看不见的神秘的力在远方起作用（牛顿最终确定这些力是引力）。这个想法后来在他的潮汐理论中发挥了作用。即使是在讨论威廉·吉伯的磁学实验时他也是如此。吉伯提到了一种神秘的、尚未被观察到的磁力，伽利略希望吉伯为他的发现提出一个"以几何学为基础"的解释，因为吉伯给出的理由在他看来"并不令人信服，但是那些能推导出自然的、必然的、永恒的结论的理由，都具有令人信服的力量"。

简单来说，伽利略当时还无法推导出真正的万有引力理论，于是他始终担心，即使他"发现了一些美好而真实的东西，也会被他们（哲学家们）的暴政压制"。

顺便说一下，伽利略还遇到了另一个概念上的困难。开普勒发现，圆形轨道不符合第谷·布拉赫超过38年的详尽的火星观测数据。因此，他必须改变他提出的轨道模型，使之成为一个椭圆。他惊讶地发现椭圆轨道模型不仅可以解释火星的运动，还可以解释其他行星的运动。这是开普勒的重大发现之一，他在1609年出版的《新天文学》（*Astronomia Nova*）中做了描述。

伽利略从未接受过椭圆轨道的概念。在这一点上,即使是他这位现代科学思想的奠基人,也仍被囚禁在古典时代的柏拉图思想中,认为完美的运动必须是圆形的。今天我们知道,天体在公转时的轨道的形状并不需要对称,对称的是**万有引力定律**——也就是说,轨道在空间中的方向是任意的。

伽利略在这些年里为观测天体付出了巨大努力,不仅出版了描述这些发现的书籍,也为传播发现做了许多宣传,结果对他的健康和家庭生活都造成莫大伤害。他是个奋发努力的人,而且他更关心的是上面这些事情,而不是自己的身体和生活。

由于大量饮酒和不健康的饮食和生活方式,他在 1610 年冬天到 1611 年夏天之间患上了风湿,经常发烧而且心律不齐。不是只有霍基才注意到他面带病容、脸色蜡黄的样子,与伽利略几年未见的威尼斯大使在 1615 年见到他时也吓了一跳。

在家庭方面,伽利略移居佛罗伦萨时离开了他的伴侣玛丽娜·甘巴。甘巴于 1612 年 8 月去世,留下伽利略照顾他们的三个孩子。他迅速地解决了一部分问题——他把他的两个女儿送进了阿切特里的圣马特奥修道院。圣马特奥修道院属于贫穷修女会(Poor Clares),大多数时候生活条件确实凄惨贫穷。当时年轻女性被安置在修道院并没有什么稀奇的,特别是私生女,她们的婚姻前景十分黯淡,因为女人要想找一个称心如意的丈夫,必须有一笔不菲的嫁妆,而这不是伽利略所能承受的。不过,伽利略最终选择圣马特奥的原因依旧令人困惑不解,因为该修道院不仅极其穷苦,离城市也远,因此很难监督修道院墙内男人的行径。据说，修道院里的修女或与无良的告解神父，或与拜访修道院的教友发生过几起丑闻。伽利略之所以选择这所修道院，有可能是因为他的女儿们实在太年幼，还不能当修女，在红衣主教奥塔维奥·班迪尼（Ottavio Bandini）的帮助下，伽利略才有机会让她们进入修道院。

我们对伽利略的女儿弗吉尼亚（玛利亚·塞莱斯特修女）1623年以前的生活所知甚少，但她在 1623—1634 年写给伽利略的约 120 封信留存下来。[18] 从这些信中，我们可以看到一个体贴入微的女儿。作为修道院的药剂师，玛利亚·塞莱斯特经常给伽利略送去治疗他繁杂病痛的草药，甚至在伽利略经历异端裁判所的审判后最终回到家时，她还给伽利略送了酒。不幸的是，她在 33 岁时死于痢疾。伤心欲绝的伽利略在谈到女儿时写道："她是一个心思细腻的女子，无比善良，对我的感情最深。"

关于伽利略的另一个女儿利维娅（阿坎吉拉修女），人们知道的就更少了，只有从玛利亚·塞莱斯特修女给伽利略的信中得知一点。利维娅似乎从未适应过修道院的生活，她与伽利略的关系也因她生活的恶劣环境而极度紧张。

相比之下，伽利略的儿子温琴佐的命运要幸福得多，可能主要是因为当时盛行的性别偏见，养儿子不会背上特殊的经济负担。最终，温琴佐的身份得到了大公的认可。他后来在比萨大学医学院完成了学业，讽刺的是他父亲正是从这里退学的。读者可能想问，现在为何没有伽利略的后人？他的最后一个玄孙科西莫·玛丽亚死于 1779 年。

对解释的解释更麻烦

1613年,伽利略从前的学生贝内代托·卡斯泰利被任命为比萨大学的数学教授。那年12月,托斯卡纳宫廷按每年惯例前往比萨。卡斯泰利在比萨多次受邀与美第奇家族一起吃饭,由此诞生了那场著名的早餐会。当时卡斯泰利被要求解释伽利略发现的意义与哥白尼体系的优点。为了理解这个事件的背景,我们必须明白,伽利略的推广活动在某种程度上说实在太过成功。在听说了他的发现之后,各色人等开始寻找各种理由反对他的思想。在佛罗伦萨,哲学家洛多维科·德勒·科隆布对伽利略截至当时写出来的每本书都提出了质疑。1610年底至1611年初,科隆布撰写了一部题为《反对地球运动》(Contro il Moto della Terra)的专著。他引用大量《圣经》原文,据此推断地球是不动的。他甚至组建了一个敌视伽利略的"联盟"。比萨的学者们也一致反对伽利略的观点,维护亚里士多德体系的论点很快就与基于宗教信仰的论点合流了。卡斯泰利与大公一家的早餐会,就是在这种相当紧张的氛围下发生的。重要的是,出席早餐会的还有比萨的哲学教授科西莫·博斯卡利亚(Cosimo Boscaglia),他是研究柏拉图的专家,在他看来伽利略的观点至少也是十分可疑的。

早餐会最初的谈话很友好,只是泛泛而谈,气氛也很温和。尽管如此,极为虔诚的克里斯蒂娜大公夫人已经在问,木星的卫星是真的存在,还是只是"望远镜的幻象"?博斯卡利亚在轮到自己回答时说它们的真实性"无法否认"。然而他却对克里斯蒂娜耳语说,伽利略的哥白尼体系解释很成问题,因为"地球运动包含一些不可思议的因素,根本不可能发生,特别是《圣经》的描述显然与这种观点相反"。

餐毕,卡斯泰利正要离开,克里斯蒂娜把他叫到自己的房间。卡斯泰利发现,在场的除了大公夫人和大公外还有其他一些客人,包括安东尼奥·德·美第奇(伽利略的崇拜者)以及博斯卡利亚教授。在接下来的两个小时里,克里斯蒂娜就她所认识的地球运动概念与《圣经》之间的差异盘问卡斯泰利。卡斯泰利从她的态度判断出,她这样做只是想听他的回答。博斯卡利亚则一言不发。

虽然整个事件似乎已经顺利结束,但是伽利略仍然担心卡斯泰利可能会再次陷入类似困境。这就是为什么他写了一封详细的长信,即《致贝内代托·卡斯泰利的信》。[19] 在信中,他概述了他对于处理《圣经》文本与科学发现之间明显矛盾的想法。这封信,还有后来的扩展版《致克里斯蒂娜大公夫人的信》,都是由这位生活在17世纪的严肃科学家写的,而他同时也是一位"忠诚的教徒"(教皇约翰-保罗二世的说法)。这两封写于400多年前的信,现在仍是研究科学和《圣经》之间关系的重要文献。我们将在第十七章中再来讨论这个在当前仍然非常有意思的话题。

伽利略在信中首先赞扬了卡斯泰利作为教授的成功,然后补充说:"还有什么比看到尊贵的大公夫人乐于与你讲道理、提问题、倾听解答并最终为你的答案感到心满意足,更能让你喜悦的呢?"他接着解释说,这个小插曲使他更概括地思考了如何"把《圣经》引入有关物理结论的争论",特别是《约书亚记》中关于太阳停止运动的那段话,似乎与"地球的运动和太阳的稳定"相矛盾。伽利略关于《圣经》文本用法的开场白,有力地奠定了他接下来的论述基调。

"《圣经》永远不会说谎或出错……其旨意是绝对的真理。"然而,伽利略补充道:"一些解释者和阐释者有时会犯各种各样的错误,其中一个频繁出现的严重错误是,他们总会望文生义。因此,[在《圣经》中]不仅会出现各种矛盾,甚至会出现严重的异端与亵渎,因为[从字面上看]必须让上帝具有手脚和眼睛,与人类相同的肉体与情感,如愤怒、遗憾和仇恨,甚至还有对往事的遗忘、对未来的无知。"

伽利略继续说,为了让没有受过教育的普通人理解《圣经》,他认为《圣经》必须用一种更容易理解的语言来写。他说:"我们眼前的物理现象是由实践经验得出的,或者可以通过必要的论证来得出结论。在任何情况下,我们都不能因为《圣经》的字面意思与物理现象矛盾,就否认这些现象。"伽利略特别说明,既然不可能出现两种真理相互矛盾的情况,他建议"因此,除了关于救赎和建立信仰的教规——任何人都无法提出比其更可信、更有效的信条——我最好的建议就是,如无必要,不要增加[有关信仰的教规]"。如前面提到的,他又补充了一个很有说服力的理由,他说他不相信"那位赐予我们感知、理性与智能的上帝,竟同时希望我们放弃使用它们"。

伽利略随后又谈到《约书亚记》中的个别段落,他表明对《圣经》文本字面意思的解读,加上亚里士多德-托勒密模型,竟会得出一天时间缩短的结果,而不是约书亚想要的延长!这个出乎意料的结果与亚里士多德关于天体的"力学"观点有关。在亚里士多德的设想中,太阳参与两种运动:一种是它在一年当中"独自"从西向东的运动,另一种是整个天球(连同太阳)从东向西的运动。停止太阳从西到东的"独自"运动会明显缩短一天的时间,因为太阳在自东向西方向上的运动会变快。仅仅停止太阳的运动,让天球自转,实际上会打乱整个天体秩序。但在哥白尼的宇宙观中,只要地球暂时停止绕轴自转,就会产生预期的效果。

毋庸置疑,在今天来看伽利略的逻辑似乎很清晰,并且具有强大的说服力。从这个意义上说,他是比红衣主教罗伯托·贝拉尔米内以及当时其他教会官员更有远见的神学家。就连教皇约翰-保罗二世也说,伽利略"证明自己在这个问题上比他的神学家对手更有洞察力"。[20]然而我们必须记住,教会对哥白尼主义的反对在很大程度上与实际的宇宙学模型关系不大。教会并不在乎天文学家喜欢采用哪种行星轨道,一些天主教徒特别是教会官员把哥白尼主义当成科学家对神学的干预,这才是教会的关注点。因此,尽管伽利略坚信他不仅充分解决了克里斯蒂娜提出的所有问题,而且证明了真理可以隐藏在证据的背后,但是《致贝内代托·卡斯泰利的信》和他对《约书亚记》中那段话的解释,在未来还会深深困扰他。

如果你认为从字面含义解释任何类型的旧文本完全是过时的事情，那么你要重新想想看。法国作家米歇尔·德·蒙田早在16世纪就在他著名的《随笔》中写道："对解释的解释，比解释事物本身更麻烦；关于书的书，比所有其他主题的书还要多；我们只能对一个又一个命题做评论。"[21] 美国最高法院的判决一再证明，解释在今天仍然像在伽利略的时代一样至关重要。对伽利略本人来说，解释几乎成了一个生死攸关的问题。

第六章

陷入雷区

当今物理学的主要目标之一是系统地提出一种理论,有时被称为万物理论。这种理论可以优雅地统一自然界所有基本的力(引力、磁力以及强核力和弱核力)。这种理论还应该自洽地将我们目前关于引力最好的理论和关于整个宇宙的最佳理论(爱因斯坦的广义相对论)以及亚原子世界理论(量子力学)结合起来。

伽利略证明了天体及其特征与地球及其特征并无本质的不同,为这种统一下了目光深远的第一步棋。[1]他证明太阳外层的特征(太阳黑子)与地球的大气现象相似,木星(也许还有土星)的卫星甚至比地球更多,金星的相位与月球相位相似,月球表面覆盖着与地球相似的山脉和平原,地球本身将阳光反射到月球上,就像月球照亮地球的夜空一样。在这些发现之后,人们再也无法分别谈论"地上"与"天上"的不同特征了。伽利略证明,亚里士多德设想中神圣不可侵犯的、永恒不变的天球并不正确,天体和地球一样容易发生变化。比如新星与彗星的出现就证明了这一点。大约 80 年后，这些概念加上物理学的数学化，为牛顿放之四海而皆准的万有引力理论打开了大门。

伽利略所有这些令人惊叹的新发现本来都可能被当成不可思议的科学进步。不幸的是，它们与亚里士多德的宇宙观相抵触，而天主教会早在几百年前就将亚里士多德奉为正统。更重要的是，哥白尼体系必然与当时将人类放在宇宙中心的世界观相冲突。在这种世界观里，人不仅位于宇宙中心，而且是宇宙存在唯一的目的和焦点。人们非常抵触哥白尼对地球及其居民地位的贬黜，这也是后来人们反对达尔文的部分原因——达尔文的理论同样把人类从独特的地位上赶了下来，只把人看作进化的一种自然产物。

尽管如此，教会本来有可能接受哥白尼体系是一种**假想的**体系（虽然困难重重），它能让数学家更容易地计算行星与恒星的轨道、位置和外观，只要不考虑它代表一种正确的物理现实即可。哥白尼体系可以被当成一个单纯的数学框架，它可以是一种被发明出来"拯救"天文观测现象的模型——也就是说，它符合观测到的行星运动。[2]

真正引起教会愤怒的关键问题是，天主教会官员认为，研究神学和解释《圣经》是教会独断专行的领域，此举是对教会粗鲁不恭而不可原谅的侵犯。因此，尽管从纯粹的天文学和自然哲学角度质疑伽利略的声音开始减弱，神学方面的敌对情绪却愈演愈烈。

神学辩论将在被称为"伽利略事件"的戏剧性故事中发挥

决定性作用,而辩论的舞台早在近一个世纪前的宗教改革中就已搭好。当时关于谁有权威解释《圣经》的看法已经产生分歧。因此,从字面意义解读《圣经》不可或缺,这种观念在天主教神学家中迅速得到了认可。多明我会神学家多明戈·巴涅斯(Domingo Bañez)曾在1584年表达过他的观点:"圣灵不仅启发了《圣经》中所记载的一切,他还亲口讲出并建议了《圣经》中所用的每一个字。"另一位多明我会神学家梅尔基奥尔·卡诺(Melchior Cano)更加极端,他在1585年宣布:"不仅是文字,甚至《圣经》的每一个标点符号都是圣灵提供的。"那么谁有权力解释这些话呢?天主教会早在它丰富的文献库里找到了一个金科玉律式的答案。

1545—1563年召开的特兰托公会议(The Council of Trent)是教会对抗宗教改革的体现之一。会议于1546年4月8日颁布了一项明确的教令:"在有关基督教义教化的信仰与道德方面,任何人都不得依靠自己的判断或按照自己的观念歪曲《圣经》,判断其真正内涵和意义的权利归圣母教会所有,任何人不得违背圣母教会的理解,甚至也不可违背神父们的一致意见。"考虑到这种专制的、决不让步的措辞,我们就能明白,伽利略在《致贝内代托·卡斯泰利的信》中的理性分析显然会引起审查人员的注意。

伽利略声称用《圣经》文本的字面意义来反驳观察结果非常不妥,在某种意义上说,这声明是最不合时宜的,当时教会对任何企图破坏其解释《圣经》的权威的行为都格外敏感。一场冲突似乎在所难免。不幸的是，甚至到了1945年，梵蒂冈当局还查禁了一本由教皇科学院亲自委托出版的关于伽利略的书，因为他们认为此书在描述上述事件时，态度太过"偏向伽利略"了。[3] 这件事我们在第十六章还会详细讲到。

无论如何，1615年时伽利略的处境开始变差。佛罗伦萨的多明我会修士尼科洛·洛里尼（Niccolo Lorini）于2月7日将他所谓的《致贝内代托·卡斯泰利的信》的"准确版本"寄给了禁书审定院院长、红衣主教保罗·卡米洛·斯方德拉蒂（Paolo Camillo Sfondrati），请他审查。禁书审定院会查禁任何被认为与天主教信仰相抵触的印刷材料。事实上，《致贝内代托·卡斯泰利的信》还没有印刷，因此寄给禁书审定院并不合适。但这封信还是涉及了信仰问题，红衣主教将洛里尼的信以及《致贝内代托·卡斯泰利的信》一并转交给了宗教法庭秘书，秘书立即询问了一位顾问的意见。伽利略可能意识到，这封匆忙写给卡斯泰利的信可能会带来麻烦，因此他对其稍加修改，更加深思熟虑而谨慎地提出了一些神学问题。然后，他把这封信连同他的解释一起寄给了他的朋友，佛罗伦萨蒙席*皮耶罗·迪尼（Piero Dini）。伽利略请求迪尼把信交给罗马学院的数学家克里斯托夫·格里恩贝格，如果情况允许，一并将信交给红衣主教贝拉尔米内。伽利略在信中说："尼古拉·哥白尼不仅是一个天主教徒，而且有虔诚的宗教信仰，他是一名咏礼司铎。他被罗马教皇利奥

---

* 蒙席（monsignor）是教皇颁给有功教士的荣誉头衔。——编者注

十世召到罗马，在拉特兰会议讨论修改历法时，他尽到了一位伟大天文学家之所能。"

近年围绕《致贝内代托·卡斯泰利的信》发生了一个精彩的故事。这封信的原件长期以来被认为已经逸失，但在2018年8月，人们在伦敦皇家学会的收藏中发现了它。信件在那里至少已经待了250年，逃过了历史学家的法眼。重新发现它的人是意大利贝加莫大学的科学史博士后研究员萨尔瓦托雷·里恰尔多（Salvatore Ricciardo），他当时因为其他事情而浏览伦敦皇家学会的在线目录。从现有版本的差异中，我们可以看到伽利略试图缓和原始信件中的语气。例如，伽利略提到了《圣经》中的某些主张，"如果按照字面意思去理解，那就是错误的"。他又把"错误"划掉，改成了"看上去与真理不符"。当他说《圣经》"藏匿"其基本教条的时候，把用词改为了不那么激烈的"遮掩"。研究伽利略的学者长年来没有注意到这封信，可能是因为信件在1940年编入目录时，书信日期被错看成1618年12月21日，而不是1613年。[4]

伽利略的几个朋友及早认识到了正在发酵的危险，他们告诫伽利略要小心为上，如履薄冰。山猫学会的创始人费德里科·切西很快就遇到神学家的阻拦。当他试着出版《关于太阳黑子的信》时，几次试图在出版物中引用《圣经》文本，或引用伽利略说哥白尼体系比托勒密体系更符合《圣经》的观点，可是他全都失败了。审查人员坚持要删除伽利略给马库斯·韦尔泽的第二封信中的陈述（这封信很可能是根据伽利略从红衣主教卡洛·孔蒂那里得到的答复写成的）。伽利略在这封信中说，认为天球永恒不变"不仅是错误的，而且与《圣经》的真理矛盾，这一点毫无疑问"。切西意识到，这样的评论无法通过审查，于是他从出版物中删除了所有关于《圣经》的内容。但伽利略在那时可能还没有充分理解审查人员从神学角度插手出版的意义。

伽利略的所有支持者都建议他在一切神学问题上保持低调，他的反对者声音却越来越大。其中有一个名叫托马索·卡奇尼（Tommaso Caccini）的布道者，他脾气暴躁，咄咄逼人，他给伽利略造成的损失最大。这个特殊的插曲还得从伽利略的敌人洛多维科·德勒·科隆布说起。几年前，科隆布曾与伽利略就1604年的"新星"问题发生过争执，他还于1611年撰写了《反对地球运动》的论文。在这篇论文中，科隆布在对话里引用了《圣经》，这让伽利略十分沮丧。他在多明我会的兄弟拉法埃洛·德勒·科隆布以及其他一些佛罗伦萨多明我会修士［这群人被伽利略的朋友们蔑称"科隆比"（Colombi），意思是鸽子］也拿到了《致贝内代托·卡斯泰利的信》的副本。他们大肆攻击伽利略的哥白尼主义观点，同时也反对伽利略关于太阳斑点的讨论。不幸的是，科隆布兄弟能在佛罗伦萨大主教耳边煽风点火，这些话也通过大主教传到卡奇尼耳中。卡奇尼这位布道者似乎已经将证明伽利略和哥白尼是异端一事当成自己的人生使命。他怀着这个令人不安的"目标"，于1614年12月21日在佛罗伦萨的新圣母教堂讲坛上发表了一篇激情洋溢的布道。卡奇尼在布道中断言，哥白尼体系将不动的太阳当成中心"是一个异端命题",他再次引用了《约书亚记》中那个被用滥了的段落。卡奇尼此举不仅受到他兄弟(卡奇尼家族的一家之长)斥责,也被其他多明我会官员斥责;如果不是因为卡奇尼于1615年3月20日去罗马,在宗教法庭代理总主教、多明我会的米凯兰杰洛·塞吉齐(Michelangelo Seghizzi)面前做证,这件事可能不会引起人们的注意。卡奇尼的证词中不仅充满了恶毒的言论,他还强调道:"人们普遍认为,我前面提到的伽利略有两个观点:地球本身在运动,同时自身也在绕太阳运动;而太阳不运动。"卡奇尼还说这些观点"违背了神圣的《圣经》"。

更糟糕的是,卡奇尼知道保罗·萨尔皮在十年前因为陷入威尼斯共和国与教皇的争端,被异端裁判所列入观察名单,所以他故意加了一句恶意的评论,强调萨尔皮与伽利略的友谊。同样,他故意毒辣地提到伽利略与同时代的德意志人通信,他知道这会让听者暗自猜测此事是路德宗在捣鬼,伽利略罪大恶极。

大约在同一时间,卡斯泰利本人也开始感受到比萨的水深火热。他写信给伽利略表达他的关切。他情绪低落,沮丧地指出:"我最不满的是一些人的无知已经登峰造极,他们对科学一无所知,却一直谴责它;他们把一些自己无法理解的[错误的]东西总结成科学。"[5]可悲的是,目前一些否认气候变化的人仍然怀有类似的态度。[6]

我们今天所经历的对科学的蔑视和敌意,正是伽利略所反对的态度。他一直试图让科学与对《圣经》的解释摆脱关系,从实验结果中解读自然规律,而不是将它们与特定的"目的"联系起来。伽利略由此成为先驱，最早含蓄地指出科学促使我们为自己的命运负责，也为地球的命运负责。

卡斯泰利承认了他与伽利略即将面临的晦暗现实，接着他在信中补充道："但你要有耐心，因为这些无礼的行为既不是第一次，也不会是最后一次。"在1月12日的信中，切西也表达了同样的感情。他将攻击哥白尼主义的人称为"知识的敌人"。切西还趁机重申了他对伽利略的建议，让他保持低调。他应对攻击的策略是招揽其他数学家入会，将整个事件说成有人在攻击数学家群体，而不是学会要倡导哥白尼主义蕴含的真理。

与此同时，《致贝内代托·卡斯泰利的信》继续给伽利略招来各种麻烦。宗教法庭聘请的顾问到来后，只针对信中的三个观点提了很少的保留意见。他们补充说："其余的内容虽然有时用词不当，但它并没有偏离天主教所要表达的东西。"遗憾的是，这个温和的判断只会刺激宗教法庭刨根问底。为此，宗教法庭要求比萨的裁判官从卡斯泰利本人那里要来原信。

在这一切动荡发生的时候，迪尼蒙席正在想尽一切办法帮助伽利略。他把稍加修改的《致贝内代托·卡斯泰利的信》的副本交给了格里恩贝格与红衣主教贝拉尔米内，他还就当时的局势与年轻的教会官员兼诗人乔瓦尼·钱波利商议。钱波利认识伽利略，他也是科西莫·德·美第奇二世的童年好友。1614年，钱波利在罗马被任命为司祭。为了回应迪尼的恳求，钱波利直接向伽利略转达了红衣主教马费奥·巴尔贝里尼（后来成为教皇乌尔班八世）的建议说："他〔巴尔贝里尼〕希望你更加谨慎，不要超越托勒密和哥白尼的论点,更不要跨过物理学和数学的界限。因为神学家们宣称解释《圣经》是他们的领域。如果你提出新的东西,即使其独创性受到赞赏,也不是每个人都能不带偏见地全部接受。"[7] 换句话说,红衣主教巴尔贝里尼的明确建议是,伽利略应该远离任何对《圣经》的新解释。

红衣主教贝拉尔米内也通过迪尼传达了类似指示。这位红衣主教的看法是,哥白尼的《天体运行论》不会被禁,但要加上注解,说明哥白尼系统仅作为一个数学模型使用。贝拉尔米内建议伽利略采取同样的立场,在他看来,《诗篇》19:5-6 的文本与太阳静止不动的概念明显矛盾:"神在其间〔天上〕为太阳安设帐幕,太阳如同新郎出洞房,又如勇士欢然奔路。它从天这边出来,绕到天那边,没有一物被隐藏不得它的热气。"迪尼坚持说,这段文字可以解释为一种诗意的说话方式,但贝拉尔米内反驳道:"这不是什么值得着急支持的事,人们也不应当着急给其中任何一种观点定罪。"[8]

伽利略不服气,他于 1615 年 3 月 23 日给迪尼发了一封长长的回信。他试图在信中回应贝拉尔米内的意见。他首先指出在《圣经·创世记》的描述中,光是在太阳之前被创造出来的。接着他提出这种光"在太阳内部结合并强化",太阳必须处于宇宙的中心,因为它要"扩散这种光和大量的热,给它周围的所有成员带来生命"。关于《诗篇》中的这段话,伽利略认为文中所指的运动是辐射和热能的运动,而非太阳的运动。辐射和热"从太阳中离开后,迅速扩散到整个世界"。最后,由于伽利略还不了解引力定律,他利用他发现的太阳绕轴自转的现象,提出了一个(以我们今天的认识来看)相当牵强的模型,其中太阳自转不知怎的就驱使了行星围绕太阳公转。伽利略在写这封信时基本忽略了所有让他谨慎的建议,迪尼在与切西协商后,明智地决定不给红衣主教贝拉尔米内看这个答复。

但是让我们想一想,伽利略的朋友和所有同情他(至少当时还同情他)的教会官员是怎么建议的。在伽利略看来,尽管当时他还是没有地球运动的直接证据,但他的发现已经证实了两件事。首先,那些声称自己有证据证明地球不运动之人的一部分论点(比如,地球如果运动就会失去月球),在很大程度上是错误的。第二,伽利略的发现对他自己来说构成了哥白尼体系"无可抵赖的确证",因此他认为哥白尼模型至少有得到证明的机会。这个模型之所以正确,不仅是因为其中一些数学抽象概括碰巧符合自然现象,而是因为它正确描述了物理现实。

伽利略是在与冰封了几个世纪的顽固观点做斗争。在这些观点中,科学与观察是分离的。人们发明了"拯救表象"这个术语,来描述那些能方便地简化观察到的现象却并无深意的科学模型。贝拉尔米内、格里恩贝格、巴尔贝里尼等人要求伽利略,放弃他以艰苦的科学观察和杰出的逻辑推论为基础而形成的信念,只是因为这些信念看上去与一些神圣、古老、模糊又如诗一般的文字相矛盾——而且只有当人们从字面意义解读文本而不去理解它的隐喻,矛盾才会出现。换句话说,贝拉尔米内和格里恩贝格并不像一些现代学者所断定的那样,只想说服伽利略不要插手神学。

在谈到伽利略支持哥白尼理论的时候,格里恩贝格告诉迪尼,他"为《圣经》的其他段落感到担心"。贝拉尔米内特别指出,哥白尼的学说只应被当成一种数学上的权宜之计。这些人绝不仅仅是因为伽利略扮演神学家的角色还干涉《圣经》的解释才反对他,他们很想粉碎哥白尼所提问题的现实意义,因为从他们的角度来看,他们是在维护《圣经》决定何为真理的权威。

如此一来,伽利略拒绝合作,或者说一开始拒绝合作,还会令我们感到惊讶吗?他应该放弃他认为唯一可能符合逻辑的结论,转而支持17世纪的"政治正确"吗?毕竟伽利略一直是对的。他从未对《圣经》文本的真实性提出任何怀疑。当时他仍然希望理性能够战胜一切,并且他尽了最大努力证明,虽然人们可以为了符合自然现象而对《圣经》做出多种不同的解释,但事实就是事实。

意料之外的支持,意料之外的结果

从1615年起,伽利略更加公开地支持哥白尼主义,这与朋友们的判断和教会官员们的建议背道而驰。加尔默罗会神学家保罗·安东尼奥·福斯卡里尼(Paolo Antonio Foscarini)出版了一本令人惊奇的小册子,伽利略很可能受到了此书的推动、影响和鼓励。

福斯卡里尼生于卡拉布里亚的蒙塔尔图富戈,他的知识广博远近闻名,从神学到数学都有涉猎。1615年3月7日,切西给伽利略寄去了一本福斯卡里尼的书。这本出版物篇幅很短,却有一个很长的标题,其中一部分是"尊敬的加尔默罗会神父保罗·安东尼奥·福斯卡里尼关于毕达哥拉斯学派和哥白尼对地球移动性和太阳稳定性,以及新毕达哥拉斯世界体系等看法的信"。

这个标题说明第一个不以地球为中心的宇宙模型,实际上是由毕达哥拉斯的弟子在公元前4世纪提出的。哲学家菲洛劳斯(Philolaus)提出,地球、太阳和行星都沿着一个中心是火的圆形轨道运动。希腊哲学家、本都的赫拉克利德(Heraclides of Pontus)也在公元前4世纪补充说,地球围绕它的轴旋转,萨摩斯的阿里斯塔克(Aristarchurs of Samos)则在公元前3世纪首次提出了日心说模型。

从逻辑论述上来看,福斯卡里尼的书是与众不同的。他解释说,毫无疑问,伽利略的发现使哥白尼体系变得比托勒密体系更加可信。福斯卡里尼假设哥白尼的宇宙观是正确的,并且理所当然地认为《圣经》表明了真理,在这样的前提下,他认为两者之间显然不可能有冲突,因为只有一个真理。因此,他的结论是一定有办法协调那些看似有疑问的《圣经》段落与哥白尼的宇宙观——这正是伽利略一直以来的主张。福斯卡里尼研究了许多有争议的《圣经》段落,将它们分为六类,进而提供具体的解释原则。他认为这些原则可以消除所有明显的矛盾。福斯卡里尼写这本书的动机也很明显:他认为,如果哥白尼主义在未来被证明是正确的，教会就能利用他对于争议文本的新解释，来避免《圣经》其实是错误的结论。

最后，福斯卡里尼提出了两个重要意见。第一，关于《圣经》语言的解释：

> 《圣经》用通俗易懂的语言和我们说话；从我们的角度来看，地球的确牢牢地站在中心，太阳围绕着地球转，而不是相反。人们在靠岸的海面上划船时，同样的情景也会发生。对他们来说，岸似乎在向后移动，而不是他们在向前移动，但后者才是事实。[9]

福斯卡里尼的第二个重要观点十分大胆，相当令人吃惊。他说："教会在关乎我们信仰和救赎的事情上不会犯错，但教会在做实际判断、做哲学推论和其他不涉及救赎的无关事项上会犯错。"

切西认为，福斯卡里尼的书"出现的时机再好不过了，除非增加我们对手的愤怒是有害的，但我并不相信"。[10] 伽利略后来的行动表明，他也是这样认为的，至少最初是这样。不幸的是，他们都错了。教会官员乔瓦尼·钱波利后来当了教皇乌尔班八世的通信秘书，他也是山猫学会的成员。他于1615年3月21日写给伽利略的一封信中预言，福斯卡里尼的书将被宗教法庭定罪（钱波利可能有一些内幕消息）。

对福斯卡里尼这本书的第一个意见反馈来自一位匿名的神学

家。他在文章第一段中说，福斯卡里尼关于哥白尼主义的观点是"草率的"。福斯卡里尼所写的《辩护》一文记录在案，他在文中坚决反对神学家对他的定性。他再次坚定地指出，关于信仰和道德的问题与关于自然哲学和科学的问题是有明显区别的。福斯卡里尼重申了他对于自然哲学和科学的立场，说"除非依据人类理性从自然经验中建立的东西，以及依据大量资料已经判断清楚的事实，否则不应对《圣经》进行解释"。

福斯卡里尼把这本书和他的《辩护》副本寄给红衣主教贝拉尔米内，征求他的意见。贝拉尔米内于1615年4月12日做了答复，他强调了三点。

> 首先，在我看来，您和伽利略先生的做法是谨慎的，因为你们只提出假设，而不是一口咬定，我也一直这样看待哥白尼学说。因为[哥白尼模型]假设地球在动，太阳不动，比[托勒密模型]假设存在偏心轨道和本轮要好得多，而且[哥白尼模型]对数学家来说已足够。[11]

对福斯卡里尼和伽利略来说，这套说辞显然代表了一种建议而不是赞美，哪怕贝拉尔米内的信甚至不是写给伽利略的。

这位红衣主教接下来又补充说："但是如果你们要确定太阳在**现实**中处于世界的中心，只自转却不由东向西移动，而地球处于第三重天[指距离太阳第三近的轨道]并以极快的速度绕太阳旋转，这就是另一回事了。"随后，贝拉尔米内解释了为什么在他看来声称哥白尼的设想代表现实是"一件非常危险的事情"。他说，因为它"不仅可能激怒学术界的所有哲学家和神学家，而且可能使《圣经》成为假经，危害神圣的信仰"。

贝拉尔米内的第二个观点涉及对《圣经》文本的解释。在这里，他首先提出了一些他认为显而易见的问题："如你所知，[特兰托]公会议禁止以违背教皇共识的方式解释经文。"随后他在解释经文方面投下一枚重磅炸弹。福斯卡里尼认为教皇解释《圣经》的权威只能用来解释信仰和道德问题，而不能解释地球运动等问题，贝拉尔米内将"信仰问题"做了惊人的扩展，作为对他的回应：

没有人能回复您说，[太阳或地球的运动]这个主题本身决定了它不是个信仰问题。**谈论这件事的人的身份，决定了它依然是个信仰问题**。因此，有人说亚伯拉罕没有两个儿子，雅各没有十二个儿子，就和说基督不是由处女所生的人一样是异端，因为圣灵已经借先知和使徒的口说了这两件事。[12]

简单地说，贝拉尔米内认为，不仅《圣经》所说都是真实的，而且**其中一切事物**，就连最平庸的细节（只要意思清楚）也关乎"信仰问题"！根据这位当时最有影响力的红衣主教对"信仰问题"的宽泛定义，地球的运动显然也成了信仰问题。

最后，贝拉尔米内承认，"如果确实有基于事实的论证，说明太阳在世界的中心,地球在第三重天,太阳不绕地球转而是地球绕太阳转,那么人们在解释那些看似与之对立的《圣经》文本时就必须非常谨慎。人们宁可说自己不理解这些经文,也不能说它呈现的东西是假的"。不过,贝拉尔米内也宣称:"但我不相信会有这样的论证,除非有人可以向我展示。"他强调"只假设太阳在宇宙中心而地球在天上,就想拯救表象"是远远不够的。

为了给最后一个回应增加分量,红衣主教接着说,不仅所罗门王"口述的是受上帝启发的话语,而且他本人在人类各学科的智慧与学识超越了所有其他人"。所罗门王在《传道书》1:5中写道:"日头出来,日头落下,急归所出之地。"因此,贝拉尔米内的结论是,太阳事实上极不可能静止不动,特别是每个科学家都"感受得到地球静止",并且看到"太阳在动"。

贝拉尔米内对福斯卡里尼的回答得到众多研究伽利略的学者仔细研究、分析和解释。有些人对他高度赞扬,说贝拉尔米内表现出了有远见的科学家的开放态度,因为他预见了几个世纪后的相对论;有些人则完全否定他,认为他表现出保守的狭隘看法。[13] 我们稍后将回顾他的神学观点,现在暂且让我们集中批判贝拉尔米内的科学推理。

他的前几句话似乎很有希望:"如果确实有基于事实的论证,说明太阳在世界的中心……那么人们在解释看似与之对立的《圣经》文本时就必须非常谨慎。"事实上,如果他将这段话说完,他就能展现出对后世的科学指导原则的直觉认识:当新的观察结果与现有的理论互相矛盾时，需要重新审视理论。但问题在于，他接着写了一大段，认为这样的论证永远无法实现。贝拉尔米内给他这种错误的信念提出了几个理由，明显都是不科学的理由。

首先，他说在天文学方面"拯救表象"并不能成为地球运动的证据，尽管这个观点看似令人信服，但也违背了科学思维。如果两种不同的理论都能够很好地解释所有观察到的事实，科学家们会倾向于采用（即使是暂时采用）较简单的那一种。就拿伽利略的发现来说，科学思维肯定会倾向于哥白尼体系而不是托勒密体系，这也是伽利略一直以来所倡导的。对简洁性的追求也会让哥白尼体系比第谷·布拉赫的地心-日心混合体系更有优势。当然，最终的检验标准是看谁能直接证明地球运动，或者让这两种理论做出一些预测，再通过后续的观测或实验来检验。相比之下，贝拉尔米内更倾向于教会正统所青睐的理论。

红衣主教的第二个论点实际上与科学无关。这一论点主张盲目接受权威：一方面采用教皇的解释，另一方面依靠想象中所罗门王的无穷智慧——传说他创作了《传道书》。这两种推理都表现出与伽利略主张的科学精神格格不入的态度。换句话说，贝拉尔米内非但不是一个高瞻远瞩的科学家，而且在他的认知里，信仰远胜于科学。

最后，贝拉尔米内的第三个论点是一种误解，外加狭隘的思维。他宣称我们都感受到地球不动，但他没有认识到，我们最多只能说地球在我们**看起来**相对不动。为了证明他的观点，他参考

第六章 陷入雷区　　135

福斯卡里尼在书中所举的例子说:"当有人远离海岸,虽然在他看来海岸正远离他,但他知道这是一个错误并且纠正了这个错误,他清楚地看到船在动,而不是岸在动。"

伽利略依据的是从哥白尼那里继承来的思想,不能接受这种推理方式。人们无法判断运动的是太阳还是地球,就只能判断它们之间存在相对运动,同理,在一个匀速直线运动的密闭房间内做任何实验都无法判断它是静止的还是移动的。只要一个人透过火车车窗观看过平行轨道上行驶的其他火车,就都会熟知这个道理。后来,它成为爱因斯坦狭义相对论的一个重要支柱,狭义相对论证明了物理定律对所有以恒定相对速度运动的观察者都是一样的。当然,人们可以认为贝拉尔米内在17世纪不可能预见爱因斯坦在几个世纪后的发现和证明,但贝拉尔米内的立场是极其坚定的,他不相信能找到一丝一毫支持哥白尼理论的证据。

福斯卡里尼本人也是个神学家,但他精辟的论述与贝拉尔米内的看法形成了鲜明的对比。他说:"因为人文学科中总有新的东西加进来,随着时间的流逝,从前许多被认为是正确的事情变成了错误的。所以当人们发现一个哲学观点是虚假的时,恐怕《圣经》的权威就会被摧毁。"虽然福斯卡里尼明白,新发现和从科学中获得的知识可以证明当时流行的模型是错误的(同时也让其对《圣经》的解释变成错的),但贝拉尔米内依旧躲在教条主义的保护伞下。

伽利略在《致克里斯蒂娜大公夫人的信》中详细论述了一些神学问题,但值得注意的是,贝拉尔米内给福斯卡里尼的信从一开始的论点就站不住脚，即使在神学方面也有纰漏。这让他不得不使出了撒手锏：贝拉尔米内依靠的是"教皇的共识"和特兰托公会议的教令。然而，伽利略和福斯卡里尼都敏锐地注意到，特兰托公会议声明中特别谈到了"信仰和道德的问题与基督教教义的教化有关"，而地球运动与信仰和道德无关，神父们也没有讨论过这个话题，更没有达成共识。显然贝拉尔米内本人也意识到了他推理中的缺陷，除此之外，他对"信仰问题"定义的扩大远超一般宗教问题范畴，基本上包括了《圣经》中的所有内容，他对此也没有给出令人信服的解释。

伽利略想办法看到了贝拉尔米内给福斯卡里尼的回信，他甚至在他打算送给福斯卡里尼的一些笔记中写了一段回复。但这些未注明日期的笔记从未发表。伽利略运用犀利的逻辑，主要解决了贝拉尔米内对"信仰问题"一刀切的新定义。

有人回答说"谈论这件事的人的身份决定了《圣经》中的一切都属于信仰问题"，并因此认为这些都应遵循[特兰托]公会议的信条。事实显然并非如此，因为会议所说的应当是"对《圣经》中的每一个字都必须遵循神父的解释"，而不是"信仰和道德的问题每个字都必须遵循神父的解释"。如果说了"信仰的问题"，那么会议似乎意指"根据主题来判断是不是信仰问题"。亚伯拉罕有儿子，托拜厄斯有一条狗，《圣经》上就是这么说的。这比认为地球固定不动更像是个"信仰问题"，但地球不动在《圣经》中也能找到。为什么否认前者而不否认后者会成为异端？既然世界上总有一些人有两个、四个、六个儿子，甚至没有儿子，一个人可能有条狗，也可能没有狗，那么，有的人有几个儿子或几条狗，而有的人一个没有，也是同样可信的。因此，圣灵没有理由在这个主题中陈述任何事实以外的东西，因为肯定和否定对所有人来说都是同样可信的。地球运动和太阳稳定不动的事却不是这样，这些命题是常人难以理解的。因此，圣灵在这些与救赎无关的话题上，欣然用常人能接受的词句来组成《圣经》，哪怕这与实际上的自然情况不符。[14]

简单地说，伽利略（尽管只是私下里）认为，亚伯拉罕的儿子或托拜厄斯的狗，显然只具备字面意义，因此相信（或不相信）它可以算是一个信仰问题，而"地球稳定不动"是个比喻修辞，因此这不是一个信仰问题。毫无疑问，伽利略选择托拜厄斯那条微不足道的狗作为例子，因为它在宗教问题上一点儿都不重要。

伽利略后来引用了1606年去世的著名教会历史学家、红衣主教切萨雷·巴罗尼奥（Cesare Baronio）的一句话，以回应教会禁止修改《圣经》解释的企图："圣灵想要教我们如何上天堂，而不是教我们天堂是怎么回事。"伽利略对贝拉尔米内写给福斯卡里尼的信表现出毫不掩饰的嘲讽，他还怀疑"教会是不是真的有义务把关于自然现象的结论写成有关信仰的教规"。他认为"可能是那些以这种方式思考的人想扩大宗教会议的教规范围，

因为这对他们自己的观点有利（强调为原文所加）"。事实上，贝拉尔米内在1616年3月5日禁书审定院公布反对哥白尼主义的教令时，他最终的行动，或者说他最终没有采取行动的事实，表明他是同意这一决定的。

这种骚动不是好消息。尽管福斯卡里尼有诚实的动机，提出了深思熟虑的论点，但他的书吸引了更多人去对哥白尼理论刨根问底。洛多维科·德勒·科隆布与洛里尼的破坏行为更促成了一种动荡氛围，让教会给哥白尼主义定罪的隐忧迅速成为现实。为了对抗这种令人不安的趋势，伽利略撰写了《致克里斯蒂娜大公夫人的信》，这是一份捍卫科学研究自主权的有力文件。不过伽利略可能意识到了自己的处境有多危险，他谨慎地不再辩论，反而决定亲自去罗马陈情。他的罗马朋友们给的建议正好相反，他们都建议推迟访问罗马并且"保持低调"。托斯卡纳驻罗马大使皮耶罗·圭恰迪尼（Piero Guicciardini）对伽利略的计划特别不满，他指出："这里不适合争论月球问题，特别是这个时代也不适合尝试引进新的思想。"毋庸置疑，伽利略并未理睬这些劝阻，他于1615年12月11日抵达罗马。

第七章

愚蠢而荒谬的主张

在罗马，伽利略开始意识到他遭遇了多么激烈的反对。显然他迫切需要明确说明或证明地球运动。有鉴于此，他在1616年1月提出了一个海洋潮汐理论，很可能来自他的朋友保罗·萨尔皮的初步想法。伽利略在1月8日给一位极年轻的红衣主教亚历山德罗·奥尔西尼（Alessandro Orsini）寄了一封题为《潮汐论》（*Discourse on the Tides*）的信，概述了这一理论，这位主教后来成了伽利略的支持者。

伽利略的潮汐理论多多少少源自他或萨尔皮从帕多瓦到威尼斯旅行期间，对驳船底部来回晃动的水的观察。他注意到，驳船加速时水在船尾部聚积，而驳船减速时水在船头聚积。伽利略认为这种往复运动与潮汐类似。后来他想到，在地球绕日旋转过程中，周日运动方向与地球公转方向相同，速度叠加，可能因此产生加速，这个现象在地球表面上的任一点（如图7.1中的A点）每天发生一次。当轨道运动方向与自转方向相反时，就会出现减速（如图 7.1 中的 B 点），也是每天发生一次。陆地不会因为这两种运动的组合而错位，但海洋应该会产生晃动的反应。伽利略因此确信，哪怕缺少这两种运动中的任何一种，"海洋的潮起潮落就不可能发生"。

遗憾的是，尽管伽利略认为他已经精妙地将地球运动与潮汐现象联系起来了，"将前者作为后者的原因，将后者作为前者的标志和证据",[1] 但他的潮汐理论既不正确也不可信。地球绕太阳的公转在潮汐运动中的作用相对次要，这个理论显然不能解释在亚得里亚海实际观测到的潮汐。在那里，当地情况和其他因素产生的影响更显著。这个潮汐理论确实符合伽利略的倾向，他习惯于排除远距离看不见的力量的作用，如月球的引力，哪怕这些

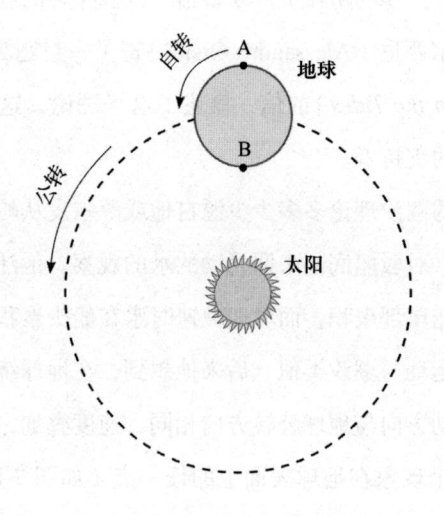

图 7.1 伽利略潮汐理论的简要示意图

想法自古以来就存在。佛兰德数学家西蒙·斯泰芬和开普勒分别于1608年和1609年明确提出月球引力是潮汐发生的原因。伽利略努力寻找在物理上容易理解的原因，这让他的潮汐理论看似合理，尽管并不正确。最终，牛顿运用他的引力理论，详细解释了月球引力和太阳引力的联合作用是如何提供能量，产生潮汐的。

为了说服他的几个对手，伽利略在1616年2月初会见了卡奇尼，却没能安抚他，更没能成功说服他。伽利略还发现了一个新的对手——弗朗切斯科·英戈利（Francesco Ingoli）蒙席。英戈利于1616年1月写了一篇题为《反对哥白尼体系关于地球位置及其余部分的争论》（Disputation concerning the Location and rest of Earth against the system of Copernicus）的文章，他也将成为一个积极反对哥白尼主义的人。

2月19日，宗教法庭的神学顾问们被要求对两个命题发表意见，事情变得更糟了。这两个命题是：（1）太阳是世界的中心，完全不做局部运动；（2）地球不是世界的中心，也不是静止的，它不仅整体都在运动，而且还在做周日自转运动。曾经强烈反对科学家插手神学的机构，现在却要求神学家去判断两个纯粹的科学问题，也即评价哥白尼模型的两个基本原则，这是多么的讽刺！

这些神学顾问包括爱尔兰阿马大主教、宗座宫总管、宗教法庭代表和其他八位宗教人士，其中大多数是多明我会修士。他们当中没有一个专业天文学家，甚至没有一位来自任何领域的杰出科学家。他们只用了四天时间就给出了集体意见。对于太阳位于太阳系中心且静止不动的命题，他们认为："这在哲学上是个愚蠢而荒谬的主张，属于异端，因为它在许多方面都明显违背《圣经》的意思。"对于第二个命题，他们的态度比较犹豫，不那么严苛，因为《圣经》没有明确说地球不动。因此，他们的结论是："这个命题在哲学上的判断是一样的，而在神学真理方面，它至少是个错误的信仰。"也就是说，他们用"至少是个错误信仰"取代了"异端"的断言。[2]

随后，事件接连不断。[3]2月24日，教皇保罗五世会见了他的红衣主教们。刚上任的红衣主教亚历山德罗·奥尔西尼试图为伽利略辩护，他陈述了这位科学家的潮汐理论。奥尔西尼的母亲与美第奇家族有些亲戚关系，他在两个月前与伽利略有一次长谈，对伽利略的论点印象深刻。

可惜他的陈述被打断了，教皇随即指示他说服伽利略放弃哥白尼的观点。25日，教皇命令红衣主教贝拉尔米内召见伽利略，并警告他必须放弃太阳静止而地球运动的观点。教皇还说，伽利略如果拒绝服从命令将被监禁。2月26日，贝拉尔米内和伽利略在贝拉尔米内的接待室会面，在场的有宗教法庭代理总主教米凯兰杰洛·塞吉齐和枢机团的另外两名职能人员。书记员记录的一份文件概述了那次会面的内容，它成为17年后伽利略受审时的核心证据：

> 在尊贵的红衣主教大人贝拉尔米内常住的宫中，在这位神圣大人的接待室里，在洛迪大主教兼宗教法庭代理总主教

米凯兰杰洛·塞吉齐在场的情况下，尊贵的红衣主教召见了伽利略并警告他，上述观点是错误的，他应该放弃它。此后，实际上就在当时，在我和证人面前，尊贵的红衣主教本人也仍然在场，上述的代理总主教以教皇陛下和宗教法庭全体成员的名义，命令伽利略（他本人仍然在场）完全放弃上述观点，即太阳位于世界的中心且静止不动，而地球在移动的观点。从今以后，以任何方式，无论是口头还是书面，他都不能持有、教授或捍卫这种观点。否则，宗教法庭会对他提起诉讼。伽利略默许了这一禁令并且答应服从。[4]

描述当时情况的第二份文件出自3月3日宗教法庭的会议记录。会议记录如下："尊贵的红衣主教贝拉尔米内报告说，数学家伽利略·伽利雷接到了贵院的命令，被警告必须放弃他长期以来所认为的太阳位于天球中心且静止不动，但地球在运动的观点。他对此表示默许。"

这两份文件的日期不同，其中有一些微小却极为重要的差别，这引起了研究伽利略的学者的众多猜测。特别是第一份文件中"此后，实际上就在当时"这句话含混不清。当贝拉尔米内第一次发出警告后，伽利略得到允许做出回应了吗？如果没有，那么代理总主教的禁令就毫无根据。如果像第二种说法暗示的那样，伽利略在贝拉尔米内警告之后就已经答应服从了，那么塞吉齐同样也没有理由干预并强加一条更苛刻的禁令（包括不得以任何方式教学或为这种观点辩护）如果我们选一种不那么阴谋

第七章　愚蠢而荒谬的主张　　145

论的解释，那么可以猜测伽利略在听到贝拉尔米内出乎意料的警告后，一开始有些犹豫，才促使心急的代理总主教做出不公正的干预，以更加不容辩驳的方式提出了禁令。此时伽利略不得不屈服，否则就会被监禁。

禁书审定院还必须决定如何处置与哥白尼学说相关的出版物。在1616年3月初举行的会议上，贝拉尔米内再次提出了这个问题。3月5日，审定院公布了其毁灭性的裁决：

> 本院还了解到，许多人传播并接受了与《圣经》完全相反的、错误的毕达哥拉斯学说，即地球在动而太阳不动，这种观点也是尼古拉·哥白尼的《天体运行论》和迭戈·德·苏尼加的《论〈约伯记〉》所倡导的。[后一部作品是16世纪奥斯定会隐修者的解说，他总结说哥白尼体系比托勒密体系更符合《约伯记》的说法，并且"地球的移动性并不违背《圣经》"。]这个观点可以从某位加尔默罗会修士发表的信中看到，信的标题是《尊敬的加尔默罗会神父保罗·安东尼奥·福斯卡里尼关于毕达哥拉斯学派和哥白尼对地球移动性和太阳稳定性，以及新毕达哥拉斯世界体系等看法的信》。在信中，福斯卡里尼试图表明，太阳位于世界中心且静止而地球在运动的上述学说符合真理，并不与《圣经》矛盾。因此，为了使这一意见不会进一步损害天主教真理，本院决定推迟出版哥白尼的书(《天体运行论》)与迭戈·德·苏尼加的书(《论〈约伯记〉》)，直到他们的

观点得到彻底纠正；但本院完全禁止出版并给保罗·安东尼奥·福斯卡里尼的书定罪；根据本教令对这些书的禁止、定罪以及暂停出版，查禁其他讲授相同内容的书籍。[5]

从伽利略的角度来看，教令中没有提到他的名字，他的出版物也没有受到批评，这多少是个"好消息"。然而，就在该教令颁布的前一天，托斯卡纳大使圭恰迪尼（他之前曾建议伽利略不要去罗马）以一种强烈的事后聪明的口气给大公写了一封信说："他［伽利略］为自己的观点心潮澎湃，在其中投入了高度热情，但他没有足够的实力和谨慎的态度去控制他的热情，所以罗马的环境对他来说越发危险。尤其在本世纪，现任教皇憎恶科学及思想，无法忍受这些新奇又精妙的东西；而这里的每个人都试图调整自己的思想和本性，以适应统治者的需要。"[6] 简单地说，在强烈反智的教皇保罗五世统治时期，伽利略受到了第一次严重警告。

人们不难发现，圭恰迪尼描述的1616年罗马普遍存在的情绪，与今天的社会情绪存在相似之处，只需将**教皇**换成"厌恶科学"并且"无法忍受这些新奇又精妙的东西"的现任**统治者**。这就提出了一个关键问题：思想自由，以及充分了解信息后有理有据的决策判断，现在是不是已经强大到能够阻止灾难性的后果发生，并避免"伽利略事件"在现代再次上演？遗憾的是，历史已经表明，因信仰而否定科学的做法已经多次重演，甚至在世俗世界也是如此。

伽利略在这种糟糕的情况下努力将损失减少到最小。他在给大公的国务卿所写的信中指出，对哥白尼的书所做的修改微不足道。事实上，红衣主教路易吉·卡埃塔尼（Luigi Caetani）和后来的红衣主教弗朗切斯科·英戈利提出的改动确实比较小，而修订版在1620年得到批准。然而，新版一直没有付梓，哥白尼的书直到1835年才被移出《教廷禁书目录》！不过，伽利略的估计显然是正确的。他认为教会的禁令相对来说不会影响自己，至少一开始是这样。事实上，在教令颁布一周后，他就受到教皇的接见，而且教皇承诺说只要自己活着，伽利略就可安全无忧。更重要的是，因为外界已经开始谣传教会对伽利略施加了严厉惩罚，要他赎罪、自我贬低并放弃哥白尼思想，所以红衣主教贝拉尔米内于1616年5月26日发出了一封相当有说服力的信，他在信中肯定了以下几点：

我们，红衣主教罗伯托·贝拉尔米内，听说伽利略·伽利雷先生遭到诽谤，或有人说他因为我们的控制而放弃思想，还因此被安排进行有益的补赎。当有人问起此事的真相，我们说，伽利略并没有被我们，或罗马的其他人，或我们所知的任何人控制；他也没有放弃他的意见或学说，更没有接受任何补赎，不管是有益的还是其他的。恰恰相反，他只是被告知了教皇所做的并由禁书审定院发表的声明。声明称，所谓的哥白尼学说（地球围绕太阳运动，太阳位于世界的中心而不是由东向西运动）是违背《圣经》的，禁止为其辩护或支持它。[7]

显然，伽利略对这份文件很满意。17年后，当他被异端裁判所审判时，他在很大程度上依靠这份文件为自己辩护。尽管如此，我们不应该因为贝拉尔米内写了这封有利于伽利略的信而失去理智。这位红衣主教肯定不是决定教会如何看待哥白尼主义的人，但事实上他并不反对这项教令。此外，尽管他在答复福斯卡里尼时语气看似温和，但他并没有主张（至少没有做足工作来说服禁书审定院）推迟教令的颁布以收集更多的观察证据，避免做出不成熟的判断。贝拉尔米内和罗马学院的全体数学家都没有行动，哪怕他们已经证实了伽利略的所有发现，结果导致了一个考虑不周的错误裁定。这个裁定是由教会的官员做出的，对他们来说，在完全不属于他们专业知识的领域保持权威，要比以科学证据为基础的开放的批判性思维更重要。可悲的是，我们在今天仍不缺少此类现象。

为什么耶稣会的数学家们会保持沉默？[8]我们可能永远无法知道，但他们的消极态度可能反映出一种被误导的科学态度。毫无疑问，耶稣会的天文学家们意识到，正如克拉维于斯本人承认的那样，亚里士多德学说已经站不住脚了。但是他们没有令人信服的关于地球运动的直接证据。耶稣会在这种情况下可能会选择对科学问题作壁上观，仰仗一种尚未被明确否定，又不会与《圣经》冲突的折中理论（第谷·布拉赫的地心-日心混合体系）。在神学领域，耶稣会无法与多明我会竞争，也不能宣称自己比他们更优越。尽管如此，这个结果还是令人震惊。随着1633年对伽利略审判的到来，一切变得更加愁云惨淡。事实上，甚至在罗马学院1623年学年伊始的讲座上，耶稣会士们仍然反对"科学领域新奇事物的发现者"。

在过去的四个世纪里，有不少人尝试将哥白尼主义遭禁的罪责推给伽利略——都怪他不肯乖乖闭嘴，这在为天主教辩护的著作中格外多见。这样的说法很荒唐。在伽利略的《致贝内代托·卡斯泰利的信》，给红衣主教迪尼的信以及《致克里斯蒂娜大公夫人的信》中都清楚地表明，伽利略认为哥白尼观点存在令人信服的科学证据，他打算让教会当局承认哥白尼主义可能是一种可行的理论，并推迟对它下结论，而不是以权威的、不容置喙的口吻给它定罪。在《致克里斯蒂娜大公夫人的信》中，伽利略重申了他对《圣经》真理的信仰，但同时强调了解释《圣经》的重要性："只要人们能洞察到它的真实意义，《圣经》就永远不会说谎，而真理往往是隐蔽的，与简单的字面意义大相径庭，我想没有人能否认这一点。"即使伽利略表露的宗教虔诚只是权宜之计，仅仅是为自己辩护，我们也必须承认伽利略论点中的逻辑性。再说，福斯卡里尼未受到伽利略影响，也有类似的目标，钱波利却正确地预言了福斯卡里尼的书会被定罪。

问题的关键是，我们最终可以知道在科学史上谁才是正确的，这与艺术史甚至宗教思想史的情况不同。伽利略是对的，教会在此案中滥用了惩戒权。正如教皇约翰-保罗二世在1992年承认的那样："这导致他们［给伽利略定罪的神学家］不恰当地将一个实际上属于科学研究的问题归到了信理方面。"但是这样的承认迟来了四个世纪。1619年，伽利略与耶稣会天文学家本就复杂纠缠的关系即将严重恶化。

第八章

假名之下的战争

彗星自古以来就令人着迷。1618年底,天上连续出现的三颗彗星引起了相当大的轰动。第三颗彗星尤其引人注目,它于11月27日被首次观察到,大约在12月中旬变得格外显眼——它有一条长得惊人的彗尾。历史上,人们认为彗星是一种噩兆,据说预示着国王的死亡或激烈的战争。就像是命运的巧合,这几颗彗星出现的时间恰好撞上了欧洲三十年战争的爆发,这场惨烈大战至少造成800万人死亡。

在1616年发生了反对哥白尼学说的骚动后,伽利略可能打算保持低调,但是彗星的出现显然让他不愿再沉默下去了。伽利略一开始没有直接对彗星现象发表意见,因为在彗星出现的那段时期,他一直因疼痛而卧床不起,不能亲自观察彗星。1619年,罗马学院的耶稣会数学家奥拉齐奥·格拉西(Orazio Grassi)发表了他以彗星为主题的公开演讲,标题是《关于1618年三颗彗星的天文学讨论》,这让形势变得更加复杂。

格拉西是一位学富五车的科学家、歌剧舞台设计师和建筑师，他于1617年接替格里恩贝格成为数学系主任。与沙伊纳一样，格拉西匿名发表了他的论文，他担心万一自己的想法是错误的，就会让耶稣会蒙羞。格拉西的彗星理论勇敢地摆脱了亚里士多德的观点，亚里士多德认为彗星与地球的距离和地月距离差不多。然而格拉西追随第谷·布拉赫的脚步，认为彗星在相当远的地方，比如在月球和太阳之间。他的结论有一个根据："有一个既定的规律，它们［天体］的位置越高，移动就越慢。既然我们彗星的运动速度介于太阳运动速度和月球运动速度之间，那它就应当在日月之间。"格拉西仍然坚持彗星、月球和太阳都是围绕地球运行的。顺便说一下，布拉赫关于彗星距离的最初想法，来自1577年彗星观测中没有发现任何明显视差（相对于背景中天体的偏移）的事实。

至于彗星的实际性质，当时许多天文学家仍在采用亚里士多德的理论，认为这些彗星是地球的喷出物，到达一定高度后因燃烧而可见，这些可燃物质一旦耗尽就会消失。然而，格拉西又追随布拉赫的理论，提出彗星是某种"类行星"（imitation planet）。事实证明，格拉西在这个问题上的看法比伽利略更准确，伽利略后来坚持认为彗星是一种光学现象，而不是实际物体。

1619年上半年，伽利略注意到了格拉西出版的论文。尽管这篇论文中从未提到伽利略的名字，其内容也丝毫没有攻击他，但有人告诉伽利略，罗马学院的耶稣会士和一群有影响力的罗马知识分子正在利用这篇论文反对哥白尼学说。罗马知识分子中包括弗朗切斯科·英戈利，正是他起草了教会对于哥白尼学说的修改意见。英戈利采纳的是布拉赫的旧论点，即如果地球真的围绕太阳运动，那么由于地球运动，每六个月一次的观测中所有天体位置都应当存在视差。因为没有发现这种视差，所以英戈利得出结论说："从彗星的运动来看，这不仅可以反驳哥白尼的理论，还可以支持地球固定不动的观点，其效力不容轻视。"

当伽利略一次性面对好几拨人对哥白尼学说的公开批评时，他仍沉浸在被耶稣会数学家抛弃的苦闷之中，再加上一些在罗马跟他有信件往来之人的鼓动，伽利略打算回应这些指责。不过他知道其中有风险，没有用真名发表这些评论，他以前的一名学生马里奥·圭杜奇（Mario Guiducci）新近被任命为佛罗伦萨学院主管，伽利略便让他代自己发言。于是，圭杜奇在佛罗伦萨举办了三场关于彗星的系列讲座，并于1619年6月底将讲座内容作为论文发表，题为《论圭杜奇的彗星》（Discourse on the Comets of Guiducci）。

《伽利略·伽利雷文集国家版》（le Opere di Galileo Galilei: Edicione Nationale）的编辑安东尼奥·法瓦罗（Antonio Favaro）在19世纪末仅是粗略检查了这份手稿，就发现它大部分是伽利略亲自撰写的，其余部分也经过他的修改。虽然伽利略在《论圭杜奇的彗星》当中没有使用最激烈的言辞，但他对格拉西讲稿的评注中包含了不少火药味十足的侮辱，比如"一派胡言"（pezzo d'asinaccio）、"小丑"（bufolaccio）、"蠢笨如猪"

（elefantissimo）和"愚笨的白痴"（baldordone）。具体来说，伽利略冒充圭杜奇，在《论圭杜奇的彗星》中论述了几点意见。首先，他质疑人们是不是真的应当把视差应用在彗星问题上，彗星确实是一种固体，而不是光被蒸气反射产生的光学现象（比如彩虹、极光或光晕），但这在当时并不明确。伽利略指出：

> 可见的物体有两种，第一种是真实确切、独立不变的，而另一种只是表象，是光的反射、成像与游移的幻影。[1] 这些东西的存在极其依赖观察者的视觉，它们不仅会随着观察者位置的改变而移动，而且我相信，如果观察者完全不去看它们，它们就会消失。

格拉西的出版物中的另一个论点遭到伽利略的抨击。格拉西写道："长期的经验以及光学因素的证明发现，用这种仪器［望远镜］观察到的所有东西似乎都比肉眼看到的要大；但根据物体离眼睛越远，放大的倍数就越小的定律，离我们最远的恒星在望远镜中的放大是无法觉察的。因此，既然彗星似乎被放大的倍数很小，那么我们就不得不说，它比月球离我们更远。"格拉西似乎在这里引用了一个"定律"，根据这个定律，望远镜的放大倍数取决于物体与人的距离。

遗憾的是，这样的规律并不存在。凡事都往心里去的伽利略似乎认为格拉西的这句话是在质疑他对望远镜的了解，他自然不能不回应。其实，当时对望远镜的光学原理了解最深刻的天文学家是开普勒。望远镜的放大倍数只由物镜和目镜的焦距决定，即平行于中心轴的光线经过透镜后聚焦的距离。格拉西后来写了大量关于光学的文章，并且读过开普勒的书，却提出这样的说法，这令人有些费解，他可能只是笔误。

伽利略对光学的理解并不是首屈一指的——比如他会把成像大小的增加与离焦像的形成混为一谈——但他对格拉西"定律"的批评是正确的。伽利略指出，如果"定律"是真的，人们只需要检查地球上的物体在望远镜观测中被放大了多少倍，就可以确定自己与物体的距离有多远，这显然是错误的。两台倍率不同的望远镜对同一物体的放大程度就不同。

伽利略也对第谷最初提出的彗星在圆形轨道上运动的推测提出了质疑。他认为彗星沿直线运动远离地球，这更符合1618年对第三颗彗星的观测结果。我们现在知道，彗星确实是沿着极扁长的椭圆轨道运动的，局部看来更像是沿直线运动，而不是做圆周运动。

伽利略从未对彗星的性质问题提出实际理论。[2] 圭杜奇或者说伽利略，在调查研究过往观点时欣然赞成一种看法，即彗星可能只是蒸气对太阳光的反射而不是真实存在的物体。但他补充说："我并没有肯定地说彗星是以这种方式形成的，但我确实认为这个问题存疑，我对其他人提出的方案也有疑问。"但圭杜奇或伽利略确实对彗星是固体物体的观点提出了质疑，所以格拉西有理由得出结论说，伽利略认为彗星是地球散发出的蒸气反射了太阳光形成的。虽然这个假设模型非常接近亚里士多德的思想，但我们应该注意到，伽利略确实在两个重要方面有别于亚里士多德。首先，彗星的光来自反射的太阳光而不是亚里士多德所说的燃烧。其次，伽利略特别声明，彗星远在月球轨道之外，因此正好进入亚里士多德的"天体"区域，而那里应该是"地上的"蒸气无法进入的区域。

《论圭杜奇的彗星》不能位列伽利略最好的科学著作之一。他不仅未能提出哪怕是暂时可行的彗星理论，而且还制造了令人费解的前后不一或自我矛盾。这个差异与伽利略如何看待视差有关。一方面，伽利略想驳斥格拉西的说法。格拉西认为每隔半年一次的观测中没有发现彗星的视差，这证明地球并不是绕太阳运动的。对此，伽利略认为不应当将视差应用在彗星问题上，因为它们似乎并非固体，人们可以透过彗尾观察到恒星就能证明这一点。另一方面，伽利略毫不犹豫地用"众多优秀的天文学家极其谨慎地观察到的微小视差"来推断彗星与月亮的距离。令人吃惊的是，伽利略没有注意到这些自相矛盾的论点，而格拉西在他对圭杜奇论文的答复中猛烈地抨击了他。

伽利略关于彗星的观点还有一个严重的问题，不过他也确实也意识到了，还（通过圭杜奇）做了一番评论：

> 如果形成彗星的物质只会做垂直于地球表面的直线运动，那么彗星似乎应当直冲天顶，我不应假装忽视这种情况。然而事实上，它并没有朝向天顶，而是朝北下降。我们要么改变上面的说法，哪怕这个说法符合许多情况下表现出

来的现象；要么保留上述观点，并找出这种明显偏离的其他原因。[3]

最后一句话暗示，由于禁止讨论哥白尼主义，伽利略并不觉得可以自由地说出自己的想法。伽利略（圭杜奇）补充道："我们**在阴影中**能猜测到一点点就该满足了，直到我们被告知世界各部分的真正构成，因为第谷所承诺的东西仍然不完美。"换句话说，伽利略认识到，即使他的假说并不符合观测结果，他也认为布拉赫的理论会因为自身面临的一系列质疑而有所削弱。例如，布拉赫提出，彗星的运动方向与行星的运动方向相反。同时，伽利略感觉自己被官方禁止讨论任何可能补救他所研究的模型的办法——在哥白尼学说的背景下正可以提出这些补救措施。事实上，开普勒在他1604年和1619年出版的两部著作中提出，彗星沿直线运动，其移动路径因为地球运动而产生明显的偏差。我们基本上可以肯定伽利略受到开普勒观点的启发，但他对这些观点完全保持沉默。

今天我们知道，彗星是太阳系中一类绕日运动的小天体，它们的轨道要么是细长的（高偏心）椭圆，要么是双曲线。彗星有彗核，大小从几百米到几十千米不等，主要由冰、岩石和尘埃组成（俗称"脏雪球"），还有冷冻的二氧化碳、甲烷和氨。当彗星经过更接近太阳的地方时，太阳辐射使挥发性物质蒸发，这些物质开始从彗核中逸出，形成一层延展的大气也就是彗发，以及两条彗尾，一条是尘埃，一条是气体。尘埃彗尾直接反射太阳光，而气体彗尾因离子化而发光。离子彗尾的长度可以与地球到太阳的距离一样长。在太阳系中，彗星有两个来源。一个是柯伊伯带，它是位于冥王星之外的一个彗星圈，囊括了大部分绕太阳运行的彗星，这些彗星的轨道周期不到一个世纪。第二个来源是奥尔特云，奥尔特云环绕着外太阳系，它的外缘差不多延展到太阳与最近恒星距离的1/4处。奥尔特云可能包含多达1万亿颗彗星，包括长周期彗星。哈雷彗星可能是其中最著名的一颗，它大约每隔75年就会回到地球附近。它上一次被人类看到是在1986年。

伽利略认为彗星与释放气体的过程有关，又将彗星的光与彗星接近太阳时太阳的影响联系起来，这些观点是正确的；但他进一步假设这些气体是由地球释放的，这又错了。不过我们应该记住，伽利略的目标并不是要系统地阐述明确无误的彗星理论，而是要质疑第谷·布拉赫的模型，他一直认为第谷·布拉赫对太阳系的设想是一种愚蠢又气人的妥协。

当然，伽利略的最终目标是驳斥耶稣会用彗星否定哥白尼学说的主张。然而，他在实现目的的过程中惹怒了奥拉齐奥·格拉西（人们都知道圭杜奇的论文出自伽利略的手笔），他抱怨伽利略"诋毁了罗马学院的好名声"，也等于诋毁了耶稣会士的好名声（乔瓦尼·钱波利告诉伽利略，"耶稣会士非常生气"），甚至等于诋毁了沙伊纳个人，因为圭杜奇的论文很没必要又很不客气地提到了沙伊纳关于太阳黑子的著作。就这样，第二轮角斗开始了。

格拉西的反击

圭杜奇的论文发表在1619年初夏,格拉西只花了大约6个星期的时间就做了回应。他写了一篇题为《天文学与哲学的天平》(The Astronomical and Philosophical Balance)的文章,言辞犀利,于同年秋天发表出来。不过这仍然是两个人隐匿身份的战斗。格拉西最初发表《关于1618年三颗彗星的天文学讨论》时,在文中称它是由"罗马学院的神父之一"撰写的,而伽利略则将他的回应伪装成圭杜奇的作品。《天文学与哲学的天平》用了一个易位构词的假名"洛萨里奥·萨尔西·西格萨诺"(Lothario Sarsio Sigensano),而不是多拉蒂奥·格拉西·萨隆尼西(Oratio Grassi Salonensi),"萨尔西"在文中假装是格拉西的学生,不过这假名起得并不高明(一眼就能看穿)。文章标题中包含"天平"一词,因为它声称要仔细称量伽利略的意见。

起初,伽利略拒绝相信《天文学与哲学的天平》是格拉西写的,特别是因为它的尖锐讽刺直接针对伽利略。伽利略对自己在礼貌得体和待人接物方面的缺陷视而不见,他认为这种攻击是没有根据的,因为"圭杜奇"从未提及格拉西的名字。然而,他的疑问很快就打消了,他在12月初收到了一封来自山猫学会的朋友钱波利的信。"我知道你不能说服自己格拉西神父就是《天文学与哲学的天平》的作者,"他写道,"但我再一次向你保证,耶稣会的神父想让你知道,这是他们的作品,他们非但观点与你大相径庭,而且还将此视为光荣的胜利。"钱波利还说,格拉西本人在平时谈到伽利略时，态度要比其他耶稣会士含蓄得多。因此，钱波利看到格拉西用了"这么多尖刻的玩笑"感到相当惊讶。我们在后面会看到，从格拉西后来的行为来看，很难不怀疑格拉西"更含蓄的态度"可能只是为了掩盖其更加阴险的意图。

格拉西的《天文学与哲学的天平》中有一些合理批评。例如，他指出了检测不到的视差包含矛盾，伽利略既想用视差来推断彗星的距离，又借他的替身圭杜奇之口单独论证视差不适合用来解释彗星问题。格拉西还说，伽利略在《论圭杜奇的彗星》中提出的一些观点并非原创，它们与16世纪博学大师杰罗拉莫·卡尔达诺（Gerolamo Cardano）和哲学家贝纳迪诺·泰莱西奥（Bernardino Telesio）的观点非常相似。总之，格拉西表现出对光学理论的出色领悟力，也熟悉所有相关科学出版物的最新情况。这一点不奇怪，格拉西知识极其渊博，即便是对他不熟悉的人也能看出来。他不仅在光学和视觉、光的物理学以及大气压研究领域做实验，写论文，而且还是一位伟大的建筑师，他设计了罗马学院的圣伊格内修斯教堂、特尔尼的一座教堂以及热那亚的一所耶稣会学院。除了作为科学家的成就外，他甚至还举办过歌剧表演。

不过，格拉西的文章本身也有一系列问题。首先，他非常天真地依赖着一套古老的虚构传说；第二，他的理论内部也自相矛盾；第三，文中包含了一些对伽利略的卑劣抨击。比如格拉西试图证明亚里士多德所说物体与空气摩擦可以将物体加热到发光的观点（如果这说的是流星或者返回大气层的人造卫星，其实是正确的），他似乎相信了古代的离奇传说，如古巴比伦人在吊索上旋转鸡蛋以将蛋煮熟。令人惊讶的是，恰恰是《天文学与哲学的天平》本身声明的目的导致了论文中的矛盾。格拉西写道："我想在这里说的是，我的全部愿望不过是拥护亚里士多德的结论。"这个主张非常奇怪，因为格拉西在自己的理论中将彗星定位在月球之外很远的地方，与亚里士多德提出的天体永恒不变理论不符。这句唐突插入的对亚里士多德的明确赞同，也许反映的是耶稣会高层的建议，而不是格拉西自己的意图。最后，文中还有一些"尖刻的笑话"，其中最为狡猾的是格拉西把圭杜奇说的"这种明显偏离"（彗星的路径向北而不是向上）的其他原因改为"一些其他运动"。然后格拉西写下了这段恶毒而狡猾的文字：

> 是什么让他在一种开放而不胆怯的精神中突然感到恐惧，使他无法说出他心中的那句话呢？我猜不出来。这是不是一种可以解释一切但他又不敢讨论的运动？这运动是彗星运动还是其他东西的运动？它不可能是圆周运动，因为伽利略不认同托勒密的圆周运动。我仿佛听到有人在我耳边谨慎地低语：这是地球的运动。退下，你这邪恶的字眼！你对真理和虔诚之人的耳朵都是一种冒犯！说出这句话时，一定要屏气凝神，极为慎重。因为如果此话当真，那么世上除了这个错误的观点，就不会再有其他观点了。[4]

然后,格拉西在结尾处补充了最后的致命一击,堪比莎士比亚的《恺撒大帝》中马克·安东尼不无讽刺地反复强调"布鲁图是个值得尊敬的人"。他说:"但伽利略肯定没有这样的想法,因为就我所知他是个虔诚爱教之人。"

如钱波利所说,格拉西一直都用尊敬的态度谈论伽利略,我们如何解释这些阴险的言论与他的恭敬态度呢?一些研究伽利略的学者提出,也许这些段落是沙伊纳所写的,众所周知他对伽利略的敌意日渐增加。无论如何,伽利略必须考虑,如何在不破坏他与罗马学院数学家们的关系的前提下做出回应。马里奥·圭杜奇毕竟给《论圭杜奇的彗星》署了名字,他给自己在罗马学院时期的修辞学教授塔尔奎尼奥·加卢齐写了一封信,作为对格拉西的《天文学与哲学的天平》的回应。圭杜奇并没有试图解决物理问题的争论,他只是声明虽然他对彗星的看法与"尊敬的数学家们"不同,但他无意冒犯格拉西神父或其他任何一位耶稣会数学家。

至于伽利略本人,他与在罗马的朋友切西、钱波利、切西的表弟维尔吉诺·切萨里尼(Virginio Cesarini,也是山猫学会的成员)以及学院的另一位创始成员弗朗切斯科·斯泰卢蒂商量后,决定将他的答复寄给切萨里尼。他们不想进一步混淆视听,而且朋友们认为伽利略直接回答格拉西的问题是不合适的,毕竟格拉西自己正躲在虚构的弟子"萨尔西"背后说话。

维尔吉诺·切萨里尼是接收伽利略手稿的绝佳人选,因为众所周知他是位真正的信徒(后来担任两位教皇的管家),同时也是一位渊博的知识分子和诗人,他常为不同城市的科学家做中转。切萨里尼在1618年给伽利略写了一封信,完美地展示了他的开明和智慧,他在信中敦促这位大师创造和传播一种"基于自然经验和数学证明"的新逻辑,因为他认为这种"更准确的逻辑立刻就会启迪智慧,使人们对真理产生科学的认识,还能使一些虚荣又顽固的哲学家闭嘴,这些哲学家所谓的科学不过是些观点,甚至不是他们自己的观点"。

哲学家兼数学家伯特兰·罗素在300多年后的演讲中表达了相同的看法:"研究哲学,不是为了给出哲学问题的确定答案……而是为了这些问题本身;因为问题使我们认识到更多的可能性,丰富了我们的智识想象力,减少了一些不允许思考质疑的教条。"[5]

然而,不断复发的顽疾、对文学的兴趣以及一系列重大历史事件,让伽利略推迟了他的回应。到了1622年10月,他终于给切萨里尼寄去一份手稿。在文学方面,伽利略又开始了他几乎迷恋终生的对诗人阿里奥斯托和塔索的比较。重大的历史事件则包括教皇保罗五世和红衣主教罗伯托·贝拉尔米内离世,对伽利略影响更大的是,他最大的支持者大公科西莫二世也去世了,这一切都发生在1621年内。科西莫的儿子斐迪南在父亲去世时只有10岁,两位虔诚的女性——大公夫人克里斯蒂娜和她的儿媳,奥地利的玛丽亚·马达莱娜——被任命为大公国的摄政。

伽利略的手稿在最终完成时被命名为《试金者》(*The Assayer*),指的是金匠们使用的一种极其精确的秤。这个名字与

第八章 假名之下的战争

格拉西的《天文学与哲学的天平》相比有一种轻蔑意味，因为天平（balance）是一种更粗糙的称量装置。切萨里尼一收到手稿，就把副本寄给钱波利、切西和其他几个朋友征求意见。他还告诉伽利略，耶稣会的数学家们听说手稿到了，"急切而焦虑，他们甚至胆敢向我索要手稿；但我拒绝了他们，不然他们就会更有办法阻止手稿的出版"。

尽管如此，切萨里尼还是没有抵挡住诱惑，他将《试金者》的部分内容读给他的几个熟人听。消息不胫而走，耶稣会也听说了这些段落。在17世纪的罗马，他们就像是"老大哥"，而且按照切萨里尼的说法，"他们已经对一切了如指掌"。

还有一个棘手的问题就是如何获得印刷小册子的许可。按照当时的规定，任何手稿出版前都必须获得教会的"印刷批准"或者出版许可。切萨里尼设法让多明我会的尼科洛·里卡尔迪（Niccolò Riccardi）负责检查这本书，里卡尔迪是位来自热那亚的伽利略的追随者。他果然没有让人失望，对这本书表达了由衷的赞美："我很高兴自己能和作者生于同一个时代，多亏了他精妙而扎实的推断，我不必再使用秤砣做粗略估算，而是用如此精巧的试金者来称量真理的黄金。"[6] 这不是异端裁判所的官僚们期望看到的普通出版许可，它更像是现在新书封面上的赞誉和推荐。切萨里尼高兴地采纳了它。他根据大约六位山猫学会成员提出的修改意见迅速做了修订，并匆忙将作品付印。

不过，意想不到的外部环境还是进一步推迟了出版时间。1623年7月8日，教皇格列高利十五世在任仅两年就去世了。

图 8.1 《试金者》的扉页

接着，经过红衣主教们的详细商讨，红衣主教马费奥·巴尔贝里尼于 8 月 6 日当选为教皇乌尔班八世。在经历了不学无术的教皇保罗五世（但他对教条的灵活态度令人称奇）的统治后，伽利略和他的朋友，乃至所有进步的天主教徒，都十分欢迎这位相对年轻、聪明而且很可能思想开放、知识渊博的教皇。巴尔贝里尼在做红衣主教时期就对伽利略表现出极大钦佩，甚至给他寄去了一

第八章　假名之下的战争　　　　165

首颂诗——《有害的奉承》(Adulatio Perniciosa)[7]。在颂诗中，他表达了对伽利略天文学发现的敬意。巴尔贝里尼显然也为避免哥白尼学说在1616年被彻底宣布为异端思想帮了忙。或许最重要的是，就在巴尔贝里尼当选前不久，他的侄子弗朗切斯科·巴尔贝里尼即将完成学业之际，伽利略写信向他表示祝贺。巴尔贝里尼在回信中写道："我向你保证，你会发现我非常愿意为你服务，这是由于我对你的功绩的尊重以及感激之情。"[8]

考虑到以上这些意见，还有教皇乌尔班八世任命伽利略的朋友切萨里尼、钱波利以及斯泰卢蒂分别担任内廷总管、秘书和私人内侍的事实，山猫学会将《试金者》献给教皇也就不足为奇了。1623年10月，这本书终于问世了。可惜书中仍有许多错别字，但其中包含切萨里尼亲自撰写的精彩题词，还有山猫学会所有成员的签名。题词的部分内容是："我们将此书献给教皇陛下，正如献给一位用真实的精彩与辉煌充实灵魂的人，他将他的英雄精神献给最崇高的事业……同时，我们谦卑地拜倒在您的脚下，我们恳求您继续用您最仁慈的保护为我们的研究带来宽厚的光明和充满活力的温暖。"

10月27日，学会创始人切西赠送给教皇一本装订精美的副本（图8.1展示了其扉页）。该书的副本也被送给红衣主教们。这意味着《试金者》的出版得到了正式批准。这本书充满文学魅力和思想激情，21世纪的一位伽利略传记作家赞美它是"论战文学中的惊人杰作"。[9]当然，格拉西对此看法截然不同。

第九章

《试金者》

　　《试金者》是伽利略为了正式回应洛萨里奥·萨尔西的《天文学与哲学的天平》而写的，但在这部论战巨著中，彗星的话题变得无足轻重。在某种程度上说，彗星问题只是伽利略阐述科学各方面思想的一个引子，也是他攻击第谷·布拉赫体系的平台。

　　伽利略从最开始就提出了他的两个关键立场：一是他不屑于盲目依赖权威，二是他要讲述关于宇宙本质的哲学。下面这段话现在已经成为伽利略最令人难忘的宣言之一：

　　　　在萨尔西身上，我似乎看到了一种坚决的信念，即一个人在哲学思考时必须依赖名家的观点，就好像我们的思想应保持完全贫瘠，只能跟从其他人的推理。他很可能认为哲学是某位作家的虚构作品，就如《伊利亚特》或《疯狂的奥兰多》一样。在这些作品中，最不重要的就是所写的东西是否真实。好吧,萨尔西,事情并非如此。哲学是写在宇宙这部鸿篇巨制之中的,宇宙一直任由我们探察凝视。但是,人们必须先学会理解这本书的语言,学会阅读组成它的字母,否则人们不可能理解它。这本书是用数学语言写成的,三角形、圆形和其他几何图形就是它的字母。没有这些图形,人类就无法理解它的只言片语;没有这些图形,人们就只能徒劳地在黑暗迷宫中徘徊。[1]

伽利略关于现实世界数学性质的宣言特别引人注目。我们应该记住,在他做出这番宣言之时,还很少有数学的"自然法则"被制定出来。(大部分是由他制定的!)然而,他在某种程度上预见了诺贝尔奖获得者尤金·维格纳在1960年所说的"数学难以置信的有效性"——整个宇宙几乎都遵从物理定律,都可以用数学方程式的形式来表述。甚至在更早的时候,爱因斯坦于1940年就用这个事实来定义物理学了:"我们所说的物理学由这样一类自然科学组成,它们的概念以测量为基础,而且它们的概念和命题令其自身适用于数学公式。"但是,是什么赋予了数学这样的力量呢?

1623年,伽利略在几乎没有什么证据的情况下,认为他已经知道了答案:宇宙"是用数学语言写成的"。正是这种对数学的信奉,使伽利略的见地远高于格拉西等同时代的其他科学家,尽管他的具体论点还不够令人信服。他认为几何学所扮演的重要角色超出了几何学在当时应得的地位。他写道,他的反对者"没有注意到，违背几何学就是在光天化日之下否定真理"。

令人印象深刻的是，伽利略在坚信自然界是几何构成的同时，也明白所有的科学理论都只是暂时的、尝试性的。换句话说，随着新的观察证据不断出现，必须不断重新评估科学理论。伽利略承认他所说的一切都"是暂时的推测……是可以怀疑的，最多只能说有可能"。由此，伽利略破天荒地背离了中世纪之人认为一切应当知道的都已经掌握的荒谬观念。只有一件事，伽利略几乎是可以肯定的：要破译自然界的任何秘密，都需要数学语言。

《试金者》让它的作者有机会展示其最诙谐的讽刺。例如，伽利略与格拉西对热的来源有不同的理解。格拉西追随亚里士多德，认为热完全是由运动产生的，而伽利略也认为热是由物质颗粒通过摩擦而脱离或压缩产生的。用现代术语来说，热是由于两个系统之间存在温度差而产生的一种能量传递，而温度由原子或分子随机运动的平均速度决定。格拉西的问题在于，他因为太信任古代作者而犯了天真的错误，相信了传说故事，比如前面提到的古巴比伦人在吊索上旋转鸡蛋来煮鸡蛋。伽利略就像猫扑向一只行动迟缓的老鼠一样，捉住了这个谬论：

如果萨尔西希望我根据苏伊达斯[古希腊历史学家]的话，相信古巴比伦人用吊索快速旋转鸡蛋来煮鸡蛋，我就会相信；但我要说的是，造成这种结果的原因与他总结的原因相去甚远。为了发现真正的原因，我的推理如下：如果我们没有实现别人曾经实现的结果，那一定是我们的操作中缺少了某样东西，而这东西是成功实现结果的原因。如果说我们只缺少一样东西的话，现在我们并不缺鸡蛋，也不缺吊索，也不缺坚固的家伙来转动鸡蛋，但鸡蛋仍然不熟，而是在热的时候更快地冷却下来。既然我们除了身为古巴比伦人之外什么条件都不缺，那么身为古巴比伦人就是鸡蛋变熟的原因。[2]

《试金者》中还有一个有趣而重要的讨论，涉及物质的本质和感官的作用。伽利略借用公元前5世纪希腊哲学家德谟克里特（Democritus）的分类方法，确定了物体的两种属性：一种是物理实体固有的属性，如形状、数量和运动；另一种属性，他认为与有意识、有知觉的观察者的存在有关，如味道与气味。他写道：

> 我认为，要激发我们的味觉、嗅觉和听觉，除了物体的形状、数量和运动的快慢以外，物体外在的一切都不需要。我认为，如果没有耳朵、舌头和鼻子，物体的形状、数量和运动会保留下来，但气味、味道和声音不会保留。我认为，如果后者离开了生命体，那么它们就不过是些名称而已。[3]

伽利略将这些概念从古代重新引入17世纪早期的哲学讨论中，这可能在后来启发并影响了笛卡儿等人，特别是促使经验主义哲学家约翰·洛克产生类似的思想。洛克在1689年发表了影响深远的论著《人类理解论》(Essay Concerning Human Understanding)，他在其中特别区分了他所认为的独立于一切观察者的属性，如数量、运动、坚固性和形状，他称之为"第一性质"；此外还有"第二性质"，即那些让观察者产生知觉的属性，如颜色、口味、气味和声音。正如我们稍后将看到的，伽利略认为这些性质是主观的，相当于外在客体的一些名称，但即使是这类看似无害的讨论，在某种程度上也导致了后来他与教会的纠葛纷争。[4]

归根结底，伽利略在《试金者》中的主要目标从一开始就是要摧毁第谷的设想。他认为，第谷的假设是阻碍世人认识日心说真理的唯一障碍。事实上，格拉西（以萨尔西的身份发言）在他的《天文学与哲学的天平》中为他使用第谷的视差论点辩护：

> 就当我的老师追随了第谷吧。这难道是犯罪吗？不然他还能追随谁？托勒密？可是火星的出鞘之剑正逐渐逼近其追随者的咽喉。哥白尼？但他是个虔诚信徒，他宁可所有人远离他，也要唾弃和否认他最近被定罪的假说。因此，第谷是我们能认可的在未知的星际航程中唯一的领航者。[5]

格拉西关于哥白尼的观点把一种可悲的意见带进了科学辩论之中，它形象地说明了，完全偏离主题的信念是如何影响并扭曲思想的。格拉西在文中依靠的是1616年不符合科学的反哥白尼教令，认为人们对哥白尼的太阳系模型甚至**想都不用想**。不幸的是，类似的态度直到今天有时还是会支配人们的思想。比如现在有一项政策，鼓励把神创论包装成"智能设计"（intellectual design），诱导学生的想法远离达尔文的进化论。这些做法与过去何其相似。

这并不是说伽利略总是正确的。事实上，正如我在前面所指出的，他关于彗星的具体论点包含了两个明显矛盾：一是他明明声称视差不能用于彗星，却用视差来确定彗星的距离；二是他提出彗星沿着直线运动，后来又承认事实上它们并不是这样的。这些都是科学错误，格拉西正确地指出并批评了这些错误。科学并非无懈可击。伽利略自己也承认每一个科学理论都要经过证实。实验结果和观测证据不断积累，新的理论观点不断出现（伽利略相信这些观点都是建立在数学基础上的），科学唯一能承诺的，就是在中途保持自我修正。伽利略为了避免自己被指责为哥白尼主义者而小心翼翼，这是可以理解的，但他无法放弃对生机勃勃的科学方法的信任。他坚持认为，哲学家即使要证明"那些被宣布为违背《圣经》的论点是错误的"，也应该"尽可能使用自然理性"。

我们可以预料到，伽利略的罗马朋友对《试金者》的反应与格拉西截然不同。据说，格拉西赶到太阳书店，初版图书已经在那里展出，他到来时脸色铁青，一把将书夹在胳膊下面。[6] 与他相反，教皇乌尔班八世显然很喜欢《试金者》的讽刺和尖锐挖苦，常在案头阅读以作消遣娱乐。

格拉西热衷于发表答复，他很快写了一本新书（仍用笔名萨尔西），书名为《天平与试金者的影响力比较》。然而，格拉西意识到教皇对伽利略的书的支持，于是在巴黎出版了他的书，这使得书的出版时间大大推迟。伽利略读了这本书，他认为虽然书中确实有一个令他担忧的影射，但再次回应也是浪费时间。这个影射主要批评的是伽利略关于口味、气味和颜色等主观性质的看法。格拉西声称，这种描述违背了天主教关于圣餐奇迹的教义：圣餐必须保留面包和葡萄酒原有的味道和气味，尽管其存在会以一种人类无法理解的方式转化为基督的身体、血液和灵魂。

意大利学者彼得罗·雷东蒂（Pietro Redondi）于1983年发现并发表了一份以前密藏在宗教法庭中的档案。[7]这份文件将伽利略定为异端，雷东蒂认为它是格拉西写的。在这份新发现的档案中，格拉西谴责伽利略说，"他公开宣称自己是德谟克里特和伊壁鸠鲁学派的追随者"，也就是说伽利略相信存在原子，而这个信念与圣餐教义所依据的变体论（trans-substantiation）互相矛盾。从这份文件中，雷东蒂推断出一个富有想象力的阴谋论观点：伽利略最终被定罪为真正的异端，并不是因为哥白尼学说，而是因为原子论。虽然大多数历史学家并不接受雷东蒂的推测，但毫无疑问，伽利略的麻烦事本就不断增加，就算再添一件也没有什么影响。

重要的是，尽管教皇表面上支持伽利略，再加上神父尼科洛·里卡尔迪也保证说，他的观点"没有其他违反天主教之处"，但是伽利略觉得他仍有重要的理由感到担忧。说到原子论,今天我们认为,所有常见物质都是由一些基本粒子组成的,而这些基本粒子并不是由其他粒子组成的。在极其成功的粒子物理学标准模型中,这些基本粒子包括夸克(质子和中子是由它构成的)、轻子(电子、μ子和中微子)、规范玻色子(力的载体)和希格斯玻色子(它是希格斯场的激发)。日常所见的物质确实是由原子组成的,原子曾经被认为是基本粒子,但今天我们已经知道,原子是由亚原子粒子组成的。

尽管格拉西的攻击带来了担忧、焦虑和恐惧,但《试金者》的相对成功一定让伽利略感到满意。他如此强烈地相信哥白尼模型的正确性,绝不可能在那个时候放弃它。

第十章

《关于托勒密和哥白尼两大世界体系的对话》

《试金者》展现的并非伽利略作为科学家的最佳状态,它让伽利略看上去更像一个善于运用辞藻和诡谲逻辑的魔术师,展示了他作为辩论者的才华与口才。马费奥·巴尔贝里尼当选为教皇乌尔班八世一事使伽利略重新燃起希望,他期待教皇或许可以改变教会对待哥白尼学说的立场。考虑到这一点,伽利略希望尽早与教皇会面,但因为身体状况恶化,直到1624年春天他才前往罗马。教皇慷慨地答应伽利略,与他的会面不会少于6次,并对他表示了极大的尊重和宽容,可是实际结果没有达到伽利略的期望。他在这几次会见中意识到,新教皇尽管思想开放,却也坚信人类永远无法理解宇宙的奥秘。对教皇来说,无论科学家们采用哪种行星运动理论,"都不能以此限制上帝的力量和智慧"。[1] 当然,伽利略的观点与之截然相反。不过伽利略从教皇的话中推测,教皇已批准他将哥白尼模型当作一种**假说**提出来,他至少可以在科学层面上证明,这种假说能比亚里士多德-托勒密体系更好地解释观测结果。但他马上就会发现，就连这个推测也大错特错。

伽利略回到佛罗伦萨后，决定按部就班地推进计划。首先他要回应弗朗切斯科·英戈利 8 年前发表的反对哥白尼学说的文章。[2] 英戈利是代表禁书审定院"修正"哥白尼著作的人。伽利略的计策是，声明自己选择不做哥白尼主义者了，他这样做是"出于更崇高的动机"（以一个虔诚的天主教徒的身份）而不是为了科学，尽管他在科学层面上彻底地揭露了英戈利论点的薄弱之处，甚至指出他彻头彻尾的谬误。这是一个冒险的举动。根据费德里科·切西的建议，给英戈利的信一直没有真的交给他，因为"伽利略很明确地为哥白尼的观点辩护，哪怕他清楚地表示，在上帝的旨意下这个观点被发现是错误的"。切西估计，有些人"不会相信这些，会再次武装起来反对他"。伽利略的好友无疑是对的，其他对伽利略不利的事件也在同一时期接踵而至。

这一时期对伽利略影响最大的事莫过于他的重要支持者维尔吉诺·切萨里尼英年早逝，还有他过去的热情崇拜者红衣主教亚历山德罗·奥尔西尼加入了耶稣会，结果被他不共戴天的敌人克里斯托夫·沙伊纳深深影响。此外，马里奥·圭杜奇还告诉伽利略，宗教法庭收到了一个匿名建议，要将《试金者》列入《教廷禁书目录》，因为它的内容赞成哥白尼学说。

这一切并没有阻止伽利略在 1626 年左右开始撰写他的下一部重要著作，《关于托勒密和哥白尼两大世界体系的对话》。此书本应详细描述他的潮汐理论——他仍然认为潮汐现象是地球运动最令人信服的证据。然而，在接下来的三年里，写作进展非常缓慢，时常因为他的身体状况一再恶化或者需要更多潮汐的数据而中断。沙伊纳在1630年发表了关于太阳黑子的巨著《奥尔西尼的玫瑰》，但伽利略竟决定不采取任何实际行动（除了给保罗·奥尔西尼公爵写了一封表达不满的信），这也许多少让人惊讶。

就在伽利略最终为《对话》润色时，幸运女神似乎对他表示了一些善意。1629年6月，尼科洛·里卡尔迪神父被任命为宗座宫总管。他在几年前曾对《试金者》大加赞赏。有了这个头衔，里卡尔迪成了最终授权印刷《对话》的人。因此，伽利略的朋友们对能够在罗马印刷这本书持谨慎乐观的态度。卡斯泰利现在已经是罗马大学的数学教授了，他给伽利略写信说，钱波利"坚信不疑"如果伽利略带着作品来到罗马，"不管遇到什么困难都能克服"。

1630年5月3日，伽利略抵达罗马并受到托斯卡纳大使弗朗切斯科·尼科里尼的热情接待，尼科里尼自1621年起就担任大使职位。大约两周后，伽利略获准拜见乌尔班八世。毫无疑问，教皇重申了他以前的观点，只将哥白尼学说当成一种假说，并且他认为宇宙超出了人类能理解的范围。然而，根据教皇的一贯作风和热情态度，伽利略坚信教皇不会反对出版他的作品，也即后来的《对话》。

然而，伽利略确实没有意识到两个关键的事实。首先是敏感的政治形势以及教皇本人的心理状态。乌尔班八世实际上是个真正的艺术爱好者和艺术家赞助人，他在担任教皇期间挥霍无度——最奢侈的就是他建了一座17世纪的罗马宫殿，巴尔贝里尼宫（Palazzo Barberini）。同时，他还出资建造了各种堡垒和其他军事设施，他本就被认为任人唯亲还贪图尘世享乐，此举又在财政上让教皇进一步名誉扫地。此外，三十年战争已经持续了十多年，停战遥遥无期，乌尔班八世主要支持的法国与罗马的关系，也已经因为名声显赫的法国红衣主教黎塞留的不妥协立场而变得紧张起来。这些困局致使教皇乌尔班八世逐渐变得喜怒无常、善变、疑神疑鬼，他要求周围所有的人都要绝对服从他。

还有一点，伽利略没有充分意识到他的几个敌人对他，对新科学思想怀有多么强烈的仇恨，他更想不到他们准备采取什么样的残酷手段来击溃他。伽利略逗留罗马期间发生了一起骇人听闻的事件，将这些人的仇恨表露无遗。事件的经过是这样的：据说，罗马的圣普拉谢德斯修道院院长发布了一次占星结果，预测教皇和他的侄子即将死亡。伽利略的敌人试图把责任推给伽利略，他们宣布：

> 著名的数学家和天文学家伽利略正试图出版一本书，他在书中对耶稣会的许多观点提出了质疑。他已经让人知道……6月底，意大利将获得和平，之后不久塔代奥爵士与教皇就会死去。那不勒斯人卡拉乔洛、坎帕内拉神父还有很多书面记载都支持最后这一点，他们的论述都认为教皇位置即将空缺，所以在讨论选举之事。[3]

伽利略知道教皇乌尔班八世有多么迷信，他必须立即做出反应，命人转告教皇他否认自己与此事有关。幸运的是，这个特别恶毒的阴谋并没有得逞，教皇向伽利略保证，他没有任何嫌疑。

负责批准《对话》的神父里卡尔迪完全明白当时罗马的微妙局势。他在第一次阅读手稿后马上意识到，不管伽利略到底怎么想，即使他的讨论还没有盖棺定论，但在很大程度上，《对话》是一篇明确支持哥白尼学说的文本，如果未经编辑就出版，可能会带来严重的麻烦。因此他建议，除了一些必要的修改，还要增加导言或序言以及最后一章，最后这部分将强调哥白尼模型是假设的。因此他决定，在伽利略与教皇讨论这本书之前，先由自己和多明我会的拉法埃莱·维斯孔蒂给这本书彻底审查一遍。终于，伽利略与教皇在1630年6月中旬有一次交谈，从教皇拿到手的内容（充其量只是原书一部分内容）来看，教皇基本满意。

不过教皇坚持认为，对话不应集中在潮汐上——因为这意味着书的主题是证明地球运动——而要集中在"两大世界体系"上。有了这些保证，加上教皇和他的侄子红衣主教弗朗切斯科·巴尔贝里尼的友好告别，伽利略终于在1630年6月26日启程前往佛罗伦萨。

遗憾的是，这并不是伽利略在出版《对话》的过程中忍受的唯一审查与磨难。[4] 其中最大的打击是，费德里科·切西于1630年8月1日突然去世，他是山猫学会的创始人，也是该学会唯一的资金来源。因此，伽利略只好在里卡尔迪管辖范围之外的佛罗伦萨而不是罗马印刷。经过一番协商，大家同意由佛罗伦萨异端裁判所的顾问、亚钦托·斯特凡尼（Jacinto Stefani）神父负责印刷，但要先等里卡尔迪审批序言和最后一章。整个过程十分缓慢，伽利略此时已经失去了耐心，他同意与佛罗伦萨所有相关的当权者开会，他不耐烦地表示：

> 在当权者眼中，这些推理和论点支持了他们认为是谬误的观点，我同意给所有这些推理和论点贴上梦境、幻想、误解、谬论和自以为是的标签；他们会明白我的宣告是多么真诚，我在这个问题上只信奉最神圣可敬的神父和教会的神学家的意见或意向，除此以外没有其他看法。[5]

长话短说，《对话》的印刷直到1632年2月21日才完成。书中列出了里卡尔迪和佛罗伦萨裁判官克莱门特·埃吉迪（Clemente Egidi）的批准（出版许可），尽管里卡尔迪本人并没有看到最终版本，但他已经将关于序言与结论的指示发给了埃吉迪。

遵照教皇的要求，完整的标题是（不包括其他出版信息）《关于托勒密和哥白尼两大世界体系的对话，二者的哲学推论均为已确定的结论》[6]（图10.1为书的扉页）。这个标题取得比较高明。即使人们不考虑亚里士多德体系和托勒密体系不完全相同的事实，也会注意到还有一个世界体系比托勒密体系更符合天文观测结果，那就是第谷·布拉赫的混合体系。在这个体系中，行星围绕太阳旋转，但太阳本身围绕地球旋转。伽利略一直认为布拉赫的体系过于复杂而刻意，他还认为自己已经通过潮汐现象找

到了地球运动的证据，所以在为哥白尼学说力争明确胜利的时候（虽然从形式上看，这本书没有给出结论），他可不想用多余的证明来干扰讨论的主题。

应里卡尔迪神父的要求，书中增加了至关重要的序言，好让它获得印刷许可。伽利略在序言中尽力给人留下他同意1616年反哥白尼教令的印象。今天的读者可能会察觉到，他几乎掩饰不住他对教令的讽刺和蔑视，还有对教令强行限制他个人才华的厌恶：

图 10.1 《对话》的扉页

图 10.2 《对话》的卷首插图

　　有些人公然无耻地声称，这道教令的颁布并未经过对问题的公平考察，而是由于缺乏知识而引起的激情。还有人埋怨说，对天文观察完全外行的法官不应当以草率的禁令来束缚理性的思维。

　　听到这种吹毛求疵的傲慢言论时，我的热情再也抑制不住了。在我充分了解这一慎重的决定后，我决定作为这一庄严真理的见证人公开出现在世界舞台上。我在罗马时，不仅受到教廷最著名的主教们接待,而且得到了他们的赞美;事实上,如果[红衣主教贝拉尔米内]没有事先通知我,这项教令是不会被公布的。[7*]

为了进一步取悦教皇,伽利略违背了他个人的科学信念,并且宣称在《对话》中他"站在哥白尼学说的立场上,把它作为纯数学假说来论述"。也就是说,他假装接受了用"拯救表象"的方法来谈科学。最后,他还直接引用了教皇的观点做补充,即哥白尼体系就算解释了行星的运动,也未必能代表现实,因为上帝是万能的,他可以用一些完全不同的手法创造出相同的表象,而这超出了人类能理解的范畴。顺着这一思路,伽利略写道:

"我们臣服于地球静止的学说……并不是因为我们没有考虑别人的想法,而是(如果没有其他理由的话)因为我们虔诚、信教,认识到上帝是万能的而人类智慧是有限的。"[8] 伽利略天真地认为,这些"免责声明"就足够了。

萨尔维阿蒂,辛普利邱,萨格雷多

《对话》是有史以来最吸引人的科学文本之一。它饱含冲突

---

[*] 译文引自周熙良译《关于托勒密和哥白尼两大世界体系的对话》(北京大学出版社),引文有改动。——编者注

和戏剧性,但又有哲思、幽默、辛辣讽刺和诗意的语言,正所谓"整体大于部分之和"。

《对话》以柏拉图的对话体为蓝本,呈现为虚构的三名对话者之间的一场讨论,这场讨论在威尼斯的一座宫殿里进行了四天。萨尔维阿蒂,以伽利略已故的佛罗伦萨朋友菲利波·萨尔维阿蒂(Filippo Salviati)的名字来命名,代表了伽利略的哥白尼主义观点。萨格雷多,以伽利略(同样已故的)威尼斯的伟大友人詹弗朗切斯科·萨格雷多的名字命名,他扮演的角色是一个受过教育但没有任何专业知识的人,他根据另外两人表达的观点,明智地给哥白尼与亚里士多德的学说做出评判。最后,辛普利邱是一个狂热的亚里士多德学派信徒,他固执地捍卫着地心说的世界观。据说,他的名字是以6世纪的亚里士多德著作评论家、西里西亚的辛普利修斯(Simplicius)的名字命名的,这名字一语双关,也暗示他头脑简单。辛普利邱的人物原型一部分来自保守的切萨雷·克雷莫尼尼,一部分则来自伽利略的死对头洛多维科·德勒·科隆布。[9]

在最初的三天里,伽利略的代言人萨尔维阿蒂有条不紊地批驳了辛普利邱的观点。从死猫掉出窗外,到我们沿着小路漫步时月亮跟着我们走的错觉,伽利略用种种例子说明,他拒绝服从任何古代权威(如亚里士多德),"因为我们争论的是理性世界,而不是镜中花、水中月"。

第一天,他证明了地上的物体与天体没有区别。第二天,他表示如果假设地球在运动,而不是太阳和宇宙其他地方在运动,那么所有观察到的天体运动就更容易解释了。

萨尔维阿蒂用第三天时间来反驳所有反对地球绕日公转的观点，并提供了地球确实在运动的证据。在这场讨论中，最有趣的也许就是伽利略提出了新主张，他认为，可以通过观测太阳表面黑子的移动路径，来**证明**地球周年运动是真实存在的。伽利略甚至还用沙伊纳对太阳黑子的详细观测来说明，太阳黑子的预测路径并不是笔直平行于黄道面的。相反，在一个季度的时间里，它们似乎是沿着一条倾斜于黄道面的直线上升的。在下一个季度里，它们沿一条向上弯曲的路径移动；再下一个季度，它们沿着直线下降；而在最后一个季度的时间里，它们沿着一条向下弯曲的路径移动（如图 10.3 所示）。伽利略证明，这些明显的运动中产生曲线的根本原因是太阳在绕轴自转，太阳的自转轴与垂直于黄道面的线之间的夹角大约是 7 度。那么，根据奥卡姆剃刀原理，在对某一现象的两种解释中，需要较少假设的解释通常是正确的。（用伽利略的话说："事少则成，事多则废。"）他进一步声称，在解释这些观测方面，哥白尼体系（比托勒密体系）更具有明显的优越性。伽利略显然是在《对话》付印的几个月前才偶然发现了这个特别的证据，因此他的解释相当含糊，当然证据也一定不充分，这使得许多研究伽利略的学者怀疑他的证据到底是不是真的。（匈牙利裔英国作家阿瑟·凯斯特勒甚至还抨击伽利略既愚蠢又不诚实。）[10]

然而，近年来科学家们对这个证据做了彻底分析，虽然伽利略没有提到所有相关的运动，但太阳黑子的移动路径确实可以

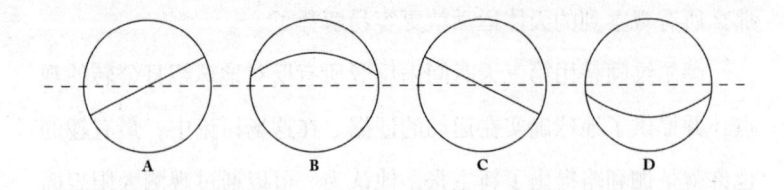

图 10.3　太阳黑子周年运动的观测路径方向示意图，分四个季度

作为支持哥白尼体系的可信证据。[11] 更重要的是，即使伽利略没有意识到，他的证据不仅反对了托勒密的设想，而且也彻底驳斥了第谷的体系。它肯定比伽利略在《对话》第四天所讲的潮起潮落要有说服力得多。有趣的是，伽利略充分意识到，潮汐的解释依赖于月球的影响，但因为他不知道引力理论，他认为诸如开普勒的观点——开普勒特别谈到了月球和地球之间的"吸引力"——引入了"超自然的属性"，然而开普勒的观点才是牛顿理论的真正前身。

萨格雷多在总结为期四天的马拉松式讨论时说：

> 在这四天的谈话中，我们看到了许多支持哥白尼体系的有力证据，其中有三项证据可以看出是非常令人信服的。第一，行星的停止和逆行，以及它趋向和远离地球的运动；第二，通过观测太阳自转以及太阳黑子了解到的东西；第三，海洋潮汐的涨落。*

---

*　译文引自周熙良译《关于托勒密和哥白尼两大世界体系的对话》（北京大学出版社），引文有改动。——编者注

正如我们所知道的，他声称的第三项证据（潮汐）事实上是不正确的，而第二项证据（太阳黑子的路径）本来比伽利略以为的或者他所阐述的更确凿有力。伽利略以不可思议的先见之明，又增加了第四项尝试："依我看，第四个证据可能来自恒星，因为我们通过对恒星的最精确观测，可能发现那些哥白尼认为无法察觉的微小变化。"伽利略在这里预言，由地球绕日运动而产生的相对于背景星的微小视差偏移，最终将变得可以测量，事实上也确实如此。

但是，你可能会问，伽利略怎么能在他的书中为哥白尼发声呢？毕竟 1616 年塞吉齐下达的禁令明确禁止他为哥白尼辩护。事实上，他确实不能。如果因此招来教会的严厉惩罚，那风险实在太大了。他不仅没有支持哥白尼，还被迫在完成时自证清白并提出保留意见，基本推翻了整本书的内容！辛普利邱将他的放弃声明表达得非常清楚：

> 我知道，如果有人问，上帝以他的无穷的力量和智慧，能不能不使水的容器运动，而用别的什么手段使水元素产生人们已观察到的往复运动［潮汐］，你们两位都会回答，上帝能够做到，而且他懂得用许多我们意想不到的方法做到这一点。由此，我可以马上得出结论说，既然如此，任何人想把上帝的力量和智慧限制在自己的某些奇思怪想中，那未免不知天高地厚。[12]

第十章 《关于托勒密和哥白尼两大世界体系的对话》

这些话几乎一字不差地出自教皇乌尔班八世之口。伽利略为了完成这个违背科学的、令他不情愿的要求,只能让萨尔维阿蒂完全同意辛普利邱的观点,并且接受"我们并不能发现上帝手笔的奥秘"以及"我们可能不配窥测上帝无穷智慧的奥秘"。

伽利略可能认为,他重复一遍教皇所说的人类无法真正理解宇宙的观点,已经算是为反对哥白尼思想而努力过了,至少里卡尔迪神父在某种程度上已经认可。然而,伽利略低估了他的敌人的热情,他们肯定会注意到,虽然辛普利邱承认了宇宙是不可理解的,但他在整部《对话》中一直受到嘲笑。

更重要的是,将人类从宇宙的中心移走的做法实在是太残酷了,只是在全书结尾豁达大度地讲讲客套话,并不足以扭转整场辩论中迥然不同的基调。

现在的一些科学史学者就《对话》的结论提出了另一个问题。他们认为,伽利略纠正自己观点的"澄清"是他口是心非和懦弱的表现。我对此绝不认同。《对话》勇敢地表达了伽利略的真实看法,尽管他曾被警告不要讨论这个话题。毫无疑问,序言和结论中微妙的折中之词,是他的朋友和那些希望这本书通过审批出版的人强加给他的。伽利略只要不那么咄咄逼人,而且不出版《对话》,就可以避免所有接踵而至的不幸、悲伤和痛苦。但他毕竟是人,他对自己的发现感到如此强烈的自豪,他对自己认为的真理怀着无法控制的热情,让他不能就这样放弃。对伽利略来说,说服大家相信哥白尼主义的正确性一定是一种历史责任。这就是为什么他用意大利语而不是拉丁语写了《对话》(就像他写其他大多数书一样），这样一来任何能识文断字又对它感兴趣的意大利人都能读懂。他尽了最大努力传达宇宙之美与理性的统一，但将做最后判断的权力留给读者。萨尔维阿蒂在第三天结束时非常清楚地说道：

> 我并没有说这些论点中哪些是结论性的，哪些是不确定的，因为（如我以前所说的）我的目的并不是解决这个重大问题中的任何一部分，只是为了把物理学和天文学在正反两方面的论据给提出来。我把决定权留给其他人，而他们的最终结论不会是含糊不清的，因为两个解答中，有一个一定是对的，而另一个是错的。[13]

历史确实证明，伽利略是正确的。但只有正确有时是不够的，它并不能让伽利略逃过下一年即将到来的艰难与痛苦。

第十一章

风暴前夕

正如人们所预料的那样，伽利略的支持者们以极大的热情迎接《对话》的出版，其中最热情的莫过于贝内代托·卡斯泰利，他不仅是一位优秀的数学家和坚定的哥白尼学说追随者，而且还终身支持他曾经的老师。然而，该书出版后还不到4个月，就有一些令人不安的消息传来。

里卡尔迪神父给佛罗伦萨的主教克莱门特·埃吉迪的信是最初的信号，里卡尔迪要求埃吉迪立即停止发行这本书，等待从罗马那边寄来的更正。教皇对伽利略的怀疑和敌意正因一系列事件而不断加深，而里卡尔迪不祥的举动正是这些事件的结果。

第一个事件牵扯了伽利略的朋友乔瓦尼·钱波利。钱波利选择支持亲西班牙的红衣主教，站在了一般奉行亲法政策的教皇的对立面，从而失去了乌尔班八世的同情与信任。钱波利还写了一封信批评教皇的个人作风，因此教皇对他的不信任中又多了一层私人恩怨。接着，教皇陆续获得一些消息，特别是耶稣会中反对伽利略的一些人说，《对话》的内容与乌尔班八世期望的不同。他们还特别提醒教皇，教皇认为宇宙不可理解，人类永远无法证明理论上的世界体系是真实的，而这些重要论点在《对话》中受到了无礼对待。乌尔班八世的论点不仅被放在极其次要的位置上，介绍得非常简略，而且它是由整本书中一直被嘲笑的辛普利邱来讲述的。最后，由于教皇长期处于偏执的心态，乌尔班八世甚至误解了扉页上的标志。标志由三条海豚组成，每条海豚都用嘴叼着另一条海豚的尾巴（见图10.1），他认为这是在暗示他与侄子们的裙带关系。所有这些令人不安的事件导致罗马教廷圈子在1632年8月开始讨论，是应当推迟此书的发行还是应当直接查禁它。据说，耶稣会的神父们跃跃欲试地想要查禁这本书，并想"以最痛苦的方式［对伽利略］处以绝罚"。与此同时，里卡尔迪神父正在努力打听《对话》印了多少本，都寄给了谁，以便把所有的书都召回来。

　　伽利略对所有这些不利的事态做了什么反应？他能做的很少：他请佛罗伦萨驻罗马大使尼科里尼和大公斐迪南二世本人抗议强加在这本书上的限制，因为这本书之前已经获得了所有必需的许可和授权。尼科里尼确实与教皇的侄子、红衣主教弗朗切斯科·巴尔贝里尼见了几次面。当他听说得到任命来审查这本书的委员会成员都是些对伽利略很不友善的人，他要求在委员会中加入"一些中立人士"，然而大使没有得到任何保证。

　　9月初，菲利波·马加洛蒂（Filippo Magalotti）终于从里卡尔迪神父那里了解到他们对《对话》主要有哪些不满。[1] 马加洛蒂是巴尔贝里尼家族的亲戚，也是伽利略和马里奥·圭杜奇共同的朋友。除了教皇观点的重要性在书中被削弱以外，还有一种说法是，序言不足以平衡《对话》正文中表达的哥白尼观点，更何况序言似乎是（事实上也是）一种事后补救。在这个阶段，马加洛蒂仍然表达了谨慎的乐观，认为"只要更加小心地稍微删除一些内容，或增加一些内容……这本书就不会被查禁"。他的建议是不要试图强行解决问题，而是要等这些人情绪平复下来。然而不幸的是，事情的发展恰恰相反。

大使尼科里尼只好又找了个由头与教皇会面，但正如尼科里尼后来沮丧地描述的那样，这次会面带来了灾难性的后果："当我们正在讨论在宗教法庭里产生的那些精妙的议题时，教皇陛下勃然大怒，他突然告诉我，我们的伽利略竟敢介入他本不该介入的领域，竟敢讨论在当前时期能被挑拨起来的最严重而危险的主题。"[2] 尼科里尼被这突发情况吓了一跳，而且他不知道当时钱波利已经失宠了，他又犯了一个错误，试图辩解说《对话》的出版是经过里卡尔迪和钱波利同意的。

这触动了教皇乌尔班八世的神经，他怒气冲冲地喊叫起来。"（教皇说）他被伽利略和钱波利欺骗了……特别是钱波利竟敢告诉他，伽利略先生已经做好准备服从教皇的命令，一切都安排妥当了。"尼科里尼想说服教皇给伽利略一个辩解机会，教皇充耳不闻。"这不是惯例，"教皇愤怒地叫道，"如果他［伽利略］真想知道的话，他早就该清楚困难在哪里，因为我们*已经和他讨

---

* 在此处他使用的是 the royal we。

第十一章 风暴前夕

论过,他也从我们这里知道了。"

尼科里尼为减轻打击所做的进一步努力碰了壁。教皇透露,他已经成立委员会"逐字逐句地检查这本书,因为他们正在处理他们所见过最反常的主题"。最后,乌尔班八世又一次抱怨说他被伽利略欺骗了,他还说他实际上任命的是一个特别委员会,没有将案件直接送给异端裁判所,这是帮了伽利略的忙。

这场彻底的失败加上里卡尔迪的建议让尼科里尼决定,不再采取任何其他措施来尝试安抚教皇,只能依靠里卡尔迪自己努力修正这本书,好让它更容易被人接受。里卡尔迪似乎不太关心委员会的组成(他是委员会的成员之一),他估计至少还有两个人会公平地对待伽利略。但他估计错了,因为耶稣会士梅尔基奥尔·因霍夫(Melchior Inchofer,很可能是委员会成员)是一个虔诚的反哥白尼主义者。

无论如何,这就是 1632 年 9 月初的情况,虽然一切看起来叫人沮丧,但至少还有一些让人稍微乐观的理由。然而,就在这时,一个新消息如炮弹般袭来。

昔日的幽灵

你可能还记得,16 年前,伽利略被召至罗伯托·贝拉尔米内的宫殿,在贝拉尔米内发出警告后,宗教法庭的代理总主教米凯兰杰洛·塞吉齐多余地发布了一条更严厉的禁令,禁止伽利略在任何出版物或教学中秉持或捍卫哥白尼体系。记录这条禁令的文件和伽利略对禁令的申辩，不知道为什么重新出现在9月中旬的宗教法庭档案中，它引起了教皇成立的委员会的注意。有了这个新证据，对《对话》做几处修改就解决整个事件的希望也迅速开始熄灭。事实上，在9月23日的宗教法庭会议上，有人报告，伽利略"对1616年宗教法庭下达的命令故作沉默，该命令要求他完全放弃之前的观点，即太阳是世界的中心且保持不动，而地球在运动的观点，他从此以后不得以任何口头形式或书面形式持有、教授此观点，或为其辩护；否则宗教法庭将对他提起诉讼。伽利略默许并答应服从这一禁令"[3]。塞吉齐死于1625年。即便在坟墓里，他也要伸出手扼住伽利略的脖子。

教皇看到这个新证据，反应很迅速，他发文指示佛罗伦萨的裁判官，让他命令伽利略整个10月份都待在罗马，并且要求伽利略到宗教法庭的代理总主教那里接受审讯。伽利略接到这个令人震惊的命令后，明白自己至少要在表面上服从。同时，他决心尽其所能（或他的朋友们的能力）来逃避去罗马的决定，因为他深知这趟旅行不会有什么好结果。他于10月13日给红衣主教弗朗切斯科·巴尔贝里尼写了一封信，在信中抱怨说，他的研究和劳动成果"变成了对我名誉的严重指控"，他说这令他度过了无数个不眠之夜——这是他的一种拖延战术，但也是因为他的身体状况更糟了。伽利略对巴尔贝里尼动之以情，恳请教会允许他把所有著作的详细解释寄过去，不然就允许他在佛罗伦萨而非罗马面见裁判官及其随行人员。

大使尼科里尼本该把伽利略的信交给红衣主教，起初却犹豫不决，因为他担心这封信带来的后果可能弊大于利，在与伽利略以前的学生卡斯泰利商量后，他最终还是把信交给了红衣主教。与此同时，尼科里尼和卡斯泰利还与各教会的官员们坐下来一起商谈——尼科里尼甚至拜见了教皇乌尔班八世，极力想让这位68岁的老人不必再去罗马。然而，所有为伽利略采取的干预行动都没有成功。教皇坚持认为，钱波利和里卡尔迪"行为不端"，他们在《对话》的问题上欺骗了他。作为报复，11月23日，钱波利成了一个小镇的镇长，实际上等于被逐出罗马。他从此再也没有回来。

至于伽利略，教皇指示佛罗伦萨的裁判官强制伽利略来罗马，但允许他的旅程推迟一个月。伽利略为此放手一搏。12月17日，他寄去了一份由三名医生准备的医疗报告，报告中指出旅行会使他本已严重的病情恶化。这时，不耐烦的乌尔班八世不准备再做任何让步。他的意图很明显，就是要恐吓伽利略，他建议派自己的御医为这位天文学家看病（费用则由伽利略承担！），如果医生发现他适合旅行，就会把他"送去监狱并戴上镣铐"。面对这种威胁，就连大公及其国务卿也通知伽利略："服从上级法庭终究是应该的，殿下［大公］也觉得很遗憾，他没法让你不去。"大公眼下能提供的最多是帮忙安排旅行，以及让伽利略在罗马的大使家中住宿。

伽利略意识到他已经没有选择了，而且他十分担心罗马之行可能带来的后果，他写了一份遗嘱。他指定自己的儿子温琴佐为继承人。他还写信给在巴黎的朋友埃利亚·迪奥达蒂（Elia Diodati）[4]，他曾帮助伽利略在意大利以外的地方出版作品，伽利略在信中说："为了获得批准，我会亲自去罗马并且把《对话》交到教廷的主人手中。但我还是确信，它将被查禁。"

伽利略于1633年1月20日启程前往罗马，但由于瘟疫肆虐，他在穿过托斯卡纳地区进入现在被称为教皇国的领地之前，不得不接受隔离。这次停留的时间极长，令他难受。因此，他2月12日才到罗马，但幸运的是，他在尼科里尼大使及其夫人家中得到了舒适热情的款待。头几天，他会见了一些教会官员，征求他们的意见，在随后的几个星期里，伽利略几乎没有出门，因为红衣主教弗朗切斯科·巴尔贝里尼建议他不要参加社交活动，他担心这"会造成伤害和偏见"。

日子一天一天过去，教皇几乎没有采取什么明确可见的行动，也没有任何形式的沟通，这让伽利略重新产生了能相对温和地解决问题的希望。他被允许住在托斯卡纳大使的家里，而不是住在宗教法庭提供的住处，这也让他感到鼓舞。天真的伽利略不明白，在费尽周折把他带到罗马后，教会不可能让这件事不了了之。尼科里尼想和教皇再次会面并快速得到结论，但他的努力也付之东流。教皇重申了他的立场："愿上帝原谅伽利略先生插手这些课题。"[5]正如乌尔班八世不断表明的那样，因为"上帝是无所不能的，可以做任何事情；但如果他无所不能，我们为什么要束缚他呢"？对宇宙产生理论认识是不可能的，教皇的观点毫不动摇。

第十一章　风暴前夕

这种不确定和焦虑的状态持续了大约两个月。然而，伽利略在 4 月初被传唤到宗教法庭，他于 4 月 12 日面见代理总主教。尼科里尼能向佛罗伦萨国务卿报告的唯一好消息是，伽利略被关押在检察官的内庭，而不是通常关罪犯的牢房里。检察官还允许伽利略的仆人为他服务，他的食物也是从托斯卡纳大使馆送来的。

历史上最著名的审判，或者说最臭名昭著的审判，由此拉开了序幕。

第十二章

审判

对伽利略的审判从1633年4月12日开始,到6月22日结束。在4月12日、4月30日和5月10日分别召开了三次庭审。6月16日,教皇下达裁决,6天后宣判。尽管主要的指控包括伽利略不服从教会的命令,但除此之外没有别的事件能说明科学理性和宗教权威之间存在冲突,而这种情况在今天仍会发生。

异端裁判所——或更正式地说,宗教法庭——由教皇任命的10位红衣主教组成。负责审讯的人是代理总主教温琴佐·马库拉诺(Vincenzo Maculano,他也是位工程师),法庭检察官卡洛·辛切里负责协助。正如我们将看到的那样,每次开庭期间,法庭内的情况都有详细描述,但很可惜我们无法获得那些可能非常关键的幕后情报。

第一次庭审：1616 年的阴影

在最初的几个询问中，伽利略承认他认为自己被传唤到宗教法庭是因为他的新书《对话》。[1] 在他回答之后，检察官迅速打出了他的王牌。马库拉诺把所有的注意力都放在了 1616 年的禁令上，他针对这份几个月前在档案中发现的文件发出了一连串质疑。

由于这份文件在审判中发挥的戏剧性作用，我们值得回顾一下导致文件诞生的一系列事件。在 1616 年 2 月 25 日的一次异端裁判所会议上，教皇保罗五世命令红衣主教贝拉尔米内传唤伽利略，并且要求他警告伽利略必须放弃哥白尼学说。**只有在伽利略拒绝放弃的情况下**，代理总主教米凯兰杰洛·塞吉齐才会发出正式的禁令，禁止伽利略以任何方式为哥白尼学说辩护，禁止他讨论或讲授哥白尼学说。如果这位天文学家违背了禁令，他就会遭到逮捕和起诉。在 3 月 3 日的异端裁判所会议上，贝拉尔米内报告，当他警告伽利略停止支持哥白尼学说时，伽利略已经默认他同意了。

审判中提交的新文件的记录时间是 1616 年 2 月 26 日，文件描述了事件的经过，与之前的说法有个明显的不同。这份文件指出，在贝拉尔米内发出警告后，塞吉齐**立刻**插手进来，他命令伽利略放弃哥白尼学说，不得以任何方式持有、捍卫或教授哥白尼学说，而伽利略答应服从。这份文件似乎说明代理总主教干预得太早了，也许只是因为伽利略在听到贝拉尔米内的警告后短暂地犹豫了一会儿，就令代理总主教采取了行动。该文件透露的信息与贝拉尔米内向异端裁判所提交的报告以及1616年5月26日贝拉尔米内给伽利略的信都有冲突。这些矛盾后来发展出了一整套阴谋论，有人认为禁令文件可能是伪造的，要么是在1616年，要么是在1632年。然而，2009年的笔迹鉴定证明，宗教法庭的公证人安德烈亚·佩蒂尼记录了1616年的所有文件，从而反驳了所有审判前夕伪造证据的猜测。[2]

伽利略被问到1616年2月宗教法庭向他传达了什么，他毫不犹豫地回答："1616年2月，红衣主教贝拉尔米内告诉我，哥白尼的观点极度违背《圣经》，所以我既不能认同它，也不能维护它，但可以**当成假设**［此处强调为原文所加］来使用。与此相印证，我保存了红衣主教贝拉尔米内大人本人在1616年5月26日的一份证明，其中说到哥白尼的观点违背了《圣经》，不能持有该观点，也不能为其辩护。我现在出示这份证明的副本，请看。"这时，伽利略拿出了一份贝拉尔米内信件的副本，而马库拉诺根本不知道这封信的存在。这可能是个法律判决上的关键时刻，因为虽然代理总主教塞吉齐（在贝拉尔米内在场的情况下）发布的禁令说"以任何方式，无论是口头的还是书面的，他都不能持有、教授或捍卫"哥白尼学说，贝拉尔米内的信却使用了更加温和的说法——"不得持有或捍卫哥白尼学说"。马库拉诺显然被吓了一跳，他试图追问伽利略，那次会议还有没有其他人在场，伽利略回答说，在场的有一些多明我会的神父，他不认识，此后也没有见过。马库拉诺不依不饶，详细追问伽利略禁

令的措辞。伽利略的回答听起来很诚恳,但绝不是能帮助他辩护的最有利措辞:

> 除了红衣主教贝拉尔米内大人的口头警告外,我不记得其他形式的禁令了。我确实记得,禁令说我不能持有或捍卫哥白尼学说,甚至可能说我不能讲授哥白尼学说。此外,我也不记得有"以任何方式"这一短语,但也许有;事实上,我并没有想到,也没有记住,因为几个月以后,我收到了红衣主教贝拉尔米内5月26日的证明,就是我刚才提交的证明,这份证明解释了不允许我持有或捍卫上述观点的命令。现在提到的上述禁令中还有另外两个短语,即"不得教授"与"不得以任何方式",它们不在我的记忆中,我想是因为我把那个证明当成依据,时刻用它提醒自己,但这两个短语并未出现在证明中。[3]

遗憾的是,禁令毕竟比贝拉尔米内的信更具约束力,伽利略无意间削弱了贝拉尔米内的温和措辞对他的保护。如果伽利略没有如此真诚地承认(尽管他小心翼翼),贝拉尔米内的信和禁令这两份互相矛盾的文件中间,就会产生含糊不清的法律问题。我们很难知道伽利略为什么试图承认多年之前发生的事,更何况他并不能准确地回忆出来。考虑到他接下来要采用的辩护策略,可能是他错以为这一点不是那么重要。后续的一组询问其实围绕着出版许可展开,也即他是否得到创作和发表《对话》的许可。

第一个问题也许是最难回答的。伽利略被问到，他有没有获得撰写这本书的许可。简单的回答当然是没有。然而，如果不做任何解释就承认，人们又普遍认为这本书拥护哥白尼学说，那么就等于立即承认自己有罪。于是伽利略决定用一个事实说话，书中增加的序言和最终总结并没有给哥白尼学说盖棺定论，他对哥白尼学说的支持既不明确，也不绝对。他据此声称，他觉得自己不需要出版许可，因为他的目标不是支持哥白尼学说，而是反驳它。今天的任何一名律师都会告诉伽利略，考虑到《对话》的实际内容，用"反驳"这个词并不是特别可信，而且伽利略的陈述一定会让庭上的人心生疑虑。

伽利略为什么会有这样的说法？我们很难判断一个害怕被监禁的老人心里在想什么。伽利略可能是想让自己在序言中的陈述更有分量，他的序言看似支持1616年反对哥白尼学说的教令。还有一种可能是，他实际的措辞可能不太明确，而"反驳"是记录会议过程的教会官员添加的，他们试图将伽利略描绘成一个善于欺骗和摆布别人的人。

马库拉诺没有试着反驳伽利略，而是提出下一个问题，问伽利略有没有申请过印刷这本书的许可。关于这个问题，伽利略确实给了一个看似可信的答案：他不止有一个出版许可，而是有两个。第一个来自罗马的宗座宫总管尼科洛·里卡尔迪，第二个来自佛罗伦萨的裁判官克莱门特·埃吉迪。原则上说，这一点对伽利略极为有利。教会真的会给一本已经被负责审查的教会官员两次批准出版的书定罪吗？

马库拉诺完全理解控方面临的问题,他试图证明伽利略在申请出版许可时没有诚实地说明情况。他问伽利略有没有向里卡尔迪透露过 1616 年禁令的存在。伽利略回答说,他没有。伽利略再一次辩解说他认为这种通知没有必要,因为他的目的不是为哥白尼学说辩护,而是要证明任何世界体系的模型都不能成为定论,而这完全符合教皇的观点。伽利略在这时可能犯了另一个策略失误。如果他要和前面的陈述保持一致,他应当说自己没有把 1616 年的禁令告知里卡尔迪,只是因为他不记得了。伽利略错失了许多利用法律漏洞来帮助自己掌控局面的机会,我们确实可以感觉到,至少他自己认为这样回答是真诚的,又或许他的回答在书面文件中被歪曲了。

在这种反复拉锯的审讯中,第一次庭审临近结束。诉讼程序结束后,伽利略按照规定在证词上签字,然后他被带到多明我会修道院的密涅瓦圣母堂,被关押起来。这里是即将举行宗教法庭听证会的地方。

从听众的客观角度来看,审判的第一回合在法律上可以说打成了平局。当马库拉诺提出塞吉齐的禁令文件时,伽利略肯定觉得惊讶和害怕,尽管他也用贝拉尔米内的信回敬了对方。由于《对话》同时对支持哥白尼与反对哥白尼的观点做了批判性研究,可以认为《对话》违反了塞吉齐禁令中不得"教授"哥白尼学说这一条。

同时,伽利略可以坚持说他已经完全遵守了贝拉尔米内的要求,而贝拉尔米内在信中只是禁止他明确支持哥白尼学说。审判时贝拉尔米内和塞吉齐都已去世，两份相互矛盾的文件实际上成了一个泥淖，而且无论怎样都很难解释得通。这本书有两个印刷许可，一个据说是由罗马的里卡尔迪授予的（不过有点问题，这本书实际是在佛罗伦萨印刷的），另一个是由佛罗伦萨的埃吉迪批准的，这让问题难上加难，也让马库拉诺强烈预感到辩论将陷入僵局。

我们可能会问，这本书的内容很显然会让教会官员十分反感，埃吉迪和里卡尔迪又为什么在最开始同意出版？我们只能推测，直到1630年左右，乌尔班八世和伽利略还保持着相当亲密的友谊，埃吉迪和里卡尔迪都很清楚，他们肯定认为这本书的创作至少得到了教皇的默许，尤其是教皇的观点已经被明确地纳入书中（尽管出自辛普利邱之口）。唉，可是到了1633年，伽利略的个人生活和政治环境都发生了巨变。我们几乎可以肯定，伽利略过去一直深得大公宠信这件事也影响了埃吉迪的决定。

灾难降临到伽利略头上，新任命的特别委员会的三名成员奉命仔细审查《对话》，以查清伽利略有没有以任何方式持有、教授或捍卫太阳静止而地球运动的主张。他们在4月17日发表了各自的报告。三人都得出了明确结论，认为该书违反了塞吉齐在1616年的禁令，不过其中两人没有明确宣布伽利略持有被定罪的哥白尼学说。

耶稣会士梅尔基奥尔·因霍夫是哥白尼学说的强烈反对者，同时也是克里斯托夫·沙伊纳的支持者，他的报告篇幅相当长，内容详尽且斩钉截铁。[4] 报告首先提出了严厉的控诉："我认为

第十二章 审判　　205

伽利略不仅教授了太阳或宇宙中心静止不动的观点（行星和地球都围绕着太阳或宇宙中心转动），他不仅为其辩护，而且我强烈怀疑他还顽固地坚持这个观点，事实上他**持有这个观点**［此处强调为原文所加］。"因霍夫还猜测，伽利略出版此书的目的之一就是特意攻击曾撰文反对哥白尼学说的沙伊纳。不出所料，4月21日，禁书审定院迅速批准了特别委员会的报告。

1998年，在教廷信理部档案中发现的一封信（于2001年出版）引起了人们对后续审判情况的猜测。这封信是马库拉诺写给红衣主教弗朗切斯科·巴尔贝里尼的，日期是4月22日，也就是会议批准有关《对话》判决的次日。马库拉诺颇为同情地描述了当时的情况：

> 昨天晚上，伽利略突遭疼痛折磨，今天早上他又哭了起来。我已经去看望过他两次，他也服了更多的药。这让我觉得我们也应当尽快结案，而且我的确相信，以他危重的病情，案子应该快要结束了。昨天，会议已经对他的书做了裁决，他们断定他在书中教授了被教会抵制并定罪的观点，他还为其辩护，会议也断定作者具有秉持此观点的嫌疑。既然如此，对此案的判决很快就能尘埃落定，而我希望这也是你依照教皇旨意的看法。[5]

换句话说，马库拉诺认为他们在一定程度上已确定了伽利略的罪过，于是开始想办法尽早结束审判。17世纪一如今日，辩诉交易是一个缩短法律流程的明确而简单的方法。

一位研究伽利略的学者由此认为,这正是马库拉诺想要达到的目的:伽利略会承认一些相对较轻的罪行,比如在写《对话》时比较"轻率",而控方会给予较轻的处罚。[6] 4月28日,马库拉诺写给红衣主教弗朗切斯科·巴尔贝里尼的信似乎支持了这种解释。在信中,马库拉诺首先描述了他是如何成功地说服宗教法庭的红衣主教们"在庭外处置伽利略"的。[7] 然后他又说,在他与伽利略的一次会面中,后者也"清楚地认识到他在书中犯了错误,并且书中的观点走得太远了"以及"他已经准备好了在法庭上自供"。马库拉诺最后说,他相信这样一来审判就可以"毫不费力地解决"——宗教法庭可以保持自己的声誉,伽利略也知道这是在帮他。至此,一切似乎都准备好了,审判将迅速且相对温和地结束。用马库拉诺的话来说,裁定宣布:"他[伽利略]可以在自己家中接受软禁,正如阁下[红衣主教巴尔贝里尼]提到的那样。"

第二次与第三次庭审:一场辩诉交易?

如果马库拉诺与伽利略确实达成了某种协议,那么他们至少会安排好接下来两次庭审的形式:伽利略应该在第二次庭审中认罪,然后在下一次庭审中得到允许做自辩。审判似乎就是按照这样的思路进行的。第二次庭审中,伽利略请求法庭允许他陈情,得到批准后，他解释道，自第一次庭审以来，他花了一些时间来回顾《对话》，检查他是不是无意中违反了1616年的禁令。他说，通过这次仔细的检查，他发现"有几处的写法，我本意是要反驳错误观点［哥白尼的学说］，因论证得太确凿，反而让不知道我意图的读者觉得那些观点令人信服"。伽利略又在这里重复了他那可疑的主张，即他在《对话》中的意图是要驳斥哥白尼学说。考虑到他有时间反思这件事，他可能是故意用了第一次庭审时的说法，好让他的供词更加可信。他补充说："我承认，我当时因虚妄的野心、纯粹的无知以及疏忽大意而犯了错。"可悲的是，伽利略最后甚至提出他可以让《对话》的讨论延长一两天，写成一本新书，以此来澄清哥白尼观点是错误的。法庭没有理会他的建议。

似乎只有两种情况可以解释伽利略的荒唐举动。一是虽然马库拉诺大体上和颜悦色，但这位天体物理学家仍在为遭受酷刑担惊受怕；二是伽利略可能认为，他或许能用这种方式挽救《对话》，使其免遭教廷定罪。无论哪种情况，伽利略的反应都清楚地表明，即使是思想最独立的人，威胁恫吓也能对其造成严重影响，这唤起了人们对极权统治的恐怖记忆。[8]第二次庭审结束后，"考虑到他身体不好且年事已高"，伽利略在签署了证词后被允许返回托斯卡纳大使的家中。

5月1日，来自尼科里尼大使的照会进一步表明马库拉诺想要迅速且相对温和地结束审判。他在照会中写道："代理总主教本人［马库拉诺］也表达了安排放弃诉讼的希望，以及对案件保持沉默的意愿；如果能做到这一点，一切时间都会缩短，让许多人摆脱麻烦与危险。"

无论有没有真的达成辩诉交易，第三次庭审一定遵循了协定。伽利略提交了贝拉尔米内的信的原件以及一份个人辩词。他在辩词中解释，他把这份文件当作他唯一的指导，所以他觉得自己"有充分理由得到批准"，不必告知里卡尔迪神父，如果他因为完全把禁令给忘了而违反了禁令中更严格的限制，这"并不是因为我有什么虚伪的狡猾诡计，而是因为我怀着虚妄的野心，想要获得显得比大多数通俗作家都高明的满足感"。最后，伽利略表示愿意服从法庭的命令，无论用什么方式来改过自新，他还说自己年事已高且体弱多病，恳求宽大处理。[9]最后一个要求让人怀疑他有没有真的做过辩诉交易，如果有，那么大概也已经讨论过刑罚。不过这可能是必要的走形式，以证明对他从宽处理是合理合法的。

剩下的唯一程序性步骤是编写一份庭审流程的法律摘要，并送交异端裁判所和教皇。5月21日，大使尼科里尼会见了乌尔班八世，乌尔班八世与红衣主教弗朗切斯科·巴尔贝里尼都向他保证，审判即将温和地结束。伽利略在这时候得到允许离家短途散步，这也暗示了一种同情他的解决办法。伽利略给女儿玛利亚·塞莱斯特修女写了一封充满乐观情绪的信，感谢她为他祈祷。

第十三章

"我声明放弃、诅咒并憎恶"

为协助裁判官作出裁决,协议要求宗教法庭官员中的陪审推事彼得罗·保罗·菲贝(Pietro Paolo Febei)撰写一份庭审流程摘要。伽利略无法接触到这份内部文件,它只发放给宗教法庭会议和教皇。

结果,这份摘要毫不掩饰它的意图,明显是要以最不堪的方式描述伽利略。其中充斥着误导性的、不相干的,甚至是彻底伪造的材料,[1] 这些材料可能会让人认为伽利略有罪,同时它故意忽略了一些可能帮助理解伽利略案的细节。

摘要没有直接去谈《对话》的问题,而是首先概述了1615年多明我会尼科洛·洛里尼与布道者托马索·卡奇尼对伽利略的控诉。这些控诉主要以模糊的传闻为依据,其中有一些荒唐虚假的指控,比如伽利略曾说过上帝是一个意外,或者他说圣人创造的奇迹不是真正的奇迹。摘要中甚至列入了著名的《致贝内代托·卡斯泰利的信》与《致克里斯蒂娜大公夫人的信》,却没有提及一个事实:《致贝内代托·卡斯泰利的信》(或至少是持温和观点的版本)已通过审查并被判无害,相关案件也被驳回。毫无疑问,摘要列出所有这些陈年旧账和其他传闻,就是为了强化伽利略的惯犯形象。为此,摘要还加入了卡奇尼的谬论,说伽利略在《关于太阳黑子的信》中明确为哥白尼学说辩护。虽然伽利略确实认为太阳黑子的观测结果支持了哥白尼模型,但他从未在书中明确讲述太阳黑子。即使在描述贝拉尔米内的警告和塞吉齐的禁令时,摘要也存在一些失之毫厘,谬以千里的错误。警告和禁令应当是先后发生的两件事,而且更严格的禁令实际是不正当的,但摘要竟对这些只字未提。还有一个关键问题,摘要淡化了贝拉尔米内的信中没有"不得教授"与"不得以任何方式"的额外限制的事实,文件甚至还说是贝拉尔米内本人而不是塞吉齐发布了更具体的禁令。这样一来,摘要非但没有传达贝拉尔米内的信与塞吉齐的禁令相互矛盾的事实,反而给人一种它们互为补充的印象。

为什么摘要对伽利略有如此大的偏见?也许更令人好奇的是,如果真的存在辩诉交易,那么发生了什么?我们可能永远不会知道确切答案。摘要本身很可能是由宗教法庭的陪审推事菲贝写的,他也许得到了红衣主教马库拉诺的法庭审讯员卡洛·辛切里的帮助。[2]

为什么这两个人(也许是在别人的帮助下)会写出这样一份漏洞百出、有失公允而且深表谴责的审判摘要报告呢?对此,我们只能猜测。

在宗教法庭的红衣主教和庭审官员中，可能有一些人（甚至是大多数人）不同意这种迅速下达判决并减刑的做法。这个"严厉"的群体里可能就有教皇本人，当然也包括因霍夫。毕竟审查过《对话》的特别委员会确实得出一致结论，认为伽利略这本书中违反了1616年的禁令。根据伽利略的供述，他在书中试图驳斥哥白尼学说，但任何读过这本书或至少读过因霍夫报告的人都会对他的说法不以为然。这些严厉的红衣主教也许从一开始就不太愿意原谅伽利略，而在读过摘要之后，他们更会举手反对任何类似辩诉交易的做法，并赞成采取更严厉的惩罚。红衣主教们的态度越发强硬，可能也有政治上的考虑，他们想让教皇尽可能远离伽利略丑闻（所有天主教徒都会这么认为），同时又要给这位著名科学家一个合理的定罪。

虽然教皇心里一定早有结论，他也没有干涉审判本身的细节，可一旦摘要引起了他的注意，获得平和收场的所有希望就都化为了泡影。教皇早些时候曾向尼科里尼大使抱怨伽利略，据此我们可以大胆猜测，乌尔班八世感到伽利略在写作《对话》时欺骗了他，背叛了他——尽管后来他和法国大使谈话时又否认了。教皇还没有从遭到背叛的情绪中解脱出来，于是他想要复仇。还有一点，也许教皇的政治神经察觉到，他当时需要在宗教事务上表现得更强硬，而伽利略的书，用他的话说，"对基督教是有害的"，教皇可能很乐意见到对伽利略施加严厉责罚的机会。我们甚至可以猜测，如果起草者没有得到教皇默许，摘要恐怕不会写得那么苛刻。

世上第一本伽利略的英文传记是托马斯·索尔兹伯里（Thomas Salusbury）的《伽利略传》（此书只有一本在1666年的伦敦大火中幸存）。[3] 索尔兹伯里是位生活在17世纪中叶的伦敦的威尔士作家，他曾就伽利略遭受审判的根本原因提出过一个独创的理论。索尔兹伯里认为，教皇的个人动机和政治环境都促使他审判伽利略。个人动机大概是指乌尔班八世在书中被讽刺为头脑简单的辛普利邱，这让他怒不可遏。[4] 虽然他的观点也有可取之处，但没有任何书面证据能说明教皇的愤怒是指控这本书的根本原因，实际上这种特殊的看法是在1635年，也就是审判结束两年后才浮出水面的。毫无疑问，伽利略从未想用这种方式侮辱教皇，甚至在流言四起以后，法国大使和卡斯泰利还成功地让教皇相信这流言中没有半句真话。索尔兹伯里关于政治环境的猜测更加耐人寻味，他写道：

> 再加上他［教皇］与他挑剔的侄子们——安东尼奥与弗朗切斯科·巴尔贝里尼这两位红衣主教（他们因治理不善而使意大利全境陷入内战），想要报复他们的大公，以攻击大公宠臣的方式间接攻击他。[5]

换句话说，索尔兹伯里认为，对伽利略的审判代表了教皇要报复赞助伽利略的美第奇家族，因为美第奇家族对三十年战争的军事支持并不热心。

不管哪种说法才合理，6月16日，宗教法庭召开会议并做了一个无情的决定：

> 至圣［教皇］下令审问被告伽利略，甚至威胁要对他施以酷刑。审问结束后，他将在宗教法庭的一次全体会议上因具有极大的异端嫌疑而声明放弃他的信仰；随后宗教法庭会议将宣布他被判处监禁，并且命令他不得再以任何方式，无论是口头形式还是书面形式，对地球运动而太阳静止的学说表示支持或反对，否则他将再度遭到惩罚。[6]

此外，教皇还决定将《对话》列入《教廷禁书目录》。教会也用各种手段在公众和其他数学家中间广泛传播这个决定。虽然他们不会真的对伽利略这个年纪的老人用刑，但即使是正式地威胁要用酷刑，也一定让他吓坏了。

法庭特地用三种不同的方式询问伽利略相不相信哥白尼模型。这位已经身心俱疲、濒临崩溃的老人回答，根据1616年的教令，他认为托勒密的地心说是正确的。我们可以想象伽利略说出这些话时心里有多么痛苦。他进一步声称，撰写《对话》只是为了说明仅凭科学无法得出盖棺定论的意见，因此，人们必须依靠"更精妙的学说来确定"。换句话说，就是遵照教会的意见。

第二天发生的事情，至今仍称得上是我们的思想文化史上最可耻的事件之一。当着裁判官的面，伽利略跪在地上，听着裁判官说他使自己"具有极大的异端嫌疑[7]，持有并相信了一种错误的且违背上帝与《圣经》的学说，也即太阳是世界的中心，并不自东向西移动,而地球是移动的,并非世界的中心。他还错误地认为,即使这个观点已经被确认和宣布违背《圣经》之后,仍可以持有这个观点,还为其辩护"。

随后,宗教法庭的红衣主教们又故作仁慈地补充道:

> 我们愿意免除你的这些罪行[所有的定罪和惩罚],但首先你要按照我们规定的形式和方法,怀着诚意与真挚的信仰,在我们面前宣布放弃、诅咒并憎恶上述错误和异端学说,以及一切与天主教及教会相悖的错误和异端。[8]

判决包括:伽利略根据宗教法庭的意愿接受"正式监禁";必须每周背诵七篇忏悔诗,为期三年;《对话》被查禁。

我们不知道红衣主教弗朗切斯科·巴尔贝里尼(和另外两人)没有在判决上签字,是否反映了他们反对给伽利略定罪,又或者只是因为审判与他们的日程有冲突。我们确切知道的是,在伽利略宣读放弃声明时,弗朗切斯科·巴尔贝里尼正在与教皇乌尔班八世会面。[9]

伽利略再次跪在地上,念起了法庭给他的公开放弃声明:

> 我,伽利略,佛罗伦萨已故的温琴佐·伽利略之子,七十岁,亲自受审,跪在各位最杰出的、最受尊敬的红衣主教、宗教法庭庭长面前,反对整个基督教世界的异端的邪恶学说。我以眼前和手中的《圣经》发誓,我过去一直相信,

现在依旧相信,在上帝的帮助下,我在未来将继续相信教会所持有、宣讲和教导的一切。

然后,在承诺"彻底抛弃哥白尼学说的错误观点"后,伽利略读出了放弃声明的关键内容:

> 因此,我希望阁下和每一个忠实的基督徒能够解开针对我的强烈怀疑,我诚心诚意地声明放弃、诅咒并憎恶上述的错误和异端,以及其他与教会相悖的错误、异端和派别。我发誓,我未来永远不会以口头形式或书面形式,再去讨论或肯定任何会导致我有类似嫌疑的内容。相反,如果我知道任何有异端思想或异端嫌疑之人,我会向宗教法庭、我所在当地的裁判官或其他人告发他。[10]

不得不说出这些贬损自己一生大部分工作的话,一定让他感到了我们难以想象的耻辱。有些科学史学者争论说,如果伽利略不那么咄咄逼人,事情就会有更好的结果,但他们忽略了一个简单的事实,伽利略是在酷刑的威胁下被迫声明放弃他深信不疑的信念的。审判伽利略的裁判官们不会知道,在随后的四个世纪里,这个臭名昭著的事件将变成异端裁判所最令人愤慨的决定。

传说,伽利略在离开现场时仍喃喃自语道:"然而它还在动。"(E pur si muove.)"它"指的正是地球。据说这个故事最早来自一幅17世纪中叶的画作。在这幅画中,身陷囹圄的伽利略正看着他刻在墙上的地球绕日运行图，图的下方就写了这句话。有人推测这幅画应当创作于1643年或1645年，以此证明这个传说大约在伽利略死后不久便开始流传了。2019年我彻底调查了此事，并对这幅画的真实性深感怀疑。[11]

居住在伦敦的意大利人朱塞佩·巴雷蒂（Giuseppe Baretti）于18世纪撰写了《意大利图书馆》(*The Italian Library*)，这句传说中的名言便第一次出现在印刷品之中。[12] 伽利略不太可能当着裁判官的面小声嘀咕，但他心里一定这样想，有可能对朋友说过类似的话。无论如何，伽利略对审判充满怨恨，对裁判官充满蔑视，在他的余生中一直挥之不去。

今天，"然而它还在动"这句话已经成为知识分子反抗权威的象征，意味着"不管你相信什么，这都是事实"。不幸的是，在一个"另类事实"的时代，适合用这句话的场合竟越来越多了。

在指控伽利略的时候，教会的行动在其合法权力范围之内吗？从非常狭义的角度看，答案很可能是肯定的，因为贝拉尔米内向伽利略发出过警告，塞吉齐也对他颁布了禁令。对伽利略的指控主要基于两个事实：第一，他违反了1616年的禁令；第二，他没有将禁令透露给里卡尔迪与埃吉迪，从而"巧妙而狡猾地"获得了印刷《对话》的出版许可。在这个意义上，他被定罪是合理的。声明放弃学说也是个必要的步骤，如果没有它，伽利略就不是有"异端嫌疑"，而会真的变成异端，而我们知道，焦尔达诺·布鲁诺就因此被烧死在火刑柱上。

然而，如果从更广阔的视角来评判这件事，那我还要说明一个更重要的问题。审判并监禁伽利略，禁止他出书，这是不对的，但这不仅是因为伽利略关于太阳系的科学研究观点正确。即使地心说模型才是正确的，这些违背思想自由同时在某种意义上也违背了宗教信仰的行为，仍然是错误的。人们从伽利略事件中能学到的更重要的一课是，任何官方机构，无论是宗教性的机构还是政府，都无权惩罚科学观点、宗教观点或任何其他类型的意见（无论其正确或错误），只要这些意见既不伤害他人，也不煽动别人伤害他人。这也就是为什么伽利略在审判中获得判决并声明放弃以后，伽利略事件的真相仍在人性良知中生根。在这件影响深远的事件中，审讯者才是罪魁祸首，而事件本身仍在不断提醒人们，永远不要把表达真理的自由视为理所当然而不予珍惜。

第十四章

一位老人，两种新科学

伽利略的刑罚中包括监禁。因此他必须知道监禁的地点。幸好教皇为他减刑并允许他从1633年6月30日起在锡耶纳大主教阿斯卡尼奥·皮科洛米尼的家中软禁，伽利略在那里度过了大约半年的时间。尽管人身自由受限，伽利略还是很享受在大主教家中的生活。这位愿意接受新知识而且学识渊博的大主教称伽利略是"世界上最伟大的人"。就是在皮科洛米尼的家里，伽利略开始写他的最后一部著作《关于两门新科学的对谈及其数学证明》，这本书总结了他在帕多瓦的所有实验工作以及他对力学的见解。历史的转折极具讽刺意味，伽利略的力学理论恰恰是后来牛顿证明哥白尼学说正确性的必备工具。

在锡耶纳期间，伽利略最渴望的就是回到他在佛罗伦萨附近阿切特里的家。在他离家期间，家事由他的女儿玛利亚·塞莱斯特修女管理，她就住在附近的修道院。伽利略很高兴地从她的信中得知，柠檬、豆子与莴苣长势喜人，酒桶里的酒味道也不错。

这位年轻女子即使在她的老父亲人生最黑暗的时刻，也能用她那不同寻常又充满深情的平静来安慰他。在放弃了其他形式的爱之后，她把最温柔的爱献给了伽利略。她还在他受审后给他写信：

> 您新近遭受痛苦的消息是多么突然又出乎意料，在听到关于对您的书和您本人的最终决定时，我的灵魂更是感到极度的悲伤和刺痛……您现在应当比以往任何时候都更加善用上帝赐予您的谨慎，并且用您的信仰、您的专长以及您的年纪所需要的精神力量来承受这些打击。[1]

1633 年 12 月，教皇终于允许伽利略回到阿切特里，他将被永远软禁在家中，并绝对不可以在家里召集知识分子、科学家和数学家聚会。虽然伽利略很高兴能回到家乡，待在亲爱的长女身边，但这种幸福相当短暂。玛利亚·塞莱斯特修女在伽利略回来仅三个月后就去世了，享年 33 岁。伽利略悲痛欲绝。他给在巴黎的朋友埃利亚·迪奥达蒂写信说："我有两个女儿，我非常爱她们。特别是我的大女儿，她是一个心思细腻的女子，无比善良，对我的感情最深。"

伽利略在工作中寻求安慰，他于 1635 年勉强完成了《对谈》。他原本打算在威尼斯出版这本书，结果这说起来容易做起来难。意大利所有的地方裁判官，都收到了罗马异端裁判所发来的伽利略的判决和放弃声明。威尼斯的裁判官通知伽利略的朋友（也是保罗·萨尔皮的传记作者）富尔亨西奥·米坎齐奥

（Fulgenzio Micanzio），罗马已经发布命令，禁止出版伽利略的所有著作，也不得再版他以前出过的书。因此，伽利略秘密地将《对谈》寄给了不在意大利的朋友，希望能在天主教会和耶稣会的统治圈外找到一个出版商。

其中一位朋友，军事工程师乔瓦尼·皮耶罗尼（Giovanni Pieroni）试图在布拉格出版这本书，但没有成功。他给伽利略写信表达了他的沮丧。"我们生活在一个多么不幸的地方，"他抱怨道，"这里盛行一种坚定的决心，要消灭所有的新事物，特别是科学领域的新事物，就好像我们已经掌握了一切可知的东西。"[2] 事实上，正是人类认识到自己并非知道一切知识，同时认识到探索、观察和实验是获得新见解和新知识的最佳途径，才标志着科学革命的开始，而伽利略在这场革命中扮演了重要的角色。

最终，荷兰莱顿市新教大学城中一位有本事的出版商路易斯·艾瑟维尔（Louis Elsevier）于1638年出版了这本书。艾瑟维尔在访问威尼斯时设法拿到了一本《对谈》副本。第二本是由法国驻罗马大使偷偷带给他的，这位大使是伽利略的忠实崇拜者，他在返回法国前获准拜访伽利略的家。

《关于两门新科学的对谈及其数学证明》

《对谈》（扉页见图14.1）标志着伽利略科学故事的最后一章。[3] 与《对话》一样，这本书中又有萨尔维阿蒂、萨格雷多和辛普利邱等人的参与，他们这次讨论的是力学方面的话题，而非高深的世界体系。标题中提到的"两门科学"指的是用数学描述物理性质与材料强度，以及运动的原理。

这本书囊括了伽利略在力学方面的重要发现，比如在没有空气阻力的情况下，重的物体与轻的物体以同样的速度下落（而不是像亚里士多德宣称的那样，重的物体下落得更快）。为了证明这一点，伽利略使用了一个漂亮的"思想实验"。他说，想象一下，你把一个轻的物体和一个重的物体连接在一起。根据亚里士多德的观点，既然较轻的物体下落得慢，那么它就应该使较重的物体慢下来，因此连接起来的物体应该比重的物体下降得**更慢**。但是如果我们可以把两个连接起来的物体看作一个物体，它就比原来的重物更重，那么根据亚里士多德的观点，它们应该比单个的重物下降得**更快**——这是一个明显的矛盾。

伽利略在帕多瓦的实验中让球从斜面上滚下，其结果不完全符合真正的自由落体，为了解释这一点，他必须说明球在斜面上滚动的运动与自由落体运动之间究竟存在何种关系。他指出，球滚下斜面后最终达到的速度，只取决于球在**垂直方向**上通过的路程，与斜面的坡度无关。从这个意义上讲，自由落体运动可以看作球从垂直的平面上滚下的运动。

计算抛体的轨迹也是伽利略最杰出的成就之一。这是他在 1608 年一次实验的成果，实验是将一个斜面放在水平的桌面上，让球沿斜面滚到水平的桌面上，球沿着一条轨迹飞出桌子边缘，最终落在地面上。伽利略测量了球通过的垂直方向距离和水平方

图 14.1 《对谈》的扉页

向距离，了解到球（在空中的）水平运动几乎保持匀速（因为空气阻力使它放慢的程度是微不足道的）而垂直方向上做的是自由落体运动，由此他能推断出轨迹的几何图形。大致上讲，物体下落的垂直距离与它在水平方向上通过距离的平方成正比。也就是说，如果物体在水平方向上通过的距离是原来的两倍，那么它在垂直距离上通过的距离就是原来的四倍。这条轨迹精确地描摹了自古以来被称为"抛物线"(parabola)的曲线。

总的来说,伽利略书名中的"新"并不是指书中讨论的主题新。毕竟,在伽利略之前的几千年里,人们就已经使用木梁来建筑房屋(因此人们对木梁的强度很感兴趣),古希腊人也曾用弓和弩将物体射向天空,更不用说《圣经》中大卫和歌利亚的故事了*。伽利略讨论中的崭新之处是他运用力学的方式。通过实验(例如用倾斜的平面)、抽象化(发现数学定律)和理性归纳(认识到同一个定律适用于所有加速运动)的巧妙结合,伽利略建立的现代研究方法,后来成为研究所有自然现象的工具。

也许伽利略力学思想演变的最好证明是他的惯性定律,后来被称为牛顿第一运动定律。伽利略从亚里士多德的"自然"运动与"受迫"运动的概念出发,意识到如果没有空气提供的浮力,即使是火也会向下运动。他开始思考,如果没有力作用在物体上,这个物体会如何运动。最后,他在《对谈》中找到了答案:"在水平面上,运动是均匀的[匀速的],因为在这里它既不加速也不减速。"接着他说到了关键:"只要消除了加速或减速的外部因素,任何传递到运动体上的速度都能保持稳定,这种条件[大体上在实验中]只有在水平面上才能找到。"他补充说,

---

* 根据《圣经》记载,歌利亚是非利士人的战士,拥有无穷力量。他带兵进攻以色列,所有人看到他都不敢应战。最后,大卫用石子与甩石的机弦打中了歌利亚的脑袋并割下了他的首级。大卫日后统一以色列,成为著名的大卫王。——译者注

这种速度"将以均匀的速度把物体带到无限远的地方"[4]。

牛顿的第一运动定律确实指出,除非受到外力作用,否则物体将保持静止或沿直线匀速运动。要阐述这个定律,伽利略需要想象一个没有摩擦力的世界,但说起来容易,实际做到很难。摩擦力是我们日常生活中处处体验到的常见现象——它使我们能行走,能用手握住物体,它使我们看到的每一个运动物体速度慢下来。因此,要想象没有摩擦力会发生什么,需要一种十分惊人的抽象思考能力。

这就是伽利略最厉害的地方。他确立了所谓"自然法则"存在的信念,这些法则是普遍有效的,而且永远可以重现。自然界不会撒谎,正如爱因斯坦在几个世纪后所说:"上帝难以捉摸,但他并无恶意。"[5]在《对谈》第三天讨论的导言中,伽利略写下一段话,可看作他对自己贡献的总结:

> 我的目的是提出一种崭新的科学,来处理一个非常古老的主题……我已经通过实验发现了一些值得去了解的属性,它们迄今为止还未被观察到或证明出来……我认为更重要的是,现在进入这个最庞大、最优秀的科学领域的大门已经打开,而我的工作只是一个开始,其他比我更敏锐的头脑将遍寻它的每一个角落。[6]

彩插1 佛罗伦萨物理与自然历史博物馆"瞭望台"(La Specola)中的伽利略展室。伽利略的雕像由阿里斯托代莫·科斯托利(Aristodemo Costoli)创作。壁画由路易吉·萨巴泰利(1772—1850)绘制。壁画从左至右展示了伽利略在比萨大教堂观察吊灯,伽利略向威尼斯元老院展示他的望远镜以及年老失明的伽利略与其弟子对话

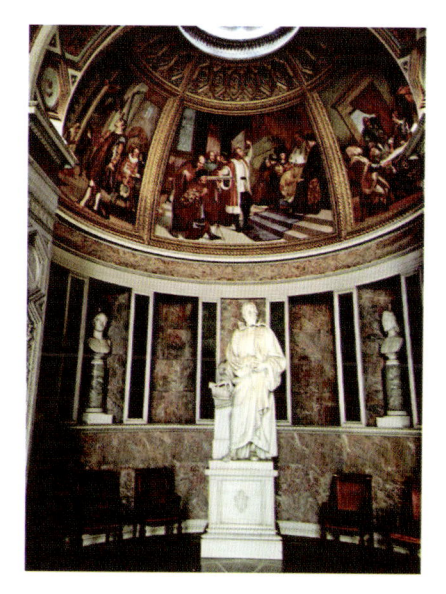

彩插 2　伽利略最初的两台望远镜。他在自己的工作室设计并制造了这些望远镜

彩插3 伽利略的一片望远镜物镜（位于正中间）。他于1609年末至1610年初制作完成，并用它多次观测。1677年，维托里奥·克罗斯滕（Vittorio Crosten）制作了这个框架。现藏于佛罗伦萨伽利略博物馆

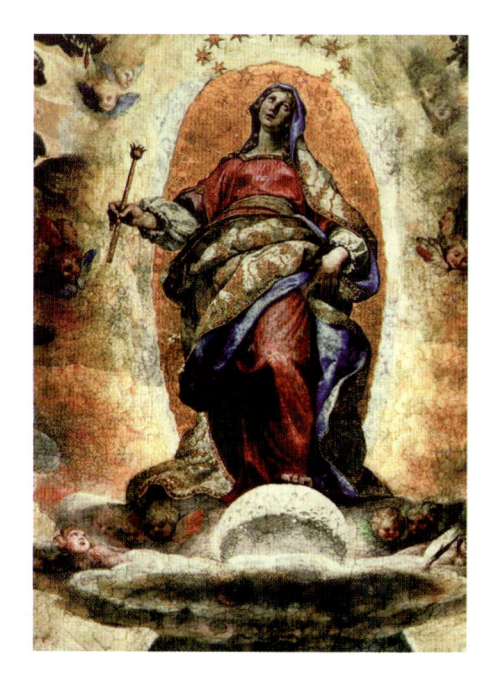

彩插4 罗马圣玛利亚马乔里大殿的波林礼拜堂壁画局部。由西戈利（1559—1613）绘制。圣母所站立的月球上布满了坑洼，正如伽利略的观测所揭示的那样

彩插5 《地出》。这是一张地球和部分月球表面的照片，由阿波罗8号宇航员比尔·安德斯从月球轨道上空拍摄，摄于1968年12月24日。伽利略是第一个发现月球表面像地球的表面一样崎岖不平的人，并且也是第一个知道从地球反射的光线能照亮月球夜晚的人

彩插6 伽利略给威尼斯执政官莱昂纳多·多纳托（Leonardo Donato）的信件草稿，其中附有关于木星卫星的说明。这是现存最早的伽利略的木星观测记录

彩插 7　晚年的伽利略与其弟子兼传记作者温琴佐·维维亚尼。维维亚尼从 1639 年开始协助伽利略，直到 1642 年伽利略去世，当时伽利略被软禁在佛罗伦萨附近阿切特里的别墅。这幅画由蒂托·莱西（Tito Lessi，1858—1917）创作

彩插 8　伽利略事件是从 1610 年到 1633 年围绕伽利略审判与定罪的一系列事件，图上是 19 世纪画家约瑟夫 – 尼古拉斯·罗伯特 – 富勒利所画的伽利略受审的情景

彩插9　伽利略纪念碑，由乔瓦尼·巴蒂斯塔·福吉尼（Giovanni Battista Foggini，1652—1725）创作，位于佛罗伦萨维维亚尼家正面临街的外墙上。正门两侧是两块颂扬伽利略生平的铭文，房子现在也因此被称为"纪念宫"（Palazzo dei Cartelloni）。维维亚尼把他房子正面的外墙变成了伽利略的纪念碑

彩插10　伽利略的右手食指、右手拇指和一颗牙齿，它们是1737年伽利略的遗体被移动时从他的身体上脱落的。这些残片存放于伽利略博物馆中

彩插 11　本书作者在佛罗伦萨圣十字大教堂的伽利略墓前。该墓位于米开朗琪罗墓的对面，由朱利奥·福吉尼（Giulio Foggini）设计

彩插 12　伽利略半身像，由卡洛·马尔切利尼（1644—1713）制作，位于佛罗伦萨的伽利略博物馆

第十五章

晚年岁月

1634年是伽利略一生中最艰难的一年。他不仅被软禁，还失去了心爱的女儿，就连他的弟弟米凯兰杰洛也失去了他的妻子和四个孩子——他们都死于慕尼黑暴发的瘟疫。忧心如焚的伽利略唯一能做的，就是给弟弟寄去一些钱，邀请他和他剩下的两个儿子到阿切特里相聚。

伽利略的眼睛也开始令他烦心。起初，他认为自己视力下降是因为他在准备写作《对话》时不得不苦读。虽然他还在继续研究与海上领航有关的问题，甚至开始用钟摆做一系列实验，但他的视力在迅速下降，开始是右眼，接着是左眼。根据他对自己失明病程的描述，现代眼科医生诊断他是患了双侧葡萄膜炎（一种眼球壁中层组织炎症）或慢性闭角型青光眼。[1] 在他生命的最后四年，他已完全失明。

痛苦的伽利略再也不能用他心爱的望远镜看东西了，他给朋友迪奥达蒂写信说：

唉,我的好先生,你亲爱的朋友和仆人伽利略以这样一种方式无可救药地完全失明了:天空、世界和宇宙,在我奇妙的观察与清晰的演示中,我曾将它们放大了一百倍、一千倍,超越了过去几个世纪中所有有识之士最普遍相信的东西。但现在,它们在我眼前缩小了,消失了,甚至还不如我的躯壳大。[2]

在这段痛苦的时期里,诗人约翰·弥尔顿于1638年前来拜访伽利略。当时普遍认为旅行能开阔眼界、增长见识,弥尔顿因此在欧洲旅行,他试图与尽可能多的知识分子见面。在佛罗伦萨一次文学界的社交中,弥尔顿遇到了伽利略的儿子温琴佐,他抓住机会,得以面见这位欧洲最著名的科学家。人们对于这次会面知道的不多,但毫无疑问,伽利略的发现、对他的审判以及对他的书的定罪,都对弥尔顿产生了很大的影响。在《失乐园》中,弥尔顿提到"伽利略的望远镜"以及他发现的无数星星:

> 它的广袤可说是无限的,
> 其中有无数的星辰,每个星
> 可说是某个特定居民的世界。*

1644年,弥尔顿发表了一本题为《论出版自由》(Are-

---

* 译文引自朱维之译《失乐园》(人民文学出版社)。——编者注

opagitica）的小册子。这个标题的灵感源于古希腊的一座山丘，雅典的公民大会曾在那里召开。在这本小册子中，他反对书籍审查。这篇文章至今仍是呼吁言论自由的文章中最激情洋溢的一篇，美国最高法院在解释美国宪法第一修正案时也提到了它。

在《论出版自由》一书中，弥尔顿热切地写道：

> 上议院议员与下议院议员们，也许有人会对你们说：有学识的人非议这项法令的理由都是浮夸之辞，而不是实在的说法。为了避免这一点，我可以把我在宗教法庭猖獗一时的国家中所见所闻的一切复述出来。我有幸和他们的博学之士来往。他们都认为在英国是可以自由抒发哲学理论观点的地方，并认为我能生长在这样一个国家里是很大的幸运。而他们自己却不住抱怨自己的学术陷入了一种奴役的状态。就是由于这种状态，意大利智慧的光辉才一蹶不振，近年来除了谄媚阿谀之词以外并没有写出过任何东西来。我就在这里会见了年迈力衰的名人——伽利略，他由于在天文学上的见解与方济各会以及多明我会的检查员的思想不合，就被宗教法庭囚禁起来。[3]*

可悲的是，弥尔顿的这种判断是正确的。至少在一段时间内，伽利略的命运让人不寒而栗，阻碍了他们继续解读宇宙。伟

---

* 译文引自吴之椿译《论出版自由》（商务印书馆），引文有改动。——编者注

大的法国哲学家勒内·笛卡儿在 1633 年 11 月写了一封信给他和伽利略共同的朋友，博学家马兰·梅森（Marin Mersenne）。他在信中哀叹：

> 我在莱顿和阿姆斯特丹询问有没有伽利略的《世界体系》[《对话》]，因为我记得曾听说它去年在意大利出版了。我被告知，它确实已经出版，但很快所有的书都在罗马被烧毁，并且伽利略已遭到定罪和罚款。我对此感到非常惊讶，差点因此决定烧掉我所有的文件，或者至少不让任何人看到它们。[4]

幸好伽利略最终取得了胜利。1635 年，《对话》的拉丁文译本已在法国新教城市斯特拉斯堡出版。尽管缓慢，但教会本身也确实开始发生变化。1757 年，教皇本笃十四世意识到，天主教会的天文学家自己也在使用哥白尼的模型，于是废除了禁令，允许书籍讨论哥白尼学说中地球绕日运动而太阳静止的基本原则。1820 年，宗座宫总管拒绝批准一本描述日心说模型的书印刷，但他的意见被教皇庇护七世驳回，教皇下令"对于支持哥白尼的地球运动学说的人而言，不存在任何障碍"。1822 年，教会甚至宣布，如果禁止出版将地球绕太阳转动作为既定科学事实的书籍，将面临惩罚措施。最后，1835 年，哥白尼的书与《对话》都从《教廷禁书目录》中删除了。

伽利略的身体状况在最后 4 年迅速恶化。现代医学研究者推测，他患上了一种免疫性风湿病——反应性关节炎。[5]一位被派去证实伽利略的抱怨的裁判官发现，伽利略患有严重的失眠，"他看起来更像一具尸体，而不是一个活人"。不过，尽管教皇允许伽利略搬到他儿子家居住，以便他能够得到更好的治疗和照顾，但教皇还是坚持禁止伽利略在任何情况下讨论哥白尼学说。1641年11月，伽利略感染了热病，他于1642年1月8日晚去世，大概是死于充血性心力衰竭和肺炎。他的儿子温琴佐和他的两个学生——温琴佐·维维亚尼与发明气压计的天才实验家埃万杰利斯塔·托里拆利——都陪在他身边。彩插7中描绘了维维亚尼与伽利略。维维亚尼动情地描述了伽利略的离世：

> 在七十七岁零十个月二十天的时候，他以对哲学和基督的忠心，将他的灵魂献给了他的造物主，将其送向远方。我们相信，他将以更近的距离享受和欣赏那些永恒不变的奇迹，而这个灵魂，曾如此迫切焦急地用能力微弱的设备，想让我们这些凡人的眼睛接近这些奇迹。[6]

伽利略在遗嘱中要求将自己葬在圣十字大教堂（Basilica of Santa Croce）的家族墓中，与他的父亲温琴佐相邻。然而，由于害怕激怒教会，他们将他埋在教堂钟楼下的一个很小的墓室中。斐迪南大公计划在著名艺术家米开朗琪罗·博纳罗蒂的墓穴对面为他建造一座纪念性的墓穴，但这个建议被教皇乌尔班八世否决了，教皇还是认为伽利略的看法不仅错误，而且对基督教也是危险的。在这种情况下，伽利略最终还是占了上风。他的遗体在隐秘的墓室里躺了近一个世纪，但他最欣赏的弟子维维亚尼后来立下遗嘱，确保他们二人的遗体在 1737 年 3 月 12 日被移到了一个精美的石棺里。[7]后来，墓上还竖立了一座气势恢宏的纪念碑（见彩插 11）。事实上，维维亚尼将他一生的大部分时间都花在为他伟大的老师建造最终安息的居所上了，他甚至还把自己房子的外墙也改造成了伽利略的纪念碑铭（见彩插 9）。但教会要认识到自己在伽利略事件中的过错，其过程则更加缓慢曲折。

第十六章

皮奥·帕斯基尼的传奇故事

也许没有哪一个故事，能比皮奥·帕斯基尼（Pio Paschini）蒙席的故事更好地说明，为什么今天我们仍要介绍、讲述和理解伽利略为思想自由而奋斗的一生。[1]

1941年，教皇科学院决定在伽利略逝世300周年之际出版一本新的伽利略传记。科学院院长阿戈斯蒂诺·杰梅利（Agostino Gemelli）提出，这个项目的目标是"充分证明教会并未迫害伽利略，而是给他提供过客观的帮助"。也许杰梅利猜到这个目标会引起惊讶甚至愤怒的情绪，他补充说，这本书"不会是一部护教作品，因为维护宗教不是学者的任务。它将是一部围绕文献展开的历史研究和学术研究作品"。罗马拉特兰宗座大学备受尊敬的教会史教授兼校长皮奥·帕斯基尼蒙席被选为该书的撰写者。帕斯基尼的正统观念和正直为人是出了名的。

尽管帕斯基尼之前没有写作科学史的经验（他承认宇宙理论对他来说"深奥而枯燥"），而且他从未研究过伽利略，但他还是为这个项目付出了艰辛的努力，仅用了三年时间就撰写出《伽利略·伽利雷之生平与著作》(Life and Works of Galileo Galilei)[2]一书，于1945年1月23日完成了手稿。[3]根据协议要求，帕斯基尼必须将这本书提交给教会当局审查。非常讽刺的是，历史在那时重演。帕斯基尼对伽利略的一生公正真诚的评判中，包含了一些对教会行为的严肃批评。这本书引起了杰梅利和宗教法庭的不满，被认为"不适合"出版。[4]

帕斯基尼在一些信中谈到此书被拒绝出版的情况，特别是在给他的朋友，司祭、历史学者兼图书管理员朱塞佩·瓦莱的信中说起此事。从信中内容来看，教会不批准这本书的主要原因是认为它"不过是在向伽利略道歉"[5]。帕斯基尼把伽利略被定罪的责任完全归到了教会和耶稣会头上。他解释说，伽利略在《对话》中客观地提出了支持哥白尼与反对哥白尼的意见。帕斯基尼认为，哥白尼学说在书中显得更有说服力，这并不是伽利略的错。从帕斯基尼的信中我们可以进一步推断，审核他的书的人批评他时，仍有一部分观点依靠的是贝拉尔米内的旧论点，认为没有确凿的证据能够证明地球运动。帕斯基尼轻而易举地否定了这一点，他指出，支持托勒密地心说模型的确凿证据更少。

尽管帕斯基尼最初坚决反对不出版此书的决定，但他最终还是放弃了，并且"为了教会的利益"而服从教会的要求，不再讨论此事。帕斯基尼于1962年12月去世，合法地将他未出版的手稿留给他的前助教米凯莱·马卡罗内（Michele Maccarrone）保存。1963年，马卡罗内为出版这本书奔走游说。他与各级教会官员会面，其中包括教皇保罗六世，教皇过去担任副国务卿时曾告知帕斯基尼关于他的书的负面评价。

马卡罗内的努力似乎得到了回报，因为教皇科学院对出版这本书有了兴趣，这时恰逢伽利略诞辰400周年。科学院委派耶稣会学者埃德蒙·拉马勒（Edmond Lamalle）给这本书做一次更新。拉马勒做了一系列的修订，他说这些修订"有意做得非常谨慎"，并且"至少在我们看来是不可缺少的修正"。他还加上了导言。在导言中，他概述了他认为原稿的缺点，也就是他试图纠正的不足之处。修订后的书于1964年10月2日以原本的书名出版，并由拉马勒作序。拉马勒的评论给人的大致印象是，除了一些微小的校订外，这次出版的书与帕斯基尼的手稿内容基本相同。[6]

大约在同一时间，第二次梵蒂冈公会议于1962—1965年举行，会议分为四期，每期2~3个月。在此期间，教会在"现代世界的教会"这个大主题下讨论了宗教与科学的关系。讨论的一部分内容是一个委员会的报告草案，其中有一句重要的话："我们必须在人类弱点允许的情况下，尽最大努力使这种错误［将科学与信仰对立］不再重演，例如对伽利略的定罪。"然而，由于一些主教的反对，这段明确提到伽利略事件的文字被删除，换成了更笼统的说法：

因此，人们会发现，即使基督徒当中也有人感到遗憾，因为我们未能充分认识到科学具有正当的自主性，而这种态度引起了许多分歧和争议，导致许多人认为信仰与科学之间存在对立。[7]

伽利略的例子被挤到了脚注中:"参见 P. 帕斯基尼,《伽利略·伽利雷之生平与著作》,2 卷,教皇科学院,梵蒂冈,1964 年。"

如果不是因为 1978 年参加纪念帕斯基尼会议的彼得罗·贝尔托拉(Pietro Bertolla)决定将帕斯基尼的原稿与已出版的作品逐字逐句地比较,上述这些做法应当是相当稳妥的。[8]贝尔托拉发现了几百处改动,但考虑到该书有 700 多页,从数字上看并不过分。然而,当贝尔托拉仔细研究各个改动时,他发现有些地方的修改竟导致文本与帕斯基尼的原意背道而驰。拉马勒还特意弱化了伽利略科学发现的意义,在写到伽利略与异端裁判所沟通的过程时,他还对伽利略大加指责。例如,在讨论 1616 年的反哥白尼教令时,帕斯基尼写道:

> [教令]直接反对哥白尼学说,并且根据这个草率颁布的教令给人定罪,这在严谨的宗教法庭中绝对是不常见的。更糟的是,从来没有人更慎重地重新审查这个教令。漫步学派[亚里士多德派哲学家]已经取得了胜利,他们不想这么快就放弃。至于伽利略,他正是因为这样的禁令而被迫沉默的。[9]

然而,拉马勒在已出版的书中将文字改为:"考虑到如此公正严谨的宗教法庭颁布了这样的教令,今天的我们确实会感到惊讶。但如果从当时的学说和科学知识环境考虑，就不应该感到惊讶。"换句话说，帕斯基尼坚持认为1616年的反哥白尼教令，就算往好了说也是非常轻率的，而且从未有人重新审查过它，这是不可原谅的；但是拉马勒修改后的意思是，尽管教令的颁布是个不幸的错误，我们谁也想不到异端裁判所这样明智的机构会犯错，但毕竟这事发生在17世纪，就完全可以理解。此处的重点并非拉马勒的解释正确与否，而是他在陈述自己的观点时仿佛那就是帕斯基尼的观点，却又不加以说明，这是学术上的不诚实。在修订帕斯基尼关于伽利略1633年被定罪的结论时，他又一次欺骗了读者。帕斯基尼引用一篇1906年的文章写道：

关于［定罪］责任，我们可以坦率地说："在历史之眼中，最该受指责的人是过时学派的捍卫者，他们看到科学的权杖从他们手中滑落，无法忍受从他们口中说出的神谕不再被虔诚地听从，因此他们用尽一切手段和阴谋，想要赢回他们的教义正在失去的赞扬。他们所用的主要手段之一就是宗教法庭及其权威，而后者的过错就是允许自己被利用。"[10]

帕斯基尼把责任推给了保守的耶稣会士与异端裁判所。拉马勒引用1957年的一篇文章把这段话整段替换了，其中声称："人们正在进行一场伟大的斗争……科学理性迈出了大胆的一步，尽管没有提出决定性的证据；而这样的一大步需要重新组合宇宙呈现出的所有已经被人熟悉的表象，无论是在科学家的头脑中，还是在普通人的头脑中。"

换句话说，拉马勒认为帕斯基尼的观点已经过时了。不管拉马勒的观点正确与否，尽管他声称并非如此，但至少在帕斯基尼关于异端审判所如何对待伽利略及哥白尼学说的结论方面，他确实篡改了帕斯基尼的书。

帕斯基尼的整个传奇故事发生在 20 世纪中叶，确实让我们感到苦涩，也让我们怀疑，教会对思想自由的限制以及教会中知识分子的不诚实，似乎也不是非常遥远的陈年旧事。

"科学真理与启示真理的深层和谐"

在爱因斯坦百年诞辰之际，教皇科学院召开了一次会议，约翰-保罗二世在会上发表了题为《科学真理与信仰真理的深层和谐》(Deep Harmony Which Unites the Truths of Science with the Truths of Faith) 的演讲。[11] 在这次演讲中，教皇做出了几个具有历史意义的表态。首先，他承认伽利略曾因教会官员和机构的行为而"吃了不少苦头"。其次，第二次梵蒂冈公会议"强烈谴责"宗教对科学事务的无端干预。教皇接着指出，伽利略（在《致贝内代托·卡斯泰利的信》与《致克里斯蒂娜大公夫人的信》中）表达了一种观点，如果充分地解释《圣经》，科学和宗教会是和谐统一的，而不是相互矛盾的。

也许最重要的是，教皇鼓励开启一项对整个伽利略事件"完全客观"的研究。1980年10月这个倡议宣布时，一下子成了全世界的头条新闻。例如，《华盛顿邮报》宣称："世界转向支持伽利略。"[12]《华盛顿邮报》的文章的结论是，教皇这么做是因为"对伽利略的审判，经常被教会反对者当成教会干涉科学的象征，而教皇想将它从人们的记忆中抹除"。教皇任命的委员会并未说明其实际职责是"重审"伽利略案，而是表达了要反思整个伽利略事件的意愿。

梵蒂冈的委员会于1992年10月31日发表了最终报告，同时教皇同意，他认为委员会的工作已经完成。在听完委员会主席的介绍后，教皇亲自在一个有关数学和科学**复杂性**现象的会议上发表了讲话。他的主要观点之一就是讨论科学研究结论与解释《圣经》之间的关系——伽利略曾为这个问题付出了大量的脑力劳动，结果还是被教会阻挠。教皇承认说："矛盾的是，伽利略作为一名真诚的信徒，却证明他自己在这个问题上比神学家看得更透彻。大多数神学家没有意识到，《圣经》本身与对《圣经》的解释之间存在重要区别，而这导致他们不恰当地将一个本属于科学领域的问题，当成了宗教领域的问题。"[13]

教皇很有远见地补充道，伽利略事件带来的教训必将影响未来，"总有一天我们会发现自己处于类似的境地"。然后他重申他的信念说，科学和宗教之间是完美和谐的。

有了这番演讲，教会等于基本宣布了伽利略·伽利雷案的结束，引起了全球媒体的狂欢。《纽约时报》宣布："350年后，教皇称伽利略是对的，地球在运动。"[14]《洛杉矶时报》也有类似的消息:"官方消息:地球绕着太阳转。连教皇都这么认为。"[15]一些研究伽利略的学者并不觉得好笑。西班牙历史学家安东尼奥·贝尔特兰·马林(Antonio Beltrán Marí)写道:"教皇依旧认为自己是可以评判伽利略及其科学的权威,这个事实说明,在教皇的立场上什么都没有改变。他虽然承认了审判伽利略之人的错误,但其举动与他们并无区别。"[16]

平心而论,教皇在某种意义上处于必输无疑的境地。他无论对教会的错误说了什么,或者没说什么,都会因为一些理由受到批评。说到底,官方给伽利略的神学平反来得太迟了。

有趣的是,教皇约翰-保罗二世在1979年和1992年的演讲中都提到了爱因斯坦。1979年,他在演讲的开头说:"罗马教会希望向阿尔伯特·爱因斯坦致敬,感谢他为科学进步,为认识宇宙奥秘中存在的真理做出了贡献。"教皇最后总结道:"就像任何其他真理一样,科学真理事实上只对其本身和最高真理,也即创造了人类和所有事物的上帝负责。"在1992年的演讲中,他重申了同样的观点。教皇用了一个流行的开场白,其中引用了爱因斯坦的一句经常被引用的名言:"世界上最不可理解的事情,就是这个世界是可理解的。"教皇提出,可理解性"归根到底,将引领我们走向印刻在世间万物之上的、先验的、最基本的思想"。

既然我们频繁地提到爱因斯坦,看来在我们对科学与宗教关系的讨论中,研究爱因斯坦如何看待宗教与上帝的思想,并将其与伽利略300多年前的看法做比较,应当很有意思。

第十七章

伽利略与爱因斯坦对科学和宗教的看法

在《致克里斯蒂娜大公夫人的信》中,伽利略以最明确的方式表达了他所认为的科学与宗教之间的恰当关系。[1]这份文件同时也相当于伽利略为学术自由斗争的宣言——科学家有权捍卫他们认为具有说服力的证据。伽利略与教会决裂的原因之一,必然是他与教会官员对意见分歧的实质有不同的理解。有人说伽利略在某种程度上是在努力挽救教会,阻止教会犯下历史意义深远的错误,但教会官员把他对自己观点正确性的固执坚持,当成他对《圣经》的神圣性、对教会本身的直接攻击。伽利略为了支持自己的观点,搬来了圣奥古斯丁的著作,这位主教告诫人们,不要对我们难以理解的事物轻易下定论:"我们不应该不经考虑就相信毫无把握的观点,免得我们产生错误的偏见,去反对一些最终被证明既不违背神圣经典,也不违背《旧约》或《新约》的真理。"大致来说,圣奥古斯丁在公元5世纪就讨论过,如果《圣经》与人们从可信的材料中获得的知识相矛盾,就不应该从字面意义上理解《圣经》。这正是伽利略认为他的对手们犯下的错误，他说："他们会不断扩张［《圣经》与神父们的］权威，甚至把手伸到不涉及信仰的纯物质层面，他们会要求我们为了几段《圣经》，就将我们用理性和感官得到的证据全部抛弃，哪怕这些段落在其字面意义之下，可能隐藏着截然不同的深层含义。"

伽利略不断重申他的这个观点，表达他的信念："他［上帝］不会要求我们否认我们对物质世界的感知和理性，物质世界就是通过直接经验或必要的证明摆在我们的眼前和头脑中的。"当具体谈到他对哥白尼学说的信念时，伽利略强调"地球或太阳是运动还是静止，既非信仰问题，也不违背道德。"你可能认为，300多年以后，当我们再谈到《圣经》字面意义的解释时，不必再面对伽利略曾遭逢的对手，遗憾的是事实并非如此。例如，2017年盖洛普公司在美国的一项调查发现，约38%的成年人更愿意相信"是上帝在过去1万年内的某个时期内创造了人类现在的样子"。[2]

达尔文 vs "智能设计"

有关伽利略的所有讨论，在说到教授达尔文的进化论观点时也同样能用上。围绕达尔文进化论的争议在今天还像过去一样激烈。[3]尽管教皇亲口承认"将一个本属于科学领域的问题当成宗教问题"是错误的，[4]尽管一个多世纪以来有许多坚实证据支持自然选择的进化论观点，但令人震惊的是，许多美国人——还有全世界其他地方相当多的人——仍旧坚持相信神创论。更可悲的是，神创论一派的信仰是如此坚定，很难找到扭转公众认知的办法，而且关于如何在学校中教授相关知识的争论也无休无止。**我们必须一再强调，这个问题在科学上是没有丝毫疑问的。**

首先，现在已知的宇宙年龄的不确定性不到20%。[5]其次，美国国家科学院明确宣称："生物进化的概念是运用科学方法研究自然世界以来产生的最伟大的观点。"[6] 2014年10月27日，教皇方济各在教皇科学院发表声明："如今被假设为世界起源的宇宙大爆炸与上帝的创世并不矛盾，反而是宇宙大爆炸需要上帝来创造。自然界中的进化与创世的概念并不矛盾，因为进化的前提是要创造能进化的生命。"[7]他在这里追随了教皇约翰-保罗二世的观点。约翰-保罗二世在1996年10月22日的一次讲话中谈到进化论时说："在不同学科中的一系列发现之后，进化论对研究者的精神产生了更深远的影响。这些独立研究的结果不谋而合，这本身就构成了支持这个理论的重要论据。"

尽管有上述来自最杰出科学家和宗教权威的清晰判断，还是有少数人依旧拒绝相信进化论。甚至更叫人羞愧的是，神创论者还时不时想要劝说教育者、政治家和司法者，说进化论不过就是个"理论"，而更加时髦的神创论——"智能设计"——应当和进化论一起进入科学课堂。

神创论者的论点与伽利略反对者的论点惊人地相似。首先，神创论者说，经过自然选择的进化并不是一个被证明的事实，决定进化的是一些没有被观察到的过程,而且这些过程永远不可能被观察到。生物学家对此做出回应,化石记录确实提供了令人信服的充分证据,证明生物一直伴随着地球年龄的增长而进化。事实上,如果进化论不正确,它很容易被证伪(这是任何能被认可的科学理论都具有的特征之一)。哪怕我们只发现了一枚来自20亿年前的高级哺乳动物化石,比如老鼠的化石,也足以驳倒整个理论。但这样的证据从未被发现,相反,目前的发现完全支持进化论。按照进化论的预言,我们应该能够发现来自几百万年前到几十万年前这段时间内的古人类(现代人类的祖先)化石,其猿类的特征随时间推移而减少。这个预测已经得到了明确证实。此外也没有化石证据能证明几百万年前存在解剖学意义上的现代人类。我们还应该注意到,自然选择的影响不胜枚举,从细菌对某些类型的抗生素产生耐药性,到19世纪英国桦尺蠖颜色的进化。[8]

神创论者提出的第二种反对意见是他们声称没有发现过渡化石,如半爬行类半鸟类生物。这是完全错误的,古生物学家已经发现了介于分类学类群之间的动物化石。例如,一种名为提塔利克鱼(Tiktaalik roseae)的化石可以追溯至大约3.75亿年前,这种化石证明了从鱼到第一种有足陆生动物的过渡。还有一整套在地质年代上跨越大约5 000万年的化石记录,证明了从名为始祖马(Eohippus)的小型动物到今天的马的过渡。

最后,神创论者搬出了一套可追溯至公元前1世纪古罗马演说家西塞罗的观点:如果将丰富多样的生命形式看作复杂的"机械"，那么这些机械只能是通过某种"智能设计"创造出来的。19世纪初的自然神学家威廉·佩利（William Paley）也采用了同样的推理思路，比如一块做工复杂的手表证明了制表师的存在。神创论者死死地抓住眼睛这个例子，认为眼睛是一种不可能自然进化出来的身体器官。然而，科学家发现，通过更加原始的眼睛，可以追溯其由身体感光部位进化而来的过程，因此也可以驳倒神创论者的观点。基本上，任何看似人工造物的生物特征都是经过长期进化选择并与环境形成共生关系的结果。没有得到完全理解的进化过程并不是它的缺陷。神创论者似乎忘了或忽略了，伽利略在4个世纪前就如此斗争过，并最终取得了胜利。

关于气候变化无休无止的辩论更加糟糕，因为要想避免灾难性后果，就需要我们更迅速地做出反应。否认气候变化的动机主要来自政治、财政和宗教层面。拒绝承认达尔文进化论的很大一部分理由来自宗教，而在气候变化问题上，政治保守主义才是反对的主要原因。[9] 俄克拉何马州参议员詹姆斯·英霍夫（James Inhofe）在2012年与美国基督教青年之声的《与维克·以利亚森连线》（Crosstalk with Vic Eliason）电台节目中的对话，很好捕捉到了气候变化反对之声中的宗教因素。英霍夫说："上帝仍在那里。傲慢自大的人认为我们人类有能力改变他对气候的所为，这叫我无法忍受。"与此形成鲜明对比的是，现在专家们已经形成了压倒性的科学共识（约占97%），认为"人类的影响极有可能是20世纪中叶以来观察到的气候变暖的主要原因"。

联合国环境规划署2018年的《排放差距报告》（Emissions

Gap Report）显示，二氧化碳排放量实际上在2017年有所上升——这是停滞4年之后的首次上升。[10] 政府间气候变化专门委员会（IPCC），作为由联合国召集的指导世界领导人的科学家小组，提出报告认为要限制全球气温的上升，让气温比工业化以前高出不超过2.7 ℉（1.5℃），就需要在2030年前将温室气体的排放量削减45%。2018年12月2日，联合国前4次气候谈判的主席史无前例地发表联合声明，呼吁采取紧急行动。美国退出了关于气候变化的《巴黎协定》（虽然在2020年之前不能真正离开），同时唐纳德·特朗普总统还在继续推广化石燃料。在这样的情况下，此举让人震惊。[11] 正如诺贝尔物理学奖得主史蒂文·温伯格（Steven Weinberg）所言："一般来说，打赌科学判断出错是愚蠢的，而在这种地球陷入危机的情况下，这种做法是疯狂的。"

有意思的是，历史上任何一份改变世界的顶级科学家名单中都有伽利略和爱因斯坦的名字。这也是为什么在讨论科学和宗教的话题时，比较这两位天才的观点会非常有趣。我们知道，伽利略将《圣经》视为信仰、伦理和道德行为（获得"救赎"）的指南，只有当《圣经》文本与科学观察和逻辑证明相矛盾时，他才反对用字面意义解释《圣经》文本。三个多世纪后的爱因斯坦虽然赞同伽利略的科学观点，但他在信仰问题上的看法与伽利略几乎相反。

爱因斯坦对宗教和科学的看法

毫无疑问,在学术自由这个话题上,生于德国的爱因斯坦与伽利略的观点完全相同。1954年,爱因斯坦在美国紧急公民自由权委员会(US Emergency Civil Liberties Committee)的一次会议上发言:"我所说的学术自由,是指探求真理的权利以及发表和教授自己认为正确的东西的权利。"[12] 他在这里重复的是他1936年一篇讲话中的想法,当时正是阿道夫·希特勒在德国上台三年后,爱因斯坦移民到了美国。"教学的自由,还有在书本、报刊上发表观点的自由,是任何一个民族健康和正常发展的基础。"[13] 伽利略当然会同意他的说法。

而在科学与宗教的关系上,爱因斯坦的观点则比较复杂。下面是非常简短的介绍。[14]

爱因斯坦在他的著作、演讲以及交谈中频繁提到上帝。例如,在他想表达他对量子力学(即亚原子世界的理论)的怀疑时,他说过一句名言:"他[上帝]不会掷骰子。"同样,爱因斯坦认为自然界可能是难以解释的,但它不会一味撒谎,他把这类观点表述为"上帝难以捉摸,但并无恶意"。爱因斯坦甚至怀疑宇宙的蓝图是否有其他选择:"我真正感兴趣的是,上帝能不能用不同的方式创造世界;换句话说,逻辑简单性的要求能不能容下一丝自由的余地。"不过,上述名言主要谈的是宇宙的结构问题,它们并不能让我们了解爱因斯坦对宗教的全部态度。

爱因斯坦主要创作于 1929—1940 年的一系列文章、信件和演讲，包含了他对宗教与科学以及两者关系的大部分观点。其中的第一篇文章写于 1930 年，题目是《我的信仰》（What I Believe），文章中包含了爱因斯坦的一些最令人难忘的名言：

> 我们所能拥有的最美好的体验是神秘的体验。它是建立在真正的艺术与科学摇篮上的基本情感。如果一个人不理解它，不再乐于思索，不再感到惊奇，那么他就如行尸走肉一般，而且眼前一片晦暗。尽管其中夹杂着恐惧，但正是神秘的体验产生了宗教。我们认识到存在着某种我们无法洞察的东西……正是这种认识和情感构成了真正的宗教信仰；仅从这层意义上讲，我就是虔诚信仰宗教之人。我无法想象有一位会对自己的造物加以赏罚的上帝，也无法想象他会拥有我们在自己身上所体验到的那种意志。[15]

爱因斯坦在这里复述的是他在 1929 年给犹太教拉比赫伯特·戈尔茨坦（Herbert Goldstein）的一封电报中的观点，这位拉比在电报中问他："你相信上帝吗？"作为 17 世纪理性主义哲学家、荷兰犹太人巴鲁赫·斯宾诺莎的终生崇拜者，爱因斯坦回答："我相信的是斯宾诺莎的上帝。这位上帝以宇宙的秩序与和谐作为启示，而不会费心劳力干涉人类的命运和行为。"[16]

爱因斯坦在两篇文章中进一步阐述了这些观点，一篇是

1930 年 11 月为《纽约时报杂志》撰写的题为《宗教与科学》（Religion and Science）的文章，[17]另一篇是 1940 年他在纽约一次会议上宣读的题为《科学与宗教》（Science and Religion）的文章。在前一篇文章中，爱因斯坦概述了他认为的宗教信仰演变的三个主要阶段，而在后一篇文章中，他试图定义科学和宗教，并针对两者之间现存冲突的根源发表了自己的见解。

爱因斯坦认为，宗教发展的三个阶段是：恐惧（对饥饿、野兽、疾病和死亡的恐惧）、上帝代表的社会观或道德观（一个会奖励、惩罚和安慰的上帝）和"宇宙宗教感情"。爱因斯坦直言他自己只感受得到第三种宗教体验：

> 彻底相信普适的因果律的人，一刻也不能接受事物发展的轨迹竟然会被神干涉。当然，前提是他认真考虑了因果关系假说。出于恐惧的宗教对他没有用处，关乎社会观或道德观的宗教对他也同样没有用处。

宗教对爱因斯坦所起的作用，显然与它对伽利略的影响截然不同。虽然两人都同意自然界是遵循特定数学法则运行的，但正如我们所见，伽利略认为《圣经》是道德行为的主要准则，甚至最终可以带来救赎，而爱因斯坦的宗教情感显然只受到了自然法则的启发。

爱因斯坦力求在定义科学与宗教的道路上走得更远。他将科学定义为"通过概念化的过程，尝试对存在做后验的重建"。也就是说，按照爱因斯坦的说法，科学描述的是现实世界目前存在的样子，而不是现实世界在理想中应有的样子。另一方面，爱因斯坦将宗教解释为"人类自古以来的努力，它要使人类彻底又明确地意识到一些价值观和目标［它们将人类从自私自利的欲望中解放出来，并获得改善生存状态的超越个人的愿景］，并且不断强化和扩展这些观念的影响"。在爱因斯坦看来，传统宗教肯定的是人们**渴望**的状态而非现实。从这两个定义出发，爱因斯坦总结道，科学与宗教不应当发生任何冲突，**除非**宗教机构干涉了科学领域（比如在伽利略和达尔文的例子中，坚持从字面意义解读《圣经》）或引入有关"人格神"的学说。对爱因斯坦来说，这在科学上是不能接受的。

尽管爱因斯坦承认科学并不具备明确驳斥"人格神"概念的工具，但他认为这种观念"不值得接受"，因为它"不能暴露于明处，而只能在黑暗中站得住脚"。

正是因为爱因斯坦否认人格化的上帝，才引起了许多圈子的激烈反应，大多数是反对的。一位来自纽约州北哈得孙的牧师在《哈得孙电讯报》上撰文，他的言辞就像是亚里士多德派反对伽利略的说法："爱因斯坦不知道他在说什么。他大错特错。有些人以为自己在某些领域的学术地位很高，便有资格在所有领域发表意见。"

美国天主教大学教授富尔顿·约翰·希恩蒙席批评了爱因斯坦 1930 年和 1940 年的文章，他讽刺地总结道："爱因斯坦的宇宙宗教观（cosmical religion）的唯一错误，就是他在词里多加了一个字母's'。"*

并非所有的反应都是负面的。一位来自纽约州罗切斯特的一战伤残老兵写道:"过去为思想自由、言论自由、新闻自由和学术自由而战斗与牺牲的伟大领导者、思想家和爱国者们,向您起立敬礼!您的名字将与伟大的斯宾诺莎一起在人类的历史上长存。"[18]

爱因斯坦本人对自己被贴上无神论者的标签感到特别恼火。在纽约的一次慈善晚宴上,他对一位反纳粹的德国外交官说了一番话,让人想起维维亚尼为伽利略写的悼词:"以我有限的人类思维,亦能认识到宇宙之和谐,竟然还有人说神不存在。但让我生气的是,他们竟引用我的观点来支持他们。"[19]

有趣的是,爱因斯坦在1954年1月3日写了一封信,信中重申了他关于"人格神"和"斯宾诺莎的上帝"的观点。2018年12月4日,这封信在佳士得拍卖会上以2 892 500美元的惊人高价成交。这封信是为回应德国犹太裔哲学家埃里克·葛金(Eric Gutkind)的一本书而写的,葛金这本书是一篇根据《圣经》教义写成的宗教与人文主义宣言。爱因斯坦在信中同意葛金的观点,即人类应当追求"一种超越个人利益的理想,努力摆脱以自我为导向的欲望,努力改进和完善生存环境,强调纯粹的人性因素"。这或许是信中最有价值的感触。[20]

---

* 这句讽刺的意思是,将cosmical(宇宙的)中的字母s去掉就变成了comical(滑稽可笑的)。——编者注

考虑到科学与宗教的关系很可能在未来世世代代地讨论下去，伽利略和爱因斯坦的一些建议就显得目光长远，大有裨益。**只要关于物理现实的科学结论为人们所接受，不遭到宗教信仰的干涉，可被证明的事实不遭到谴责，那么这两个领域之间就不会发生冲突。**伽利略明白，《圣经》不是一本科学书。它代表了古人面对看似不可理解的宇宙时满怀敬畏的托寓。爱因斯坦认为宇宙归根结底是可以理解的，但他感受到了同样的敬畏之情。在某种意义上，这也是教皇约翰-保罗二世的看法。[21] 因此，科学与主流宗教（我没有算上宗教狂热分子和咄咄逼人的无神论"传教士"）和平共处是绝对可能的，至少在原则上是这样。科学哲学家卡尔·波普尔（Karl Popper）很好地表达了他对这个问题的温和看法，他写道："虽然我不信仰宗教，但我认为，我们应该尊重任何真诚信教的人。"[22] 不过，教皇认识到冲突的风险依然存在，因此他建议发起"一场支持宗教和科学完整性，同时又能促进二者进步的对话"。这似乎是向好的方向迈出了一步。我们应该允许多种思想和理念共存，[23] 允许保有辩论这些思想和理念的自由，并且反对不宽容的做法。[24]

第十八章

一种文化

伽利略可能不会理解 C. P. 斯诺的"两种文化"的概念。文学家或人文主义知识分子形成一个独立的圈子,将科学家和数学家排除在外——这种想法会让他感到陌生。他自己就舒适地生活在科学与人文两个世界里,评论艺术和文学作品,以对待科学工作同样的热情来演奏音乐。他受到的艺术训练不仅为他对观察的阐释提供了知识,也帮助他更高效地展示他的发现。此外,伽利略能够深入浅出地用意大利语而不是拉丁语发表他的诸多发现,恰恰是约翰·布罗克曼所称的"第三种文化思想家"[1]的完美典范——他不需要任何中介,就能直接与有知识的大众沟通交流。

只要你仔细想过,怎么可能不把科学当成人类文化和知识遗产的一部分?科学毕竟是一个可以明确指出它在进步的领域。人们很难有力地证明今天的艺术明显比文艺复兴时期的艺术更优秀,或者说萨福的诗歌明显不如艾米莉·狄金森的诗歌。与此相比,17 世纪英国人的平均期望寿命约为 35 岁,而现在平均期望寿命（男女平均）约为81岁，[2]这主要是科学事业兴起的结果。或者我们再举一个事实，伽利略是第一个正确描述了月球表面特征的人，而现在已有十几位宇航员曾在月球表面行走。再看看差不多与伽利略同时代的安东尼·范·列文虎克，他将微生物学确立为一门科学学科，并认为微生物是一些新物种。从他那时开始到现在，人们完全辨别出的物种多达上百万种。最后，虽然伽利略对物质本质的研究被指控为与《圣经》的描述相矛盾，但今天的粒子物理学家已经成功地发现了普通物质的所有基本构成。这份科学成就的清单还在扩展，人们在探索物理和生物微观世界以及宇宙宏观世界方面，都取得了令人难以置信的进展。这种进步难道不是人类文化的重要组成部分吗？

　　想象一下，我们现在必须与一个银河系外的星系文明交流，怎样才能简洁地向他们传达我们文明的知识水平和技术水平呢（假设他们能理解我们）？不管你信不信，一个有趣且相对直接的方法就是告诉他们，我们已经成功探测到了两个黑洞碰撞产生的引力波。[3]为什么这个看似深奥的话题，会是个言之有物的、有说服力的宣言呢？引力波是巨大的加速度在时空弯曲中产生的涟漪，比如两颗中子星或两个黑洞之间产生的涟漪。爱因斯坦的广义相对论预言了这些波的存在。他的理论中对引力的描述，从一种穿过一段距离的神秘的力，变成了展示时空弯曲的力。也就是说，就像重物会让蹦床凹陷一样，质量（例如太阳或黑洞）会使其附近的时空发生弯曲。当这些物质加速时，扰动会以波的形式传播。因此，从理论上说，如果我们告知外星文明我们了解了引力波，就等于立刻传达了我们对时空本质的理解情况，这是我们的宇宙演化的关键因素。我们甚至已经成功**探测**到了这些引力波，这就立刻能反映我们目前的技术实力，因为探测这些异常微弱的波的能力堪比奇迹。大致说来，引力波研究人员检测到了一种将时空拉长了 1/1 000 000 000 000 000 000 000 的波。也就是说，这种波让整个地球膨胀或收缩了约一个原子核的宽度。

想必许多人都承认，自然科学的进步极大地改善了我们的日常生活质量。令人遗憾的是，人文科学的成就不一定总能获得其应有的尊重，而这种现象无疑会让伽利略感到不安。

人类想象事物的能力，甚至是想象不存在事物的能力，人类的创造力，人类语言的发展演变，以及在交流中衍生出的一切成就，都极大地依赖着人文科学的贡献。哲学、内省与宗教帮助人类构建了道德框架。但仍有一些人，非但没有促进自然科学与人文科学的关系，让二者充分利用彼此领域所能提供的成果，反而竭力让自然科学和人文科学分割为互不相通、彼此孤立的存在。这些"分离主义者"要求两个领域之间有明确的边界（虽然会有些疏漏之处）。依我个人浅见，尽管两个领域的主题、风格和实践方法无疑存在重要差异，但双方必须承认，人文科学和自然科学都是人类文化整体的组成部分。[4]

数千年来，人类提出的最基本的问题，先是跨越了宗教与哲学的边界，后来又跨越了哲学与科学的边界，当我们意识到这一点时，这个结论就显而易见了。我在这里说的基本问题特指一些关于**起源**的问题：宇宙是如何开始的？地球是如何形成的？地球上的生命是如何开始的？意识是如何出现的？还有些更大的问题如"宇宙为什么存在？"[5]，或如人们常说的，有些事物"为什么存在而不是不存在？"——所有这些问题现在被广泛地认为属于科学领域（遗憾的是并非所有人都这么认为）。重要的是，科学至少为其中一些问题提供了一部分答案。[6]

例如，我们现在知道，我们的宇宙大约始于138亿年前，从一个极热的、密度极高的状态膨胀而来，俗称宇宙大爆炸。[7] 我们几乎可以确定宇宙的年龄，比确定一个活人的年龄还要精准。我们知道，太阳是46亿年前由气体和尘埃云的引力坍缩形成的，而地球是由太阳周围吸积盘中的尘埃粒子积聚而成的，等等。正如伽利略所预言的那样，我们对世界的大部分描述，不是模糊的、定性的描述，而是以详细数学模型和数字模拟为基础的。

这些事实只会督促我们在自然科学和人文科学的**所有**战线上扫清无知文盲。就像每个人都多少有机会接触莎士比亚的戏剧，或普鲁斯特、菲茨杰拉德、伍尔夫、奇玛曼达·恩戈齐·阿迪奇埃、鲁敏以及陀思妥耶夫斯基的著作，每个人也应该意识到，世界受到某些自然规律支配，并且有令人信服的证据表明，这些自然规律适用于我们能观察到的整个宇宙，同时这些规律似乎不会随着时间而改变。

你可能还记得，伽利略强烈反对任何类型的划分，无论是不同科学分支之间的划分，还是自然科学和数学与艺术之间的划分。他认为这种作茧自缚的划分"愚蠢得就像一个内科医生大发脾气，说伟大的医生阿夸彭登特［16世纪意大利外科医生吉罗拉莫·法布里齐奥］既然以解剖学家和外科医生而闻名，那么他能使用手术刀和药膏就该满足了，不应试图用医学来治病"[8]。伽利略无疑会抵制任何否认人文科学或自然科学是人类文化不可或缺的一部分的尝试。问题的关键在于，人类文化是多样化的。芝加哥大学的哲学家玛莎·努斯鲍姆（Martha Nussbaum）只用一句话就抓住了事情的本质，她说："教育需要传授批判性思维的技能，需要培养想象力。"[9]这些确实是自然科学和人文科学提供的关键要素。科学试图**解释和预测**宇宙。文学和艺术提供我们对它的**情感反应**。思想自由等概念产生于这些学科的融合之中。伽利略在几个世纪前就明白，人类既需要人文科学，也需要自然科学。伽利略是历史上最伟大的科学家，有无数艺术作品为他赋予了不朽的生命（如彩插12是卡洛·马尔切利尼制作的伽利略半身像），[10]这正是恰到好处的结合。也许这就是为什么布莱希特在其剧作《伽利略传》中，让这位已经眼盲的天文学家说出的最后一句话如此凄美。他问："今晚夜色如何？"

致谢

我深切感谢许多帮助我完成这个项目的个人和机构。我要感谢意大利佛罗伦萨伽利略博物馆及其工作人员的盛情款待。感谢博物馆馆长保罗·加卢齐与副馆长菲利波·卡梅罗塔,他们关于伽利略的讨论对我非常有帮助。感谢乔治·斯特拉诺对第谷·布拉赫的讨论。感谢朱莉娅·菲奥伦佐利在我逗留期间提供的帮助。亚历山德拉·伦齐、埃莉萨·迪伦佐、萨比娜·伯纳奇尼以及苏珊娜·奇米诺在博物馆的图书馆为我提供了极大的帮助,并为我提供了照片冲印室的资料。特别感谢伽利略研究学者米凯莱·卡梅罗塔和莫里斯·菲诺基亚罗关于伽利略的精彩对话,感谢他们向我提供了他们的主要著作。感谢费代里科·托尼奥尼在伽利略画像研究方面的帮助。我与科学哲学家达里奥·安蒂塞里就哲学、科学与宗教的关系、科学与人文的关系饶有兴味地讨论了一番。斯特凡诺·加蒂(在本书写作期间不幸去世)与马里亚诺·奇塔迪尼·切西侯爵为我提供了关于伽利略的朋友兼赞助人费德里科·切西的重要信息。

地质学家和环境科学家丹尼尔·施拉格向我详细解释了气候变化的科学原理，并向我介绍了有关这一主题的重要文章。大气物理学家理查德·林德森是最直言不讳的气候变化的"否认者"之一，他向我解释了他在气候变化研究的阐释中具体反对了哪些论点。

感谢约翰斯·霍普金斯大学谢里丹图书馆特殊馆藏部的艾米·金博尔为我提供了重要资料。密歇根大学特殊馆藏研究中心的凯特·哈钦斯为我提供了一份属于伽利略的宝贵原始文件。

艺术史学家莉萨·布拉向我提供了关于伽利略的朋友，画家奇戈利的重要信息。布鲁塞尔王家美术馆的两位负责人，约斯特·范德·奥威拉与英格丽德·戈迪里斯帮助我查找了一幅名为《伽利略在狱中》的伽利略肖像。四位艺术专家，贝尼托·纳瓦雷特·普列托、巴勃罗·埃雷萨、乔纳森·布朗以及赞茜·布鲁克，对这幅伽利略肖像画的来源给出了权威意见。来自安特卫普佛里殊斯博物馆的策展人安妮米·德福斯与来自圣尼古拉斯市立博物馆的策展人埃尔丝·贝滕斯在我调查这幅肖像画下落的过程中提供了宝贵的信息。

在我为这本书做研究与创作的这些年里，我的妻子索菲耶·利维奥给了我无限的包容并不断支持着我。我将永远对此心存感激。

最后，感谢我的代理人苏珊·拉比纳鼓励我写这本书，并在整个写作过程中熟练地为我提供指导。感谢莎伦·图兰在准备印制书稿的过程中给予我的专业帮助。深深地感谢我的编辑鲍勃·本德，感谢他对原稿提出的富有见地的意见，感谢约翰娜·李以及西蒙与舒斯特公司的整个制作团队，感谢他们在准备出版本书的过程中给予的支持。

注释

20世纪初以来，关于伽利略的生平与著作的主要资料来源是安东尼奥·法瓦罗的巨著《伽利略·伽利雷文集》（国家版，佛罗伦萨，1890—1909）。该书于1929年重印，第一版现在可在网站 www.galleco.fr 上查阅，也可在网站 www.liberliber.it 上查阅，这个网站有文集的大部分内容。莱斯大学艾伯特·范·黑尔登（Albert Van Helden）与伊丽莎白·巴尔（Elizabeth Burr）的"伽利略计划"（www.galileo.rice.edu）提供了很好的超文本信息。斯塔凡诺·加泰伊（Stafano Gattei）的"关于伽利略生平"列出了一些具有非凡价值的早期生平和其他文件资料。

在我引用英文文本时，我主要使用的译文译者包括：斯蒂尔曼·德雷克（Stillman Drake）、莫里斯·菲诺基亚罗（Maurice Finocchiaro）、艾伯特·范·黑尔登、约翰·L.海尔布伦（John L. Heilbron）、马里奥·比亚焦利（Mario Biagioli）、乔治·德·桑蒂利亚纳（Giorgio de Santillana）、玛丽·艾伦-奥尔尼（Mary Allen-Olney）、理查德·布莱克韦尔（Richard Blackwell）、威廉·谢伊（William Shea）以及戴维·伍顿。

第一章　反抗有理

1　该事件的详细情况见第五章。
2　Joshua 10:12–13, *NIV: Study Bible* (Grand Rapids, MI: Zonderini).
3　这封信经过轻微修订的翻译版本出现在 Finocchiaro 1989, pp.45-54。参见第六章。
4　Russell 2007, p.531.

5 Born 1956。
6 关于伽利略的贡献重点参见 Gower 1997, p.21。
7 Wolfflin 1950, 也引自 Machamer 1998。
8 我对 Santillana 1955 格外感兴趣,它试图追寻伽利略的心路历程。
9 Leonardo da Vinci, 引自 Nuland 2000。
10 Viviani 1717。
11 Vasari 1550。
12 关于伽利略对音乐的兴趣,参见 Fabris 2011。
13 Panofsky 1954 与 Peterson 2011 对伽利略对文学与艺术的热爱做了很好的描述。
14 Machamer 1998 对伽利略的工作背景做了一个很好的简要总结。Camerota 2004 对当时的整个科学文化做了极好的描述。
15 Russell 2007 很好地解释了这一趋势。
16 Eisenstein 1983 精彩地描述了这一点。
17 见 Michelet 1855, vol.7-8 *Renaissance et Réforme*。
18 Einstein 1953。
19 Snow 1959。来自他于 1959 年 5 月 7 日在剑桥参议院发表的演讲。斯诺在此基础上扩充,于 1963 年出版《再论两种文化》,他在书中对弥补两种文化之间的鸿沟持更加乐观的态度。
20 Wootton 2015, p.16。
21 Brockman 1995。最初于 1991 年在 Edge(edge.org)在线发表。
22 Wigner 1960。

第二章 一位人文主义科学家

1 一般认为伽利略的出生日期是 1564 年 2 月 15 日,但他自己给出的占星图中,有两张是 2 月 16 日的,只有一张是 2 月 15 日的。Swerdlow 2004 对他的占星图做了很好的讨论。
2 这是不确定的。温琴佐确实接受了朱莉娅作为嫁妆带来的一部分衣服。
3 伽利略的两个兄弟,分别是贝内代托与米凯兰杰洛。人们已知他的妹妹有弗吉尼亚、安娜和利维娅。目前还不清楚莉娜是他的妹妹还是女佣。见 *Opere di Galileo Galilei*, Vol. 19, Documents。
4 温琴佐·伽利雷的书于 1581 年底或 1582 年初在佛罗伦萨出版。译本是 V. Galilei 2003。
5 这个有趣的猜测由 Drake 1978 提出。
6 他是伽利略 1633 年在罗马的邻居。在与伽利略的交谈中,盖拉尔迪尼收集了一些传记材料，后来他总结了这些材料。
7 几乎所有的传记给出的时间都是 1581 年，但 Camerota and Helbing 2000 令人信服地证明是 1580 年。
8 里奇成了斐迪南一世大公的数学家，但那是后话了。
9 Einstein 1954.
10 引自 Peterson 2011。
11 Einstein 1934.
12 该论文的英文译文见 Fermi and Bernardini 1961。
13 这篇论文在他死后，由神父 Urbano d'Aviso 发表。
14 地狱的数学"结构图"在 Heilbron 2010 有比较详细的讨论。
15 Galilei 1638.
16 Csikszentmihalyi 1996.

第三章　斜塔与斜面

1 Wallace 1998 对伽利略在比萨的研究有很好的描述。
2 英语文学教授 Lane Cooper 收集了其中的一些故事并讨论了斜塔实验。他的作品过去曾受到批评，但它仍然是研究自由落体实验的真诚尝试，见 Cooper 1935。Michael Segre 在 Segre 1989 中专业地评论了这个故事。Camerota and Helbing 2000 很好地讨论了此事的背景。
3 著名的伽利略学者 Stillman Drake 认为，演示确实发生过，见 Drake 1978。
4 科学史学家 Alexandre Koyré 在一系列极具影响力的著作中提出，伽利略不可能用他的设备得到他后来在《关于两门新科学的对谈及其数学证明》中描述的实验结果（例如，Koyré 1953, 1978）。这些说法被 Thomas Settle（Settle 1961）、James MacLachlan（MacLachlan 1973）以及 Stillman Drake（Drake 1973）完全驳斥。另见 Clavelin 1974。Schmitt 1969 讨论了伽利略的 experientia（一般的经验）和 periculum（实验或测试）之间的区别。
5 例如，Thomas Settle 在摄像机前重复了这个实验，见 Settle 1983。
6 Galileo 1590, Drabkin and S. Drake 1969 译。Camerota and Helbing 2000 对伽利略和其他比萨大学教授关于自由落体的想法与实验做了很好的描述。另见 Wisan 1974。
7 Galilei 1638.
8 见美国国家航空航天局（NASA）网站，最近一次修改于 2016 年 2 月 11 日，https://nssdc.gsfc.nasa.gov/planetary/lunar/apollo_15_feather_drop.html。
9 引自 Drake 1978。

10　Wallace 1998, Lennox 1986, 以及 McTighe 1967。

11　这首诗由天文学家 Giovanni Bignami 翻译成英文，Bignami 2000。

12　Geymonat 1965 与 Heilbron 2010 对伽利略在帕多瓦的生活时期做了很好的描述。

13　Weinberg 2014 对伽利略的开拓性实验的重要性做了很好的描述。

14　见 *Opere di Galileo Galilei*, Vol.8, p.128，引自 Drake 1978, p.85。

15　Eddington 1939。

16　Michael Mann 对一系列出版物中涉及的问题做了很好的描述，Mann 2012 是一本必读书。另一本清晰的论述是 Romm 2016。

17　锡耶纳大主教阿斯卡尼奥·皮科洛米尼在 1633 年 9 月 22 日给他的弟弟阿塔维奥的信中提到伽利略对占星术完全不屑一顾，Bucciantini and Camerota 2005。

18　Nick Wilding 写了一本关于萨格雷多的精彩著作，Wilding 2014。

19　引自 *Opere di Galileo Galilei*, Vol.12, pp.43-44。

20　David Wootton 写了一篇关于保罗·萨尔皮迷人个性的精彩描述，Wootton 1983。

21　关于视觉研究在伽利略发现中的作用，有一本有趣的书是 Piccolino and Wade 2014。

22　伽利略的仪器帮助人们做算术和几何运算。比如 Bedini 1967 描述了这种罗盘的故事。佛罗伦萨伽利略博物馆的网站上有该仪器的精美图片和关于它的小册子。伽利略曾指导阿尔萨斯王子约翰·弗雷德里克与奥地利的斐迪南大公等达官贵人如何使用该仪器。见"仪器：科学的工具"，www.museogalileo.it/it/biblioteca-e-istituto-di-ricerca/pubblicazioni-e-convegni/strumenti.html。

23　Maurice Clavelin 在《伽利略的自然哲学》中把伽利略的贡献称为"运动的几何化"。换句话说，伽利略不仅用量化的规律来解释运动，而且将整个已确立的定理和命题作为整体呈现，Clavelin 1974。

24　伽利略补充道，如果马佐尼对伽利略的论点感到满意，"那些伟人［毕达哥拉斯和哥白尼］的意见和我自己的信念就不可能继续无人问津"。

25　因为开普勒的信使保罗·汉贝格尔需要立刻返回德意志，Rosen 1966。

26　其中，安东尼奥·洛伦齐尼表达了哲学家切萨雷·克雷莫尼尼对视差测定有效性的怀疑。然而洛伦齐尼是从技术层面来批评的，而他在这个领域的知识微乎其微。只是因为开普勒敦促意大利天文学家进行解释，伽利略才做了答复。

27　这个化名是 Cecco di Ronchitti，对话用帕多瓦乡村常见的一种方言写成。整

注释

267

个情节的详细描述见 Heilbron 2010, pp.123-25。
28　*Opere di Galileo Galilei*, vol.10, p.233.
29　引自给托斯卡纳国务卿贝利萨里奥·文塔的信。

第四章　哥白尼的信徒

1　《星际信使》的极佳译本包括 Drake 1957, p.27 与 Van Helden 1989。
2　荷兰人汉斯·利珀斯海于 1608 年申请了望远镜的专利。
3　引自 Van Helden 1989, p.31。
4　Mario Biagioli 精彩地描述了赞助人制度相关的社会文化背景以及伽利略与切西和山猫学会的关系，见 Biagioli 1993。我也很感谢斯特凡诺·加蒂提供的关于切西的有用信息。
5　鉴于当时的数据质量有限，这个估计还算不错，但也可参见 Adams 1932。
6　Galluzzi 2009 详细比较了伽利略的绘画与现代观测结果。
7　这幅画被收藏在慕尼黑的老绘画陈列馆（Alte Pinakothek）。关于这幅画的有趣文章，见 McCouat 2016。这幅画的在线复制品（可以放大看月球细节）见 https://upload.wikimedia.org/wikipedia/commons/l/le/Adam_Elsheimer_-Die_Flucht_nacht_Ägypten%28AltePinakothek%29.jpg。
8　埃尔斯海默是德意志医生和植物学家乔瓦尼·费伯的好友，费伯不仅是切西的朋友，还在 1611 年成为山猫学会的成员。
9　Nicholas Schmidle 在《纽约客》中精彩地描述了整个事件，Schmidle 2013。
10　*The Sidereal Messenger*, Van Helden 1989, p.53.
11　同上，p.55。
12　同上，p.57。
13　《启示录》12:1。
14　用伽利略在《星际信使》中的话说："这些小星星的数量之多真是数不胜数。"
15　Hilary Gatti 出版了一本有趣的论文集，介绍了布鲁诺丰富多样的兴趣，Gatti 2011。
16　例如 Petigura, Howard, and Marcy 2013。
17　*Sidereal Messenger*, Van Helden 1989, p.84.
18　William Shea 1998 与 Noel Swerdlow 1998 很好地总结了伽利略利用望远镜的发现及其对哥白尼学说的影响。
19　17 世纪 40 年代，约翰内斯·赫维留与皮尔·伽桑狄曾多次观测土星。赫维留与著名建筑师克里斯托弗·雷恩分别于 1656 年和 1658 年提出了不正确的模型。惠更斯提出的平面轨道观点出现在他的《土星系统》（*The Satur-*

nian System）一书中，于 1659 年出版，收录在 Haygens 1888, vol.15, p.312。另见 Van Helden 1974。

20　Clavius 1611-1612。
21　Tomas Salusbury 的译本由 Stillman Drake 编辑。Galilei 1612。
22　英文译文见 Drake 1957, p.89。
23　Bernard Dame 1966 介绍了太阳黑子相关争议的整个事件，见 Dame 1966。另见 Van Helden 1996。三封给韦尔泽的信的译文摘录及导言见 Drake 1957, p.59。
24　Einstein 1936。

第五章　每个作用力都有一个反作用力

1　壮观的图像见 Galluzzi 2009。
2　Coresio 1612，转引自 Shea 1972。
3　引自 di Grazia's Considerazioni(1612)，A. Favaro 的 *Opere di Galileo Galilei* 中重印了这本书的内容，vol.4,p.385。
4　摘自《水中浮体对话集》，转引自 Shea 1972。
5　韦尔泽于 1610 年 3 月 12 日在巴伐利亚州的奥格斯堡给伽利略回信，即《星际信使》出版的前一天，见 Galluzzi 2017, p.5。
6　转引自 Heilbron 2010, p.161。
7　1610 年 4 月 27 日霍基给开普勒的信。见 *Opere di Galileo Galilei*, vol.10, pp.342-43。
8　开普勒在 1610 年的《同星际信使的对话》中这样写。
9　转引自 Bucciantini, Camerota, and Giudice 2015, p.168。
10　同上，p.190。
11　可访问 Flickr 在线浏览这幅壁画中更精美的月球表面细节，最后登录于 2019 年 7 月 16 日，www.flickr.com/photos/profzucker/22897677200。
12　Booth and Van Helden 2000 详细讨论了画作中月亮的描绘。
13　*Opere di Galileo Galilei*, vol.11, pp.92-93。另引自 Van Helden 1989, p.111。
14　关于"伽利略策略"中所涉及的谬误的讨论，参见例如 Mann 2016。
15　在 405 本相关书籍中，有 234 本是意大利的，56 本是法国的，43 本是德意志的，22 本是英国的，50 本是其他国家的。其中支持伽利略的有 160 本，反对的有 114 本，总体上保持中立的有 131 本。Drake 1967。
16　Rosen 1947, 31。
17　解释请参见如 Livio 2018。

18   Sobel 1999 做了极佳的描述和分析，Sobel 2001 做了翻译与编辑。
19   莫里斯·菲诺基亚罗的译文载于 Finocchiaro 1989, pp.49-54 与 Finocchiaro 2008, pp.103-9，稍有改动，也载于 *Opere di Galileo Galilei*, vol.5, pp.281-88。2018 年原版被发现，见第六章的描述。
20   引自 Frova and Marenzana 2006, pp.475。
21   出现在题为《经验之谈》（Of Experience）的文章中。

第六章　陷入雷区

1   关于伽利略成就的讨论，也可参见 Shea 1972，Brophy and Paolucci 1962。
2   许多作者都讨论过伽利略与教会的互动。除了已经提到的资料出处外，这里还有我觉得非常有帮助的几个：Blackwell 1991, Finocchiaro 2010, 以及 McMullen 1998。
3   这一事件的详细经过参见第十六章。
4   关于这一故事的极佳描述见 Camerota, Gaudice, and Ricciardo 2018。
5   卡斯泰利在 12 月 31 日写了这封信。关于这封信的完整内容，参见例如 Drake 1978，p.239。
6   必须澄清的是，大气物理学家理查德·林德森（经常被称为否认气候变化的人）并不否认气候变化的现实。他只是不相信人类对于气候变化的影响，也不相信人们为解决气候问题而决定采取的行动有用。绝大多数科学界人士都不同意林德森的观点。关于我们目前在气候变化方面的情况概述，参见如《气候变化：我们在七张图中的位置及你能帮上什么忙》，BBC News online，最后修改于 2019 年 4 月 18 日，www.bbc.com/news/science-environment-46384267。林德森等少数派的意见，参加例如《关于气候变化相关公共话语的思考》，Merion West，最后修改于 2017 年 4 月 25 日，https://merionwest.com/2017/04/25/richard-lindzen-thoughts-on-the-public-discourse-overclimate-change。
7   钱波利给伽利略的信的日期是 1615 年 2 月 28 日，见 *Opere di Galileo Galilei*, vol.12, p.146。Shea and Artigas 2003 与 Fantoli 2012 对这些事件做了很好的描述。
8   Blackwell 1991, p.73 中给出了详细的描述。
9   福斯卡里尼的出版物以附录形式出现在 Blackwell 1991 附录六中。引文来自第 232 页。
10   *Opere di Galileo Galilei*, vol.12, p.150。切西补充道："作者把所有山猫学会的成员都算作支持哥白尼学说的人，不过事实并非如此；我们主张的共同点是在物理问题上有哲学探讨的自由。"
11 译文见 Finocchiaro 1989，67。
12 Fantoli 1996,pp.183-185 有贝拉尔米内信件的全文引述，其中有关于这封信的讨论。它也被转载于 Finocchiaro 1989，pp.67-69。
13 除了已经提到的作品，在 Feldhay 1995，Coyne and Baldini 1985，Geymonat 1965 以及 Peia 1998 中也有关于贝拉尔米内意见的有趣讨论。
14 伽利略 1615 年关于贝拉尔米内《致福斯卡里尼的信》未发表的笔记出现在 Blackwell 1991, app.9, section A。

第七章　愚蠢而荒谬的主张

1 Wallace 1992 与 Shea 1998 讨论了伽利略的潮汐理论。
2 出自 1616 年 2 月 24 日关于哥白尼学说的报告中。报告的在线地址是《伽利略审判：1616 年文件》，DouglasAllchin.net，最后访问于 2019 年 7 月 16 日，Douglasallchin.net/galileo/library/1616docs.htm。这句话在一些伽利略传记中被引用，包括 Reston 1994，p.424。
3 Fantoli 1996 与 Fantoli 2012 做了详细描述。
4 关于这个禁令事件（自 1616 年 2 月 26 日起）的描述，译文可以在网上找到。见《伽利略审判：1616 年文件》，DouglasAllchin.net，最后访问于 2019 年 7 月 16 日，Douglasallchin.net/galileo/library/1616docs.htm。原文见 *Opere di Galileo Galilei*, vol.19, pp.321-22，译文见 Finocchiaro 1989, pp.147-48 与 Finocchiaro 2008, pp.175-76。
5 全文翻译自 *Opere di Galileo Galilei*，vol.19, pp.322-23，见 Finocchiaro 1989, p.149 与 Fantoli 2012, p.106。
6 *Opere di Galileo Galilei*，vol.12, p.242。翻译自 *de Santillana* 1955, p.116。
7 这封信与 1633 年伽利略的审判文件一起出现，因为当时伽利略提交了这封信。它出现在 Pagano 1984，英文翻译见 Finocchiaro 1989, p.153。
8 George Coyne 2010 也探讨了这一问题。

第八章　假名之下的战争

1 伽利略的论点（出现在《论圭杜奇的彗星》中）在 Drake and O'Malley 1960, pp.36-37 中有讨论。关于彗星争议的精彩讨论见 Shea 1972 chap.4。
2 David Eicher 给出了关于彗星的现代观点，见 Eicher 2013。
3 在 Galluzzi 2014, p.251，以及 Drake and O'Malley 1960, p.57 中有讨论。

注释　271

4　*Opere di Galileo Galilei*, vol. 6, p.145. 译文见 Langford 1971, p.108，以及 Fantoli 2012，p.128。
5　Russell 1912.
6　*Opere di Galileo Galilei*, vol.6, 200. 译文见 Fantoli 2012, p.129。
7　在 Gattei 2019 中有这首诗的原文和英文翻译。
8　信于 1623 年 6 月 24 日发出，引自 *Opere di Galileo Galilei*, vol.13, p.119。
9　Geymonat 1965, p.101.

第九章　《试金者》

1　在很多方面，这段话标志着现代物理学的起点。普林斯顿大学理论物理学家尼马·阿卡尼-哈米德近日在接受采访时说："如果我们发现以宇宙为答案的问题，那么我们就升入了知识天堂的第十层。"伽利略开始了这一探索过程，过程见 Wolchover 2019。《试金者》的大量节选见 Drake 1957，也见 Drake and O'Malley 1960。
2　*Opere di Galileo Galilei*, vol. 6, p.340. 译文引自 Drake and O'Malley 1960。
3　从认识论的角度讨论这一问题，见 Potter 1993。
4　Redondi 1987 推测，原子论是伽利略被宣布为异端的主要原因。大多数学者不接受这一理论。
5　*Opere di Galileo Galilei*, vol.6, p.116. 译文引自 Drake and O'Malley, 1960, p.71。众所周知，火星的路径穿过太阳是托勒密模型存在的问题之一。
6　整个事件的描述见 *Opere di Galileo Galilei*, vol.13, 145, pp.147-48。另见 Redondi 1987, p.180。
7　他找到的这封信在《伽利略异端》（Redondi 1987）的结尾有转述。Redondi 在书中把整个伽利略与格拉西的冲突描述为一个更大的社会戏剧的一部分。

第十章　《关于托勒密和哥白尼两大世界体系的对话》

1　根据教皇的私人神学家，红衣主教 Agostino Oreggi 的说法，红衣主教巴尔贝里尼将此话告诉了伽利略。Oreggi 1629，转引自 Fantoli 2012, p.137。
2　伽利略对英戈利的答复（1624 年起）的英译本见 Finocchiaro 1989, pp.154-97，并且在 Fantoli 1996, pp.323-28 中也有讨论。
3　*Opere di Galileo Galilei*, vol. 14, 103. 译文来自 Fantoli 1996, p.336。
4　这个跌宕起伏的过程详见 Fantoli 1996，Heilbron 2010 以及 Wootton 2010。
5　摘自伽利略 1631 年 5 月 3 日给托斯卡纳国务卿的信。译文来自 Finocchiaro

1989, pp.210-11。

6 《对话》的翻译和评论有好几种，如 Gould 2001, Finocchiaro 2014 以及 Finocchiaro 1997。

7 *Opere di Galileo Galilei*, vol.7, p.29。

8 *Opere di Galileo Galilei*, vol.7, p.30, Stillman Drake 翻译，载于 Gould 2001, p.6。

9 Finocchiaro 1997 提供了《对话》中的部分内容，并做了有益的评论。

10 凯斯特勒甚至写道："像伽利略这样的冒牌货在科学史上是罕见的。"Koestler 1989, p. 486。

11 特别是 A. Mark Smith 与 Paul Mueller 已分别于 1985 年和 2000 年表明，虽然伽利略的论证从逻辑和完成度两方面来看都远非完美无缺，但这些论点一旦分析得当，就能说明太阳黑子比潮汐更有证明地球运动的价值。

12 *Opere di Galileo Galilei*, vol.7, p.488, Stillman Drake 翻译，载于 Gould 2001, p.538。

13 *Opere di Galileo Galilei*, vol.7, p.383. 关于伽利略对天文学的贡献，也可参见 Gingerich 1986 的简述。

第十一章　风暴前夕

1 Fantoli 1996, chap.6 详细描述了事件的顺序。

2 *Opere di Galileo Galilei,* vol.14, pp.383-84. 几个月后，当尼科里尼再次提出这个问题时，教皇又勃然大怒。另见 Biagioli 1993, pp.336-37。

3 例如，Koestler 1990 引用了这句话。

4 迪奥达蒂出生在日内瓦，但在法国生活。1620 年左右，他在一次意大利之行中认识了伽利略。1636 年，伽利略写道，迪奥达蒂是他最珍贵的和最真心的朋友。伽利略去世后，迪奥达蒂与温琴佐·维维亚尼一直保持着联系。

5 出自托斯卡纳大使弗朗切斯科·尼科里尼给托斯卡纳国务卿安德烈·甘巴的信。这封信写于 1633 年 3 月 13 日。译文见 Finocchiaro 1989, p.247。

第十二章　审判

1 在许多关于审判及其结果的描述中，我觉得 Blackwell 2006, Finocchiaro 2005, Fantoli 2012 以及 de Santillana 1955 的描述特别具有启发性。

2 引起怀疑的原因之一是，描述塞吉齐干预的文件中没有伽利略、塞吉齐或任何证人的签名。另一个原因是，这份文件碰巧在审判前被发现，给审判行了个方便。笔迹鉴定是佛罗伦萨国立中央图书馆的 Isabella Truci 完成的。由于文件只提供了一份摘要，所以除了公证人的签名外，不需要其他签名。

3　*Opere di Galileo Galilei*, vol.19, p.340. 译自 Finocchiaro 1989, p.260, 是 1633 年 4 月 12 日庭审的一部分。

4　他还发表了一篇论文, 题为《关于地球和太阳是静止或运动的简要论述, 根据〈圣经〉与神父们的教诲说明何为正确持有的观点, 何为错误持有的观点》, Inchofer 1633。

5　该信的意大利文版本载于 Beretta 2001。这里的译文来自 Blackwell 2006, p.14。

6　例如 Blackwell 2006 年提出了这个论点。其他学者并不信服, 如 Heilbron 2010。在一次私下谈话中, Michele Camerota 告诉我, 他认为马库拉诺和伽利略之间有协议。在一次私下谈话中, Paolo Galluzzi 说, 鉴于他在第一次庭审后的立场相当稳固, 这一协议可能是伽利略只受到软禁的原因。

7　Blackwell 2006, p.224 认为, 鉴于他在第一次庭审后的立场相当稳固, 如果没有辩诉交易, 就很难理解为什么伽利略会在第二次庭审中认罪。Fantoli 1996, p.426 对此表示同意。

8　如思想家阿尔贝·加缪所言, 即使是伽利略"这样掌握了一项伟大科学真理的人, 一旦发现它危及生命, 也会声明放弃它", Camus 1955, p.3。

9　除了这份供词之外, 伽利略在请法官们考虑他的身体与年纪之后, 还请他们想想那些憎恶他的人是如何贬损他的荣誉与名声的, Finocchiaro 1989, p.280-81。

第十三章　"我声明放弃、诅咒并憎恶"

1　主要来自洛里尼和卡奇尼的说法。Blackwell 2006 中指责关于《致卡斯泰利的信》是伪造的, 这并不正确, 2018 年发现的《致卡斯泰利的信》原件中的文字就表明了这一点 (如第六章所述)。

2　这至少是 Giorgio de Santillana 的看法。Santillana 1955, p.284。

3　几乎所有复本都毁于 1666 年的伦敦大火, 只有一本除外, 但那份复本也在 19 世纪中叶丢失, 不料竟在 2004—2007 年的一次拍卖会上暂时重现。Wilding 2008 对该手稿的历史做了极好的描述。

4　Finocchiaro 有说服力地说明, 这不是审判的主要原因, 见 Finocchiaro 2005, p.79。

5　引自 Wilding 2008, p.259。

6　引自 Langford 1966, 150, 也引自 Blackwell 2006, p.22。

7　这是仅次于被正式宣判为异端的罪行。

8　译自 Finocchiaro 1989, p.291。

9　一些伽利略研究者认为, 弗朗切斯科·巴尔贝里尼的缺席 (他在 6 月 16 日也缺席了）代表了他的反对（例如，de Santillana 1955, pp.310-11）。其他缺席者是红衣主教卡斯帕·博尔贾（Caspar Borgia）与红衣主教劳迪维奥·扎基亚（Laudivio Zacchia）。

10 *Opere di Galileo Galilei*, vol.19, pp.402-6. 译自 Finocchiaro 1989, p.292。
11 我会在其他地方介绍这个"侦探故事"。
12 Baretti 1757.

第十四章 一位老人，两种新科学

1 1633 年 7 月 2 日玛丽亚·塞莱斯特的信。译文见 Galileo Project 网站，Heilbron 2010, p.327 和 Sobel 1999, p.279，译文略有不同。所有信件均载于 Sobel 2001。
2 1636 年 8 月 18 日皮耶罗尼给伽利略的信，引自 Heilbron 2010, p.331。
3 对于那些能够阅读意大利文的人来说，关于伽利略及其时代的科学文化最好的书之一是 Camerota 2004。
4 Galilei 1914, p.215.
5 这句话是爱因斯坦于 1921 年 5 月对普林斯顿数学家奥斯瓦尔德·维布伦说的。现在这句话被刻在普林斯顿大学琼斯楼 202 号教职员室里。
6 出自 Galilei 1914, "Third Day"。

第十五章 晚年岁月

1 Zamatta et al. 2015 与 Thiene and Basso 2011 讨论过这一问题。
2 1638 年 1 月 2 日给迪奥达蒂的信，引自 Fermi and Bernardini 1961, p.109，以及 Reston, 1994, p.277，译文略有不同。
3 Milton 1644，文本出现在 Cochrane 1887, p.74。
4 1633 年 11 月笛卡儿致梅森的信，引自 Gingras 2017。
5 Zanatta et al.2015, Thiene and Basso 2011.
6 *Opere di Galileo Galilei*, vol.19, p.623. 转载于 Fantoli 2012，p.218。
7 Galluzzi 1998 对伽利略遗体的命运做了很好的描述。在伽利略的遗体从原先所在的圣十字大教堂墓穴中移出时，伽利略的拇指、食指、中指和一颗牙齿与身体脱离。这些东西现在陈列在佛罗伦萨伽利略博物馆的玻璃钟罐里（见彩插 10）。他的第五节腰椎也被取出，现存于帕多瓦大学。John Fahie 1929 年编纂了一份伽利略的纪念建筑名单。

第十六章 皮奥·帕斯基尼的传奇故事

1 这个故事在 Fantoli 2012, pp.228-32 与 Blackwell 1998, pp.361-65 中有描述，Finocchiaro 2005, pp.275-77, pp.280-84, pp.318-37 以及 Simoncelli 1992 中有详细描述。
2 Paschini 1964.
3 出自 Simoncelli 1992, p.59。
4 帕斯基尼从未收到任何关于反对意见的书面报告。他在 1946 年 5 月 12 日寄给梵蒂冈副国务卿乔瓦巴蒂斯塔·蒙蒂尼（Giovanbattista Montini）的信中抱怨道："他们竟然指责我只不过制造了一份给伽利略的道歉信，这叫我极为惊讶和厌恶。事实上，这种指责深刻地攻击了我作为一个学者和教师的科学诚信。"
5 1946 年 5 月 15 日，帕斯基尼为宗教法庭的决定给瓦莱写信说："据说我的作品是向伽利略道歉；宗教法庭对我的一些句子做了评论，它因为伽利略没能证明他所说的体系而反对我的说法（这是很常见的诡辩），宗教法庭的结论是，书不宜出版。"见 Finocchiaro 2005, p.323。
6 Lamalle 1964.
7 第二次梵蒂冈公会议于 1965 年 12 月 7 日批准了这个文本，来自《论教会在现代世界牧职宪章》（*Gaudium et Spes*，拉丁文意为喜乐和希望），这是第二次梵蒂冈公会议通过的四个宪章之一。
8 Bertolla 1980, pp.172-208.
9 引自 Finocchiaro 2005, p.334。
10 Delannoy 1906, p.358.
11 John Paul II 1979.
12 Koven 1980.
13 John Paul II 1992.
14 Cowell 1992.
15 Montalbano 1992.
16 Beltrán Marí 1994, p.73.

第十七章 伽利略与爱因斯坦对科学和宗教的看法

1 文本与评论见 Drake 1957, pp.145-216。
2 神创论的支持率达到 35 年来的新低，见 Swift 2017。"智能设计"的支持者希望在课堂上把达尔文的进化论仅当成一种与神创论相对的假说来教授。

Gopnik 2013 结合伽利略的传记做了引人入胜的讨论。

3 见 Larson 2006, 1985。
4 John Paul II, 1992.
5 主要来自对宇宙微波背景辐射的观测，Planck Collaboration 2016。
6 美国国家科学院院长布鲁斯·阿尔伯茨在 *Science and Creationism: A View from the National Academy of Sciences*, 2nd ed.,1999 中的序言。
7 教皇方济各在教皇科学院全体会议上的讲话，庇护四世别墅。
8 关于达尔文进化论证据非常清晰的论述，见 Coyne 2009。
9 耶鲁大学的研究员 Dan Kahan 研究了舆论产生的原因。例如《公众争论的原因是什么？》，www.culturalcognition.net/blog/2014/11/10/what-accounts-for-public-conflictover-science-religiosity-o.html。
10 《排放差距报告》（Nairobi: United Nations Environment Programme, November 2018），www.unenvironment.org/resources/emissions-gap-report-2018。科学界绝大多数人对气候变化的看法的例子，见 Schrag and Alley 2004 与 Schrag 2007。
11 例如，David Wallace-Wells 2019 描绘了一幅气候变化潜在影响的可怕图景，Otto 2016 讨论了对气候变化科学的攻击，Crease 2019 分析了如何应对反科学言论。
12 1954 年 3 月 13 日的演讲，Einstein Archives 28-1025。
13 这篇演讲稿是为一次从未召开的大学教授会议准备的，发表于 Einstein 1950, pp.183-84。
14 Max Jammer 给出了一个很好的描述，见 Jammer 1999。
15 该文本可在线上查阅，网址为 https://history.air.org/exhibits/einstein/essay.htm，出自 Einstein 1930。
16 戈德斯坦拉比评论说，爱因斯坦的回答"非常清楚地否定了……有人说他是个无神论者的指控"，"Einstein Believes in 'Spinoza's God': Scientist Defines His Faith in Reply to Cablegram from Rabbi Here," *New York Times*, April 25, 1929, 60。
17 Einstein 1930。
18 1940 年 9 月 11 日致爱因斯坦的信，Einstein Archive, reel 40-247。
19 指外交官兼作家 Hubertus zu Löwenstein，出自 Löwenstein 1968, p.156。
20 与这封信相关的故事在 Livio 2018 与 "The Word God Is for Me Nothing but the Expression and Product of Human Weakness" 中有所描述，Christie's online，最后修改于 2018 年 12 月 12 日，www.christies.com/features/Albert-Einstein-God-Letter-9457-3.aspx。

21 也见于 John Paul II 1987。
22 例如引自 Miller 1997。
23 意大利哲学家 Dario Antiseri 也表达了类似的观点，见 Antiseri 2005。Grey 2018 对无神论进行了非常有趣的讨论。Jerry Coyne 2015 令人信服地证明，试图**调解**科学与宗教之争（而不是让它们平行共存）的做法注定会失败，因为信仰并不代表事实。另一方面，Hardin, Numbers and Bintley 2018 试图驳斥科学与宗教之间存在战争的观点。
24 新版《国际宗教自由法》（International and Religious Freedom Act）规定："思想、信仰和宗教自由，被理解为保护有神论和非有神论信仰以及不信奉或践行任何宗教的权利。"

第十八章　一种文化

1 Brockman 1995。C. P. 斯诺本人于 20 世纪 60 年代提出了"第三种文化"一词，但他针对的是社会科学家。
2 来自美国国家统计局 2015—2017 年的统计数字。
3 2015 年 9 月 14 日，LIGO 与 Virgo 合作完成了直接探测，Abbott et al., 2016。
4 Pinker 2018 对这一话题展开了广泛的分析和讨论，值得一读。在约翰·布罗克曼编辑的一系列书中（例如，Brockman 2015, 2018, 2019），他整理了众多学科的思想家关于特定概念的观点，有效地说明了一种文化的概念。
5 Holt 2013，思想家们的对话围绕这一点做了很好的讨论。
6 关于这个话题的通俗科学史介绍见 Krauss 2017。
7 Rees 1997, 2000 清晰地解释了那些决定我们宇宙的历史和命运的宇宙学参数。Carroll 2016 生动描述了人类在宇宙中的位置。Randall 2015 说明了宇宙的构成，以及地球上的生命之间可能存在有趣的联系。
8 伽利略于 1611 年写下了这篇文章，这是他对科隆布与格拉齐亚回应的一部分。见 *Opere di Galileo Galilei*, vol.4, pp.30-51。
9 出自 Nussbaum 的精彩著作《功利教育批判》（*Not for Profit*），Nussbaum 2010。
10 Tognoni 2013 详细描述了其中的许多内容。

参考文献

Abbott, B. P., et al. (LIGO Scientific Collaboration and Virgo Collaboration). 2016. "Observation of Gravitational Waves from a Binary Black Hole Merger." *Physical Review Letters* 116:061102.

Adams, C. W. 1932. "A Note on Galileo's Determination of the Height of Lunar Mountains." *Isis* 17, 427.

Antiseri, D. 2005. "A Spy in the Service of the Most High." www.chiesa, accessed July 16, 2019, chiesa.espresso.repubblica.it/articolo/41533%26eng63oy .html?refresh;_ce.

Baretti, G. 1757. *The Italian Library. Containing an Account of the Lives and Works of the Most Valuable Authors of Italy*. London: A. Millar.

Bedini, S. A. 1967. "The Instruments of Galileo Galilei." In *Galileo Man of Science*. Edited by E. McMullin. New York: Basic Books.

Beltrán Marí, A. 1994. Introduction, in *Diálogo Sobre los Dos Máximos Sistemas del Mundo*. Madrid: Alianza Editorial.

Beretta, F. 2001. "Un nuove documento sul processo di Galileo Galilei: La Lettere di Vincenzo Maculano del 22 Aprile 1633 al Cardinale Francesco Barberini." *Nuncius* 16:629.

Bertolla, P. 1980. "Le Vicende del 'Galileo' di Paschini." In *Atti del Convegno di Studio su Pio Paschini nel Centenario della Nascita: 1878–1978*. Udine, It.: Poliglotta Vaticana.

Biagioli, M. 1993. *Galileo Courtier: The Practice of Science in the Culture of Absolutism*. Chicago: University of Chicago Press.

Bignami, G. F. 2000. *Against the Donning of the Gown: Enigma*. London: Moon Books.

Blackwell, R. J. 1991. *Galileo, Bellarmine, and the Bible*. Notre Dame, IN: University of Notre Dame Press.

———. 1998. "Could There Be Another Galileo Case?" In *The Cambridge Companion to Galileo*. Edited by P. Machamer. Cambridge: Cambridge University Press.

———. 2006. *Behind the Scenes at Galileo's Trial*. Notre Dame, IN: University of Notre Dame Press.

Booth, S. E., and Van Helden, A. 2000. "The Virgin and the Telescope: The Moons of Cigoli and Galileo," *Science in Context*, 13, 463.

Born, M. 1956. *Physics in My Generation*. Oxford: Pergamon Press.

Brockman, J. 1995. *The Third Culture*. New York: Simon & Schuster.

———, ed., 2015. *What to Think About Machines That Think*. New York: Harper Perennial.

———. ed. 2018. *This Idea Is Brilliant*. New York: Harper Perennial.

———, ed., 2019. *The Last Unknown: Deep, Elegant, Profound Unanswered Questions About the Universe, the Mind, the Future of Civilization, and the Meaning of Life*. New York: William Morrow.

Brophy, J., and H. Paolucci. 1962. *The Achievement of Galileo*. New York: Twayne.

Bucciantini, M., and M. Camerota. 2005. "One More About Galileo and Astrology: A Neglected Testimony." *Glilaeana* 2:229.

Bucciantini, M., M. Camerota, and F. Giudice. 2015. *Galileo's Telescope: A European Story*. Translated by C. Holton. Torino, It.: Giulio Einaudi.

Camerota, M. 2004. *Galileo Galilei: E La Cultura Scientifica Nell'Età Della Controriforma*. Rome: Salerno.

Camerota, M., F. Giudice, and S. Ricciardo. 2018. "The Reappearance of Galileo's Original Letter to Benedetto Castelli." *Royal Society Journal of the History of Science*, last modified October 24. https://royalsocietypublishing.org/doi/10.1098/rsnr.2018.0053.

Camerota, M., and M. Helbing. 2000. "Galileo and Pisan Aristotelianism: Galileo's 'De Motu Antiquira' and the Quaestiones de Motu Elementorum of the Pisan Professors." *Early Science and Medicine* 5:319.

Camus, A. 1955. *The Myth of Sisyphus*. New York: Alfred A. Knopf.

Carroll, S. 2016. *The Big Picture: On the Origins of Life, Meaning, and the Universe Itself*. New York: Dalton.

Clavelin, M. 1974. *The Natural Philosophy of Galileo: Essay on the Origins and Formation of Classical Mechanics*. Translated by A. J. Pomerans. Cambridge, MA: MIT Press.

Clavius, C. 1611–12. *Opera Mathematica*. Vol 3., 75. In *Between Copernicus and Galileo, Christoph Clavius and the Collapse of Ptolemaic Cosmology*. Translated by J. M. Lattis 1994. Chicago: University of Chicago Press, 198.

Cochrane, R. 1887. *A Comprehensive Selection from the Works of the Great Essayists, from Lord Bacon to John Ruskin*. Edinburgh: W. P. Nimmo, Hay and Mitchell.

Cooper, L. 1935. *Aristotle, Galileo and the Tower of Pisa*. Ithaca, NY: Cornell University Press.

Coresio, G. 1612. *Operetta Intorno al Galleggiare de' Corpi Solidi*. Reprinted in Favaro, A. 1968. *Le Opere di Galileo Galilei*, Edizione Nazionale. Florence, It.: Barbera.

Cowell, A. 1992. "After 350 Years, Vatican Says Galileo Was Right: It Moves." *New York Times*, October 31.

Coyne, G. 2010. "Jesuits and Galileo: Tradition and Adventure of Discovery." *Scienzainrete*. Last modified February 2. www.scienceonthenet.eu/content/article/george-v-coyne-sj/jesuits-and-galileo-tradition-and-adventure-discovery/february.

Coyne, G. V., and V. Baldini. 1985. "The Young Bellarmine's Thoughts on World Systems." In *The Galileo Affair: A Meeting of Faith and Science*. Edited by G. V. Coyne, M. Heller, and J. Życiński. Vatican City State: Specola Vaticana. 103.

Coyne, J. A. 2009. *Why Evolution Is True*. New York: Viking.

———. 2015. *Faith Vs. Fact: Why Science and Religion Are Incompatible*. New York: Penguin.

Crease, R. P. 2019. *The Workshop and the World: What Ten Thinkers Can Teach Us About Science and Authority*. New York: W. W. Norton.

Csikszentmihalyi, M. 1996. *Creativity: Flow and the Psychology of Discovery and Invention*. New York: HarperCollins.

Dame, B. 1966. "Galilée et les Taches Solaires (1610–1613)." *Revue d'Histoire des Sciences* 19, no. 4; 307.

Delannoy, P. 1906. Review of Vacandard, *Études*, *Revue d'Histoire Ecclésiastique*, 7:354–61.

Drake, S. 1957. "Excerpts from *The Assayer.*" In *Discoveries and Opinions of Galileo.* Translated and with an introduction and notes by Stillman Drake. New York: Anchor Books.

———. 1967. "Galileo in English Literature of the Seventeenth Century." In *Galileo Man of Science.* Edited by E. McMullin. New York: Basic Books, 415.

———. 1973. "Galileo's Experimental Confirmation of Horizontal Inertia: Unpublished Manuscripts (Galileo Gleanings XXII)." *Isis* 64: 290.

———. 1978. *Galileo at Work: His Scientific Biography.* Chicago: University of Chicago Press.

Drake, S., and C. D. O'Malley eds. and trans. 1960. *The Controversy on the Comets of 1618: Galileo Galilei, Horatio Grassi, Mario Guiducci, Johann Kepler.* Philadelphia: University of Pennsylvania Press.

Eddington, A. S. 1939. *The Philosophy of Physical Science.* New York: Macmillan.

Eicher, D. 2013. *Comets! Visitors from Deep Space.* Cambridge: Cambridge University Press.

Einstein, A. 1930a. "What I Believe: Living Philosophies XIII." *Forum* 84: 193.

———. 1930b. "Religion and Science." *New York Times*, November 9, 1930.

———. 1934. "Geometrie und Erfahrung." In *Mein Weltbild.* Frankfurt am Main, Ger. Ullstein Materialien.

———. 1936. "Physics and Reality." *Journal of the Franklin Institute* 221, no. 3 (March): 349–82.

———. 1950. *Out of My Later Years.* New York: Wisdom Library of the Philosophical Library.

———. 1953. Foreword in *Dialogue Concerning the Two Chief World Systems, Ptolemaic and Copernican.* Edited by S. J. Gould. Translated by S. Drake. Berkeley: University of California Press.

———. 1954. In *On the Method of Theoretical Physics, Ideas and Opinions.* Edited and transcribed by S. Bargmann. London: Alvin Redman.

Eisenstein, E. L. 1983. *The Printing Revolution in Early Modern Europe.* Cambridge: Cambridge University Press.

Ericsson, A. and, R. Pool. 2016. *Peak: Secrets from the New Science of Expertise.* New York: Houghton Mifflin Harcourt.

Fabris, D. 2011. "Galileo and Music: A Family Affair." In *The Inspiration of Astronomical Phenomena* 6. Edited by E. M. Corsini. *Astronomical Society of the Pacific Conference Series*, 441: 57.

Fahie, J. J. 1929. *Memorials of Galileo Galilei, 1564–1642: Portraits and Paintings Medals and Medallions Busts and Statues Monuments and Mural Inscriptions*. London: Courier Press.

Fantoli, A. 1996. *Galileo: For Copernicanism and for the Church*. 2nd ed. Vatican City State: Vatican Observatory Publications.

———. 2012. *The Case of Galileo: A Closed Case?* Translated by G. V. Coyne. Notre Dame, In: University of Notre Dame Press.

Favaro, A. 1929. *Le Opere di Galileo Galilei*, Ristampa Della Edizione Nazionale (Firenze, It.: G. Barbera).

Feldhay, R. 1995. *Galileo and the Church: Political Inquisition or Critical Dialogue?* Cambridge: Cambridge University Press.

Fermi, L., and G. Bernardini. 1961. *Galileo and the Scientific Revolution*. New York: Basic Books.

Finocchiaro, M. A. 1989. *The Galileo Affair: A Documentary History*. Berkeley: University of California Press.

———. 1997. *Galileo on the World Systems: A New Abridged Translation and Guide*. Berkeley: University of California Press.

———. 2005. *Retrying Galileo: 1633–1992*. Berkeley: University of California Press.

———. 2008. *The Essential Galileo*. Indianapolis: Hackett.

———. 2010. *Defending Copernicus and Galileo: Critical Reasoning in the Two Affairs*. Dordrecht, Neth.: Springer.

———. 2014. *The Routledge Guidebook to Galileo's Dialogue*. London: Routledge.

Frova, A., and M. Marenzana. 2000. *Thus Spoke Galileo: The Great Scientist's Ideas and Their Relevance to the Present Day*. Oxford: Oxford University Press.

Galilei, G. 1590. *De Motu Antiquiora, Le Opere di Galileo Galilei*. Vol. 1. Translated by I. Drabkin and S. Drake 1960. In *On Motion and On Mechanics*. Madison: University of Wisconsin Press.

———. 1612. *Discourse on Bodies in Water*. Translated by T. Salusbury. Edited by S. Drake 1960. Urbana: University of Illinois Press.

———. 1638. *Discorsi e Dimonstrazioni Matematiche intorno a Due Nuove Scienze Attenenti alla Mecanica & i Movimenti Locali*. In *Opere di Galileo*. Vol. 8. Translated by S. Drake 1974. *Two New Sciences*. Madison: University of Wisconsin Press.

———. (1638) 1914. *Dialogues Concerning Two New Sciences*. First published 1638. Translated in 1914 by H. Crew and A. de Salvio. New York: Macmillan.

———. (1610) 1989. *Sidereus Nuncius, or The Sidereal Messenger*. Translated and with commentary by A. Van Helden. Chicago: University of Chicago Press.

Galilei, V. (1581) 2003. *Dialogue on Ancient and Modern Music*. Translated by C. V. Palisca. New Haven, CT: Yale University Press.

Galluzzi, P. 1998. "The Sepulchers of Galileo: The 'Living' Remains of a Hero of Science." In *The Cambridge Companion to Galileo*. Edited by P. Machamer. Cambridge: Cambridge University Press, 417.

———. 2009. Editor. *Galileo: Images of the Universe from Antiquity to the Telescope*. Florence, It.: Giunti.

———. 2017. *The Lynx and the Telescope: The Parallel Worlds of Cesi and Galileo*. Translated by P. Mason. Leiden, Neth.: Brill.

Gattei, S. 2019. *On the Life of Galileo: Viviani's Historical Account and Other Early Biographies*. Princeton, N.J.: Princeton University Press.

Gatti, H. 2011. *Essays on Giordano Bruno*. Princeton, NJ: Princeton University Press.

Geymonat, L. 1965. *Galileo Galilei: A Biography and Inquiry into His Philosophy of Science*. Norwalk, CT: Easton Press.

Gingerich, O. 1984. "Phases of Venus in 1610." *Journal for the History of Astronomy* 15:209.

———. 1986. "Galileo's Astronomy." In *Reinterpreting Galileo*. Edited by W. A. Wallace. Washington, DC: Catholic University of America Press, 111–26.

Gingras, Y. 2017. *Science and Religion: An Impossible Dialogue*. Translated by P. Keating. Cambridge: Polity Press.

Gladwell, M. 2009. *Outliers: The Story of Success*. London: Penguin.

Gopnik, A. 2013. "Moon Man: What Galileo Saw," *The New Yorker*, February 3.

Gould, S. J., ed. 2001. *Galileo Galilei: Dialogue Concerning the Two Chief World Systems*. Translated by S. Drake. New York: Modern Library. First published 1953 by University of California Press (Berkeley, CA).

Gower, B. 1997. *Scientific Method: An Historical and Philosophical Introduction.* London: Routledge.

Gray, J. 2018. *Seven Types of Atheism.* New York: Farrar, Straus and Giroux.

Heilbron, J. L. 2010. *Galileo.* Oxford: Oxford University Press.

Holt, J. 2013. *Why Does the World Exist?: An Existential Detective Story.* New York: Liveright.

Huygens, C. 1888. *Oeuvres Complètes de Christiaan Huygens.* Le Haye, NL: Martinus Nijhoff.

Inchofer, M. 1633. *A Summary Treatise Concerning the Motion or Rest of the Earth and the Sun.* Rome: Ludovicus Grignanus. Translated in Blackwell 2005, 105–206.

Jammer, M. 1999. *Einstein and Religion: Physics and Theology.* Princeton, NJ: Princeton University Press.

John Paul II 1979. "Deep Harmony Which Unites the Truths of Science with the Truths of Faith." *L'Osservatore Romano,* November 26: 9–10.

———. 1987. "The Greatness of Galileo Is Known to All." in *Galileo Galilei: Toward a Resolution of 350 Years of Debate—1633–1983.* Edited by Cardinal P. Poupard. Pittsburgh: Duquesne University Press, 195.

———. 1992. "Faith Can Never Conflict with Reason." *L'Osservatore Romano,* November 4, 1–2.

Koestler, A. 1959. *The Sleepwalkers: A History of Man's Changing Vision of the Universe.* London: Arkana. First published 1959 by Hutchinson (London).

Koven, R. 1980. "World Takes Turn in Favor of Galileo." *Washington Post* online, October 24. www.washingtonpost.com/archive/politics/1980/10/24/world-takes-turn-in-favor-of-galileo/81b41321-9868-47f2-adfc-09f0a6477907/?utm_term=.256414b0f233.

Koyré, A. 1953. "An Experiment in Measurement." *Proceedings of the American Philosophical Society* 97:222.

———. 1978. *Galileo Studies.* Translated by J. Mepham. Atlantic Highlands, NJ: Humanities Press.

Krauss, L. M. 2017. *The Greatest Story Ever Told . . . So Far: Why Are We Here?* New York: Atria.

Lamalle, E. 1964. "Nota Introduttiva All' Opera." In Paschini 1964. Vol. 1, vii–xv.

Langford, J. J. 1966. *Galileo, Science and the Church*. Ann Arbor: University of Michigan Press.

Larson, E. J. 1985. *Trial and Error: The American Controversy over Creation and Evolution*. New York: Oxford University Press.

———. 2006. *Summer for the Gods: The Scopes Trial and America's Continuing Debate over Science and Religion*. New York: Basic Books.

Lennox, J. G. 1986. "Aristotle, Galileo, and 'Mixed Sciences.'" In *Reinterpreting Galileo*. Edited by W. A. Wallace. Washington, DC: Catholic University of America Press.

Livio, M. 2018. "Einstein's Famous 'God Letter' Is Up for Auction." *Observations* (blog). *Scientific American* online, last modified October 11. https://blogs.scientificamerican.com/observations/einsteins-famous-god-letter-is-up-for-auction.

———. "The Copernican Principle." In *This Idea Is Brilliant*. Edited by J. Brockman. New York: Harper Perennial, 185.

Löwenstein, Prinz H. Zu. 1968. *Towards the Further Shore*. London: Victor Gollancz.

Machamer, P. 1998. Introduction. In *The Cambridge Companion to Galileo*. Edited by P. Machamer. Cambridge: Cambridge University Press.

MacLachlan, J. 1973. "A Test of an 'Imaginary' Experiment of Galileo's." *Isis* 64:374.

Macnamara, B. N., D. Z. Hambrick, and F. L. Oswald. 2014. "Deliberate Practice and Performance in Music, Games, Sports, Education, and Professions: A Meta-Analysis." *Association for Psychological Science* 25:1608.

Mann, M.E. 2012a. "*The Wall Street Journal*, Climate Change Denial, and the Galileo Gambit." *EcoWatch*, last modified March 28. www.ecowatch.com/the-wall-street-journal-climate-change-denial-and-the-galileo-gambit-1882199616.html.

———. 2012b. *The Hockey Stick and the Climate Wars: Dispatches from the Front Lines*. New York: Columbia University Press.

McCouat, P. 2016. "Elsheimer's Flight into Egypt: How It Changed the Boundaries Between Art, Religion, and Science." *Journal of Art in Society*. Accessed July 17, 2019. www.artinsociety.com/elsheimerrsquos-flight-into-egypt-how-it-changed-the-boundaries-between-art-religion-and-science.html.

McMullin, E. 1998. "Galileo on Science and Scripture." In *The Cambridge Companion to Galileo*. Edited by P. Machamer. Cambridge: Cambridge University Press, 271.

McTighe, T. P. 1967. "Galileo's 'Platonism': A Reconstruction." In *Galileo Man of Science*. Edited by E. McMullin. New York: Basic Books.

Michelet, J. 1855. *Histoire de France: Renaissance et Réforme*. Paris: Chamerot.

Miller, D. 1997. "Sir Karl Raimund Popper." *Biographical Memoirs of Fellows of the Royal Society* 43:369.

Milton, J. 1644. "Areopagitica; A Speech of Mr. John Milton For the Liberty of Unlicenc'd Printing, To the Parliament of England." London.

Montalbano, W. D. 1992. "Earth Moves for Vatican in Galileo Case." *Los Angeles Times*, November 1.

Mueller, P. R. 2000. "An Unblemished Success: Galileo's Sunspot Argument in the Dialogue." *Journal for the History of Astronomy* 31: 279.

National Academy of Sciences 1999. *Science and Creationism: A View from the National Academy of Sciences*. Washington, DC: National Academics Press.

Nuland, S. B. 2000. *Leonardo da Vinci: A Life*. New York: Viking.

Nussbaum, M. 2010. *Not for Profit: Why Democracy Needs the Humanities*. Princeton, NJ: Princeton University Press.

Oreggi, A. 1629. *De Deo Uno Tractatus Primus*. Rome: Typographia, Rev. Camerae Apostolicae 194–95.

Otto, S. 2016. *The War on Science: Who's Waging It, Why It Matters, What Can We Do About It*. Minneapolis: Milkweed Editions.

Pagano, S. M., ed. 1984. *I Documenti del Processo di Galileo Galilei*. Vatican City: Pontifical Academy of Science.

Panofsky, E. 1954. *Galileo as a Critic of the Arts*. The Hague: Martinus Nijhoff.

Paschini, P. 1964. *Vita e Opere di Galileo Galilei*. Edited by E. Lamaelle. In *Miscellanea Galileiana*. Vatican City State: Pontifical Academy of Sciences.

Pera, M. 1998. "The God of Theologians and the God of Astronomers: An Apology of Bellarmine." In *The Cambridge Companion to Galileo*. Edited by P. Machamer. Cambridge: Cambridge University Press, 367.

Peters, W. T. 1984. "The Appearances of Venus and Mars in 1610." *Journal for the History of Astronomy* 15:211.

Peterson, M. A. 2011. *Galileo's Muse: Renaissance, Mathematics and the Arts*. Cambridge, MA: Harvard University Press.

Petigura, E. A., A. W. Howard, and G. W. Marcy. 2013. "Prevalance of Earth-size Planets Orbiting Sun-like Stars." *Proceedings of the National Academy of Sciences* 110:19273.

Piccolino, M., and N. J. Wade, 2014. *Galileo's Visions: Piercing the Spheres of the Heavens by Eye and Mind.* Oxford: Oxford University Press.

Pinker, S. 2018. *Enlightenment Now: The Case for Reason, Science, Humanism, and Progress.* New York: Viking.

Planck Collaboration 2016. "Planck 2015 Results: XIII. Cosmological Parameters." *Astronomy & Astrophysics* 594:A13.

Potter, V. G. 1993. *Readings in Epistemology: From Aquinas, Bacon, Galileo, Descartes, Locke, Berkeley, Hume, Kant.* New York: Fordham University Press.

Randall, L. 2015. *Dark Matter and the Dinosaurs: The Astounding Interconnectedness of the Universe.* New York: Ecco.

Redondi, P. 1987. *Galileo Heretic.* Translated by R. Rosenthal. Princeton, NJ: Princeton University Press.

Rees, M. 1997. *Before the Beginning: Our Universe and Others.* New York: Basic Books.

———. 2000. *Just Six Numbers: The Deep Forces That Shape the Universe.* New York: Basic Books.

Reeves, E. 2014. *Evening News: Optics, Astronomy, and Journalism in Early Modern Europe.* Philadelphia: University of Pennsylvania Press.

Reston, J., Jr. 1994. *Galileo: A Life.* New York: HarperCollins.

Romm, J. 2016. *Climate Change: What Everyone Needs to Know.* Oxford: Oxford University Press.

Rosen, E. 1947. *The Naming of the Telescope.* New York: Henry Schuman.———.

1966. "Galileo and Kepler: Their First Two Contacts." *Isis* 57:262.

Russell, B. 1912. *The Problems of Philosophy.* London: Home University Library. Reprint, Oxford: Oxford University Press, 1997.

Russell, B. 2007. *A History of Western Philosophy.* New York: Simon & Schuster.

Santillana, G. de. 1955. *The Crime of Galileo.* Chicago: University of Chicago Press. Reprint, Chicago, IL: Midway, 1976.

Schmidle, N. 2013. "A Very Rare Book." *New Yorker Online*, December 16. www.newyorker.com/magazine/2013/12/16/a-very-rare-book.

Schmitt, C. B. 1969. "Experience and Experiment: A Comparison of Zabarella's View with Galileo's in *De Motu*." *Studies in the Renaissance* 16:80.

Schrag, D. P. 2007. "Confronting the Climate-Energy Challenge." *Elements* 3:171.

Schrag, D. P., and R. B. Alley. 2004. "Ancient Lessons for Our Future Climate." *Science* 306:821.

Segre, M. 1989. "Galileo, Viviani and the Tower of Pisa." *Studies in History and Philosophy of Science* 20, no. 4 (December): 435.

Settle, T. B. 1961. "An Experiment in the History of Science." *Science* 133:19.

———. 1983. "Galileo and Early Experimentation." In *Springs of Scientific Creativity: Essays on Founders of Modern Science*. Edited by R. Aris, H. T. David, and R. H. Stuewer. Minneapolis: University of Minnesota Press, 3.

Shea, W. 1998. "Galileo's Copernicanism: The Science and the Rhetoric." In *The Cambridge Companion to Galileo*. Edited by P. Machamer. Cambridge: Cambridge University Press, 211.

———. 1972. *Galileo's Intellectual Revolution: Middle Period, 1610–1632*. New York: Science History Publications.

Shea, W. R., and M. Artigas. 2003. *Galileo in Rome: The Rise and Fall of a Troublesome Genius*. Oxford: Oxford University Press.

Simoncelli, P. 1992. *Storia di Una Censura: "Vita di Galileo" e Concilio Vaticano II*. Milan, It.: Frando Angeli.

Smith, A. M. 1985. "Galileo's Proof for the Earth's Motion from the Movement of Sunspot." *Isis* 76:543.

Snow, C. P. 1959. *The Two Cultures*. Cambridge: Cambridge University Press. Reprint, Cambridge: Cambridge University Press, 1993.

Sobel, D. 1999. *Galileo's Daughter: A Historical Memoir of Science, Faith, and Love*. New York: Walker.

———, trans. and ed., 2001. *Letters to Father*. New York: Walker.

Swerdlow, N. M. 1998. "Galileo's Discoveries with the Telescope and Their Evidence for the Copernican Theory." In *The Cambridge Companion to Galileo*. Edited by P. Machamer. Cambridge: Cambridge University Press, 244.

———. 2004. "Galileo's Horoscopes." *Journal for the History of Astronomy* 35:135.

Swift, A. 2017. "In U.S., Belief in Creationist View of Humans at New Low." Gallup online. Last modified May 22. https://news.lgallup.com/poll/210956/belief-creationist-view-humans-new-low.aspx.

Thiene, G., and C. Basso. 2011. "Galileo as a Patient." In *The Inspiration of Astronomical Phenomena 6*. Edited by E. M. Corsini. Astronomical Society of the Pacific Conference Series 441:73.

Tognoni, F., Editor, 2013. *Le Opere di Galileo Galilei*, Edizione Nazionale, Appendice Vol. 1, "Iconografia Galileiana." Florence, Italy: Giunti.

Van Helden, A. 1974. " 'Annulo Cingitur': The Solution of the Problem of Saturn." *Journal for the History of Astronomy* 5:155.

———. 1996. "Galileo and Scheiner on Sunspots: A Case Study in the Visual Language of Astronomy." *Proceedings of the American Philosophical Society* 140:358.

Van Helden, A. and E. Burr. 1995. "The Galileo Project," online at galileo.rice.edu.

Vasari, G. 1550. *Lives of the Most Eminent Painters, Sculptors, and Architects*. A second expanded edition appeared in 1568. A very elegant modern edition of a few of the biographies is: *The Great Masters*. Translated by G. D. C. de Vere. Edited by M. Sorino. 1986, Hong Kong: Hugh Lauter Levin.

Viviani, V. 1717. *Racconto Istorico della vita di Galileo Galilei (Historical Account of the Life of Galileo)*. First published in *Fasti Consolari dell' Accademia Fiorentina*. Edited by Salvino Salvini. Florence, Italy. (Included in Favaro's *Opere di Galileo Galilei*. Vol. 19, 597.) English translation in Gattei 2019.

Wallace, W. A. 1992. *Galileo's Logic of Discovery and Proof: The Background, Content, and Use of His Appropriated Treatises on Aristotle's Posterior Analytics*. Dordrecht, Netherlands: Springer.

———. 1998. "Galileo's Pisan Studies in Science and Philosophy." In *The Cambridge Companion to Galileo*. Edited by P. Machamer. Cambridge: Cambridge University Press.

Wallace-Wells, D. 2019. *The Uninhabitable Earth: Life After Warming*. New York: Tim Duggan Books.

Weinberg, S. 2015. *To Explain the World: The Discovery of Modern Science*. New York: Harper.

Wigner, E. P. 1960. "The Unreasonable Effectiveness of Mathematics in the Natural Science: Richard Courant Lecture in Mathematical Sciences Delivered at New York University, May 11, 1950." In *Communications in Pure and Applied Mathematics*, 13, no. 1. Reprinted in Saatz, T. L., and F. J. Weyl, eds. 1969. *The Spirit and the Uses of the Mathematical Sciences*. New York: McGraw Hill.

Wilding, N. 2008. "The Return of Thomas Salusbury's *Life of Galileo*." *British Society for the History of Science* 41:241.

———. 2014. *Galileo's Idol: Gianfrancesco Sagredo and the Politics of Knowledge*. Chicago: University of Chicago Press.

Wisan, W. L. 1974. "The New Science of Motion: A Study of Galileo's *De Motu Locali*." *Archive for History of Exact Sciences* 13:103.

Wolchover, N. 2019. "A Different Kind of Theory of Everything." *New Yorker* online, February 19. www.newyorker.com/science/elements/a-different-kind-of-theory-of-every-thing?fbclid+IWARoKc47OS_NuxPaj4oPKn9zt3N_VO_hBli-jrN114EDqTJT7ipyaHSMteCiyk.

Wolfflin, H. 1950. *Principles of Art History: The Problem of the Development of Style in Later Art*. Translated by M. D. Hottinger. New York: Dover.

Wootton, D. 1983. *Paolo Sarpi: Between Renaissance and Enlightenment*. Cambridge: Cambridge University Press.

———. 2010. *Galileo: Watcher of the Skies*. New Haven, CT: Yale University Press.

———. 2015. *The Invention of Science: A New History of the Scientific Revolution*. New York: Harper.

Zanatta, A., F. Zampieri, M. R. Bonati, G. Liessi, C. Barbieri, S. Bolton, C. Basso, and G. Thiene. 2015. "New Interpretation of Galileo's Arthritis and Blindness." *Advances in Anthropology* 5:39.